上海市交通运输行业协会团体标准

上海市域铁路工程地基处理技术规范

Technical Code for Ground Treatment of Shanghai Suburban Railway

T/SHJX 066—2024

主编单位：中铁第四勘察设计院集团有限公司
批准部门：上海市交通运输行业协会
施行日期：2024 年 8 月 1 日

同济大学出版社

2024　上海

图书在版编目(CIP)数据

上海市域铁路工程地基处理技术规范／中铁第四勘察设计院集团有限公司主编．--上海：同济大学出版社，2024.10． -- ISBN 978-7-5765-1373-8

Ⅰ．U213.1-65

中国国家版本馆 CIP 数据核字第 2024J2A531 号

上海市域铁路工程地基处理技术规范

中铁第四勘察设计院集团有限公司　主编

责任编辑	朱　勇
责任校对	徐春莲
封面设计	陈益平

出版发行	同济大学出版社	www.tongjipress.com.cn
	（地址：上海市四平路 1239 号　邮编：200092　电话：021－65985622）	
经　　销	全国各地新华书店	
印　　刷	苏州市古得堡数码印刷有限公司	
开　　本	889mm×1194mm　1/32	
印　　张	8.5	
字　　数	213 000	
版　　次	2024 年 10 月第 1 版	
印　　次	2024 年 10 月第 1 次印刷	
书　　号	ISBN 978-7-5765-1373-8	
定　　价	98.00 元	

本书若有印装质量问题，请向本社发行部调换　　版权所有　侵权必究

上海市交通运输行业协会

沪交协(2024)第 39 号

上海市交通运输行业协会
关于发布《上海市域铁路工程地基处理技术规范》
团体标准的通知

经上海市交通运输行业协会第八届第二十三次秘书长办公会议研究,同意发布《上海市域铁路工程地基处理技术规范》团体标准。

发布编号为:T/SHJX 066—2024。

特此通知。

上海市交通运输行业协会
2024 年 4 月 27 日

前　言

为满足上海市域铁路建设和发展的要求，指导上海市域铁路地基处理工作，根据上海市交通运输行业协会市域铁路分会《关于发布〈2021年上海市域铁路规范标准编写计划〉的通知》（沪交协域铁〔2021〕第2号）的要求，规范编制组经广泛调查研究，借鉴了上海地区和行业相关规范，在广泛征求意见的基础上，编制了本规范。

本规范主要内容包括：总则、术语和符号、基本规定、浅层处理、强夯、排水固结、水泥土搅拌桩、旋喷桩、布袋注浆桩、灌注桩、预制桩、多桩型复合地基、桩网（桩筏）结构、桩板结构、注浆、变形观测与评估、环境保护与控制等。

本规范由上海市交通运输行业协会负责管理，由中铁第四勘察设计院集团有限公司负责技术内容的解释。执行过程中如有意见或建议，请寄送中铁第四勘察设计院集团有限公司（地址：湖北省武汉市武昌杨园和平大道745号；邮编：430063），以供今后修订时参考。

授权委托单位：上海市交通运输行业协会市域铁路分会
主　编　单　位：中铁第四勘察设计院集团有限公司
参　编　单　位：上海申铁投资有限公司
　　　　　　　　中铁上海设计院集团有限公司
　　　　　　　　上海市政工程设计研究总院（集团）有限公司
　　　　　　　　上海市隧道工程轨道交通设计研究院
　　　　　　　　中铁二十四局集团有限公司
主　要　起　草　人：李时亮　丁光文　孙红林　陈尚勇
　　　　　　　　（以下按姓氏笔画排列）

	于荣喜	王卫国	王亚飞	卞友艳	石长礼
	田光盛	匡经桃	向　科	刘　锟	刘福东
	许晶晶	阳吉宝	杜　峰	李奇默	张　磊
	张建其	杭红星	罗　琼	周新权	赵洪峰
	赵晋乾	姚成志	秦立新	廖　超	翟天琦
	熊卫兵				
主要审查人:	陈茂华	顾国荣	项培林	李　涛	方四弟
	吴连海	杨常所	杜文山	王春晓	张晓波

目　次

1　总　则 ··· 1
2　术语和符号 ·· 2
　2.1　术　语 ··· 2
　2.2　符　号 ··· 5
3　基本规定 ·· 7
　3.1　一般规定 ·· 7
　3.2　稳定检算 ·· 9
　3.3　地基承载力验算 ·· 16
　3.4　沉降计算 ·· 17
4　浅层处理 ·· 20
　4.1　一般规定 ·· 20
　4.2　设　计 ·· 20
　4.3　施　工 ·· 24
　4.4　质量检验 ·· 25
5　强　夯 ·· 28
　5.1　一般规定 ·· 28
　5.2　设　计 ·· 28
　5.3　施　工 ·· 30
　5.4　质量检验 ·· 33
6　排水固结 ·· 34
　6.1　一般规定 ·· 34
　6.2　设　计 ·· 35
　6.3　施　工 ·· 39
　6.4　质量检验 ·· 42

7	水泥土搅拌桩	43
	7.1 一般规定	43
	7.2 设　计	44
	7.3 施　工	47
	7.4 质量检验	48
8	旋喷桩	50
	8.1 一般规定	50
	8.2 设　计	50
	8.3 施　工	52
	8.4 质量检验	54
9	布袋注浆桩	55
	9.1 一般规定	55
	9.2 设　计	55
	9.3 施　工	58
	9.4 质量检验	59
10	灌注桩	60
	10.1 一般规定	60
	10.2 设　计	60
	10.3 施　工	64
	10.4 质量检验	68
11	预制桩	70
	11.1 一般规定	70
	11.2 设　计	70
	11.3 施　工	71
	11.4 质量检验	74
12	多桩型复合地基	75
	12.1 一般规定	75
	12.2 设　计	75
	12.3 施　工	79

	12.4 质量检验	79
13	桩网(桩筏)结构	80
	13.1 一般规定	80
	13.2 设　计	80
	13.3 施　工	85
	13.4 质量检验	85
14	桩板结构	87
	14.1 一般规定	87
	14.2 设　计	87
	14.3 施　工	94
	14.4 质量检验	94
15	注　浆	95
	15.1 一般规定	95
	15.2 设　计	95
	15.3 施　工	97
	15.4 质量检验	100
16	变形观测与评估	102
	16.1 一般规定	102
	16.2 变形观测	102
	16.3 沉降评估	103
17	环境保护与控制	105
	17.1 一般规定	105
	17.2 环境保护	105
	17.3 周边环境影响控制	107
	17.4 特殊环境施工	109
附录 A	市域铁路工程常用地基处理方法适用条件	111
附录 B	复合地基单桩载荷试验要点	113
附录 C	复合地基载荷试验要点	115
附录 D	室内水泥土抗压强度试验	118

附录 E 地基沉降计算 ························· 121
本规范用词说明 ································ 132
引用标准名录 ··································· 133
条文说明 ·· 135

1 总 则

1.0.1 为统一上海市域铁路工程地基处理的技术要求,确保市域铁路工程地基处理满足安全可靠、技术先进、经济合理、绿色环保的要求,制定本规范。

1.0.2 本规范适用于上海地区市域铁路工程地基处理的设计、施工和质量检验。

1.0.3 市域铁路工程地基处理措施应根据场地地质和环境条件、线路技术标准、荷载大小、工期要求和地区经验等因素合理确定。

1.0.4 市域铁路工程地基处理应积极采用安全可靠的新技术、新工艺、新材料和新设备。

1.0.5 市域铁路工程地基处理除应符合本规范外,尚应符合国家、行业和上海市现行有关标准的规定。

2 术语和符号

2.1 术 语

2.1.1 市域铁路 suburban railway

为都市圈中心城市城区连接周边城镇组团及其城镇组团之间提供公交化、大运量、快速便捷的轨道交通系统,是城市综合交通体系的重要组成部分。

2.1.2 地基处理 ground treatment

为提高地基承载力,改善其变形性质或渗透性质而采取的人工处理地基的方法。

2.1.3 天然地基 natural ground, natural foundation

未经人工处理的地基。

2.1.4 柔性桩 flexible pile

在天然地基中设置以水泥、石灰等黏结材料与土拌和形成具有一定黏结强度的桩体,并与桩周土组成复合地基,如水泥土搅拌桩、旋喷桩等。

2.1.5 刚性桩 rigid pile

在天然地基中设置的高黏结强度的素混凝土灌注桩、钢筋混凝土灌注桩及预制桩等。

2.1.6 地基容许承载力 ground allowable bearing capacity

确保地基不产生剪切破坏而失稳,同时又保证建(构)筑物沉降不超过容许值的最大荷载。

2.1.7 地基基本承载力 ground basic bearing capacity

建(构)筑物基础短边宽度不大于2.0m、埋置深度不大于3.0m时的地基容许承载力。

2.1.8 地基极限承载力 ground ultimate bearing capacity
地基可承受的最大荷载强度。

2.1.9 工后沉降 post-construction settlement
上部建(构)筑物竣工或路基竣工铺轨工程开始时的沉降量与最终形成的总沉降量之差。

2.1.10 换填 fill replacement
挖除地表浅层软弱土层,回填合格填料,并碾压或夯压密实的地基处理方法。

2.1.11 换填垫层 replacement layer of compacted fill
挖去表面浅层软弱土层或不均匀土层,回填坚硬、较粗粒径的材料,并夯压密实形成的垫层。

2.1.12 加筋垫层 replacement layer of tensile reinforcement
在垫层内铺设单层或多层水平向加筋材料形成的垫层。

2.1.13 浅层固化 shallow curing
对浅层软土进行就地加固,形成一定深度和强度硬壳层的地基处理方法。

2.1.14 冲击碾压 impact rolling
采用多边形压实轮非圆曲线滚动时对地基表层施加碾压、冲击综合作用,使土体得到压实的地基处理方法。

2.1.15 振动碾压 vibrating rolling
采用滚动式振动碾压机对地基表层施加碾压、振动综合作用,使土体得到压实的地基处理方法。

2.1.16 强夯 dynamic compaction
将夯锤提升到高处使其自由落下,给地基施加冲击和振动能量,将地基土夯实的地基处理方法。

2.1.17 袋装砂井 sand wick
以透水型土工织物长袋装砂,设置在软土地基中形成排水砂井,以加速软土排水固结。

2.1.18 塑料排水带 plastic drain sheet

将塑料板芯材外包排水良好的土工织物排水带，用插带机插入软土地基中代替砂井，以加速软土排水固结。

2.1.19 堆载预压 preloading with surcharge of fill

地基上堆加荷载使地基土固结压密的地基处理方法。

2.1.20 真空预压 vacuum preloading

通过对覆盖于竖井地基表面的不透气薄膜内抽真空排水使地基土固结压密的地基处理方法。

2.1.21 水泥土搅拌桩 cement-soil mixing pile

以水泥作为固化剂的主剂，通过深层搅拌机械，将固化剂与地基土强制搅拌，使软弱土硬结成具有整体性、水稳性和一定强度的柱状加固体桩。

2.1.22 旋喷桩 jet grouting pile

用高压泵将水泥浆通过钻杆由水平方向的喷嘴喷出，形成喷射流，钻杆边旋转、边喷射，喷射出的水泥浆切割土体，并与土拌和形成的水泥土加固体桩。

2.1.23 布袋注浆桩 bag grouting pile

采用机械在地基中成孔，将土工布袋套在注浆管外，浆液通过注浆管孔底压入，充填膨胀布袋形成的桩体。

2.1.24 素混凝土灌注桩 cast-in-place plain concrete pile

由水泥、碎石、砂等混合料加水拌和，灌注形成的高黏结强度桩。

2.1.25 钢筋混凝土灌注桩 cast-in-place reinforced concrete pile

采用机械成孔，在孔内放置钢筋笼，灌注混凝土形成的桩。

2.1.26 预制桩 precast concrete pile

在预制构件加工厂预制，运至施工现场，采用专用机械打（压）入土中的钢筋混凝土桩。

2.1.27 复合地基 composite ground

部分土体被增强或被置换形成增强体，由增强体和周围地基土共同承担荷载的人工地基。

2.1.28 多桩型复合地基 composite foundation with multiple reinforcement of different materials or lengths

由两种及两种以上桩型处理形成的复合地基。

2.1.29 桩网结构 pile-net structure

由刚性桩、桩帽(扩大桩头)及加筋垫层组成,由桩体承担主要上部荷载的结构。

2.1.30 桩筏结构 pile-raft structure

由刚性桩、垫层及钢筋混凝土筏板组成的结构。

2.1.31 桩板结构 pile-slab structure

由钢筋混凝土桩、承载板(托梁)组成的结构。

2.1.32 注浆 grouting

对地基钻孔后,利用灌浆压力或浆液自重将浆液压到地基裂隙、孔隙或空洞内,以改善地基条件的处理方法。

2.2 符 号

A——拟处理地基的面积;

A_e——单桩所承担的处理地基面积;

A_p——桩的平均截面积;

c_c——复合地基土的黏聚力;

c_s——桩间土的黏聚力;

d——桩身直径;

D_r——砂土相对密度;

d_e——单桩分担的处理地基面积的等效圆直径;

e——孔隙比;

E_p——桩身的压缩模量;

E_s——桩间土的压缩模量;

E_{sp}——桩-土复合压缩模量;

m——复合地基的面积置换率;

s——桩间距;

U——固结度或沉降完成比例系数;

V——注浆量;

z——垫层厚度;

α——桩端地基土的承载力折减系数;

β——桩间土承载力折减系数;

φ_c——复合地基土的内摩擦角;

φ_p——桩体的内摩擦角;

φ_s——桩间土天然抗剪内摩擦角;

σ_{sp}——复合地基容许承载力;

σ_s——桩间土容许承载力;

$[\sigma]$——地基容许承载力;

τ_c——复合地基的抗剪强度;

τ_p——桩体的抗剪强度;

τ_s——桩间土的抗剪强度;

η——桩身强度折减系数;

θ——压力扩散角;

ρ_d——干密度;

ω_{op}——最优含水量。

3 基本规定

3.1 一般规定

3.1.1 市域铁路工程地基处理除应满足地基稳定、变形控制和耐久性等要求外，尚应做到因地制宜、保护环境和节约资源等。

3.1.2 市域铁路工程地基处理应考虑工程地质、水文地质、气候条件、周边环境等对市域铁路工程稳定及变形的影响；同时应考虑地基处理的施工扰动对周边环境的影响。

3.1.3 地基处理设计前应开展以下工作：

  1 搜集沿线的工程地质、水文地质、气象等资料及场地范围内地下工程、管线及新建铁路工程可能影响到的邻近建（构）筑物的有关资料，调查掌握施工场地的周边环境情况。

  2 根据铁路建筑物的结构特征、功能、技术条件等要求，确定荷载大小、地基变形要求等。

  3 结合工程情况，调查地基处理经验和施工条件，对于有特殊要求的工程，尚应调查其他地区相似场地上同类工程的地基处理经验和使用情况。

3.1.4 市域铁路工程地基处理应加强工程地质勘察工作，采用勘探、试验和综合分析的方法，取得详细的工程地质、水文地质和环境条件资料。勘探应优先采用静力触探等原位测试方法。

3.1.5 地基处理方法宜根据本规范附录 A 和以下要求进行多方案比较后合理确定。

  1 充分考虑地基土性质、厚度及埋深、地层结构情况、地下水特征、荷载、环境条件、施工难易程度、地域工程实践经验、工艺性试验测试成果等因素,初步选出可行的地基处理方案。

2 对初步选出的地基处理方案,从预期处理效果、材料、施工机械、工期要求和对环境的影响等方面进行技术经济对比分析,选择适宜的处理方法。

3 斜坡及斜基底软弱地基应重视地基稳定性及侧向变形的影响,综合分析确定处理方案。

4 市域铁路工程地基处理应重视环境保护,施工工法和工艺的选择应考虑振动、噪声、粉尘、泥浆等可能对环境产生的影响。

3.1.6 市域铁路工程构筑物分界处、基础荷载变化较大处、地层变化较大的地段及不同地基处理措施连接处,应采取过渡的地基处理措施,减少不均匀沉降。

3.1.7 市域铁路工程地基处理施工应按照先试验、后施工的原则,并根据试验结果验证、调整设计方案、施工工艺及参数。

3.1.8 施工前应查明场地范围内地表及地下构筑物、障碍物和各种管线,并采取必要的迁改、保护措施。

3.1.9 施工前及施工过程中,应对地质情况进行核对,并做好记录;当地质资料与现场不符或地质情况异常时,应及时会同相关单位分析处理。

3.1.10 施工前应做好地表排水、挡水设施,防止地表水流入地基加固区域。

3.1.11 地基处理所用材料技术指标应符合设计要求,并应按相关规定进行进场检验。

3.1.12 市域铁路工程地基处理应采用信息化手段对施工全过程进行质量和加固效果检测的控制。当出现异常情况时,应及时会同有关部门妥善解决。

3.1.13 单桩及复合地基载荷试验应符合本规范附录 B 和附录 C 的规定,室内水泥土抗压强度试验应符合本规范附录 D 的规定。

3.1.14 施工场地距离既有线等建(构)筑物较近,施工时应优先考虑选择低矮施工设备和工法,采取可靠的防倾覆措施,并应进行既有线变形监测。

3.1.15 市域铁路工程地基处理应按照现行行业标准《市域(郊)铁路设计规范》TB 10624 的要求,开展沉降变形观测、评估工作,应选择合适的监测手段对地基处理沉降变形进行全过程、高精度的监测;有条件时,可采用自动化数据采集、无线传输等新技术、新工艺和新设备。

3.1.16 地基处于腐蚀性环境时,应对地基加固桩体采取防腐处理措施。

3.2 稳定检算

3.2.1 路堤填料的物理力学指标应根据试验资料确定。无试验资料时,可按表 3.2.1 确定。

表 3.2.1 路堤填料物理力学指标

填料种类	黏聚力 c(kPa)	内摩擦角 ϕ(°)	容重(kN/m³)
细粒土	20~25	20~25	18~20
砂类土	—	35	19~20
碎石类、砾石类土	5~10	35~40	20~21
不易风化的块石类土	5~10	40	21~22

注:1 填料的容重可根据填料性质和压实、掺合料等情况作适当修正。
  2 全风化岩石、特殊土的 c、ϕ 值应根据试验资料确定。

3.2.2 天然地基土的抗剪强度参数 c、ϕ 值,宜通过快剪或三轴不固结不排水剪试验确定。采用排水固结法或复合地基加固地基时,地基土强度参数可根据不同检算工况,按表 3.2.2 推荐的试验方法确定。

表 3.2.2 地基土抗剪强度指标的试验方法

地基处理方法	检算工况	直剪		三轴剪切			无侧限抗压强度	十字板剪切
		快剪	固结快剪	不固结不排水	固结不排水	固结排水		
排水固结法	施工期	√	△	√	△		△	√
	运营期		√		√	△		
复合地基法	施工期	√		√			△	△
	运营期	√	△	√	△			

注：1 表中所列项目考虑了施工期与运营期两种检算工况，实际工程中应根据不同检算工况选用。
   2 室内剪切试验宜以三轴剪切试验为主。
   3 "√"表示优先采用，"△"表示可采用。
   4 采用排水固结法时，应根据工期、排水条件及填土速率考虑地基固结强度增长。
   5 采用复合地基法时，对于有排水功能的措施方可考虑固结引起的强度增长。

3.2.3 柔性桩复合地基抗剪强度指标应按下式确定：

$$\tau_c = m\tau_p + (1-m)\tau_s \quad (3.2.3)$$

式中 τ_c——复合地基抗剪强度(kPa)；
   m——复合地基面积置换率；
   τ_p——桩体的抗剪强度(kPa)；
   τ_s——桩间土的抗剪强度(kPa)。

3.2.4 分析路堤沿斜坡地基或软弱层带滑动的稳定性时，应结合场地条件，选择软弱层面的土层试验获得强度参数 c、ϕ 值。可采用直剪(快剪)或三轴不固结不排水剪试验。受地下水或地表浸水影响较大时，应采用饱和强度指标。

3.2.5 稳定性验算应分别检算路堤施工期及铁路运营期的稳定系数，以运营期的稳定安全系数作为设计指标，施工期的稳定安全系数作为验算指标。路堤施工期荷载应考虑路堤自重和运架梁车等施工临时荷载;运营期荷载应包括路堤自重、列车和轨道荷载。地震力的计算应符合现行国家标准《铁路工程抗震设计规范》GB 50111 的有关规定。

3.2.6 路堤和地基的整体稳定性宜采用圆弧滑动法进行计算,稳定系数 F_s 可按式(3.2.6-1)或式(3.2.6-7)进行计算,如图 3.2.6 所示。

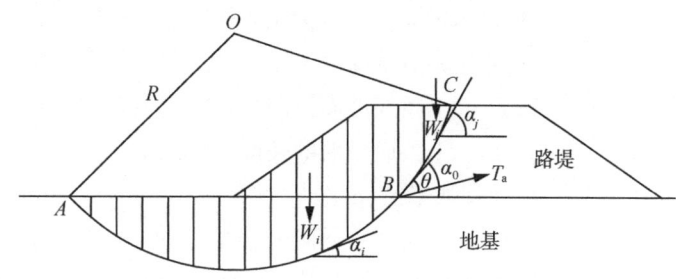

图 3.2.6 圆弧滑动法计算示意图

1 不考虑固结稳定系数可按下列公式计算:

$$F_s = \frac{\sum S_i + \sum S_j + T}{P_T} \qquad (3.2.6\text{-}1)$$

$$P_T = \sum W_i \sin \alpha_i + \sum W_j \sin \alpha_j \qquad (3.2.6\text{-}2)$$

$$S_i = W_i \cos \alpha_i \tan \varphi_{qi} + c_{qi} l_i \text{ 或 } S_i = \tau_i l_i \qquad (3.2.6\text{-}3)$$

$$S_j = W_j \cos \alpha_j \tan \varphi_{qj} + c_{qj} l_j \qquad (3.2.6\text{-}4)$$

$$W_i = W_{ti} + W_{di} \qquad (3.2.6\text{-}5)$$

$$T = T_a \cos \theta \qquad (3.2.6\text{-}6)$$

式中 i、j——土条编号,下标 i 表示土条底部的滑裂面在地基土层内,下标 j 表示土条底部的滑裂面在路堤填料内;

P_T——各土条在滑弧切线方向的单位宽度下滑力的总和(kN/m);

S_i——地基土内(AB 弧)第 i 土条单位宽度抗剪力(kN/m),天然饱和黏性土地基计算时 W_i 不计 W_{ti};

S_j——路堤内(BC 弧)第 j 土条单位宽度抗剪力(kN/m);

W_i、W_j——第 i、j 土条单位宽度重量(kN/m);

W_{di}、W_{ti}——当第 i 土条的滑裂面处于地基内(AB 弧)时,分别为滑面以上该土条中的单位宽度地基自重及路堤自重(kN/m);

α_i、α_j——第 i、j 土条底滑面的倾角(°);

l_i、l_j——第 i、j 土条底滑面的长度(m);

R——滑动圆弧半径(m);

c_{qi}、φ_{qi}——当第 i 土条的滑裂面处于地基内(AB 弧)时,分别为该土条所在土层的快剪黏聚力(kPa)及快剪内摩擦角(°);

c_{qj}、φ_{qj}——当第 i 土条的滑裂面处于路堤内(BC 弧)时,分别为该土条所在路堤填料的黏聚力(kPa)与内摩擦角(°)(按第 3.2.1 条取值);

τ_i——第 i 土条底滑面的不排水抗剪强度(kPa);

T——加筋体提供的单位宽度抗滑力(kN/m);

T_a——加筋体容许抗拉强度(kN/m),宜按式(13.2.9-3)计算,在缺乏经验时可取加筋体极限张拉强度的 0.4 倍;

θ——加筋体在圆弧滑动时其拉力方向的角度(°)(可取 $0\sim\alpha_0$),地基软弱如泥炭等可取 0,α_0 为加筋体与滑弧交点处切线的仰角(°)。

2 考虑固结稳定系数可按下列公式计算。预压荷载下,软土地基中某点任意时间的抗剪强度可按现行上海市工程建设规范《地基处理技术规范》DG/TJ 08—40 进行计算。

$$F_s = \frac{\sum(S_i + \Delta S_i) + \sum S_j + T}{P_T} \quad (3.2.6\text{-}7)$$

$$S_i = W_{di}\cos\alpha_i \tan\varphi_{qi} + c_{qi}l_i \text{ 或 } S_i = \tau_i l_i \quad (3.2.6\text{-}8)$$

$$\Delta S_i = W_{ti}U_i\cos\alpha_i \tan\varphi_{gi} \quad (3.2.6\text{-}9)$$

式中　S_i——地基土内(AB 弧)单位宽度抗剪力(kN/m)；

　　　ΔS_i——由于固结增长的单位宽度地基强度(kN/m)；

　　　U_i——地基土平均固结度；

　　　φ_{gi}——第 i 土条所在土层的固结快剪或三轴固结不排水剪的内摩擦角(°)。

3.2.7 当软弱土层较薄时,路堤沿复式滑面滑动的稳定性可按不平衡推力法进行计算,如图 3.2.7 所示。

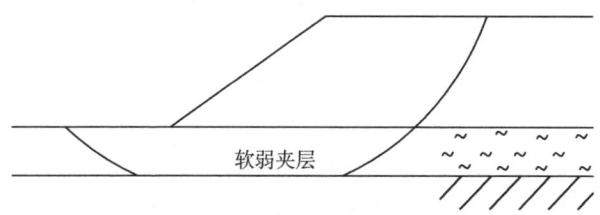

图 3.2.7　复式滑面计算示意图

3.2.8 路堤沿斜坡地基或软弱层带滑动的稳定性除按圆弧滑动法进行计算外,还应采用不平衡推力法进行分析,稳定系数 F_s 按式(3.2.8-1)、式(3.2.8-2)计算,如图 3.2.8 所示。

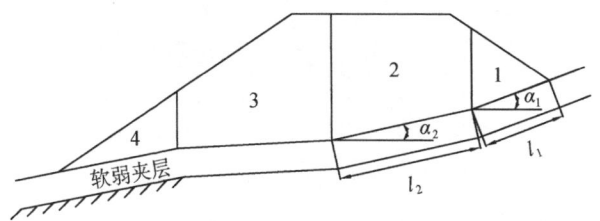

图 3.2.8　路堤沿斜坡软弱地基滑动的稳定性计算示意图

$$E_i = W_{Qi} \sin \alpha_i - \frac{1}{F_s}(c_i l_i + W_{Qi} \cos \alpha_i \tan \varphi_i) + E_{i-1} \Psi_{i-1}$$

(3.2.8-1)

$$\Psi_{i-1} = \cos(\alpha_{i-1} - \alpha_i) - \frac{\tan \varphi_i}{F_s} \sin(\alpha_{i-1} - \alpha_i)$$

(3.2.8-2)

式中 W_{Qi}——第 i 土条的单位宽度重力与外加竖向荷载之和(kN/m);

l_i——第 i 土条底滑面的长度(m);

α_i、α_{i-1}——第 i、第 $i-1$ 土条底滑面的倾角(°);

c_i、φ_i——第 i 土条底的黏结力(kPa)和内摩擦角(°);

E_{i-1}——第 $i-1$ 土条传递给第 i 个土条的单位宽度下滑力(kN/m);

Ψ_{i-1}——剩余下滑力传递系数。

用式(3.2.8-1)和式(3.2.8-2)试算,直到第 n 条(最后一条)的剩余推力为零,由此确定稳定系数 F_s。

3.2.9 刚性桩复合地基的整体稳定性应根据不同破坏模式进行检算。采用圆弧滑动法时,稳定系数 F_s 可按式(3.2.9-1)进行计算,模型如图 3.2.9 所示。

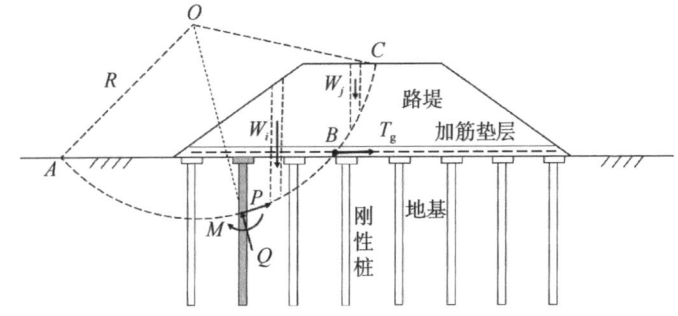

图 3.2.9 刚性桩复合地基的圆弧滑动法计算模型

$$F_s = \frac{M_{RS} + M_{RP} + M_{RR}}{M_D} \quad (3.2.9\text{-}1)$$

$$M_D = P_T R \quad (3.2.9\text{-}2)$$

$$M_{RS} = (\sum S_i + \sum S_j) R \quad (3.2.9\text{-}3)$$

$$M_{RR} = T_g l_T \quad (3.2.9\text{-}4)$$

式中 M_D——滑动土条单位宽度下滑力矩(kN·m/m);

M_{RS}——地基土内(AB 弧)桩间土和路堤内(BC 弧)土条单位宽度抗滑力矩之和(kN·m/m);

M_{RR}——垫层筋带单位宽度抗滑力矩(kN·m/m);

M_{RP}——单位宽度桩体抗滑力矩,具体应考虑桩体类型、地基条件和结构布置等因素,按桩体弯拉、弯压、倾斜、滑移、剪切和桩间土绕流等不同破坏模式确定(kN·m/m);

P_T——各土条在滑弧切线方向的单位宽度下滑力的总和(kN/m),按式(3.2.6-2)计算;

S_i——地基土内(AB 弧)第 i 土条单位宽度抗剪力(kN/m),天然饱和黏性土地基计算时 W_i 不计 W_{ti},按式(3.2.6-3)计算;

S_j——路堤内(BC 弧)第 j 土条单位宽度抗剪力(kN/m),按式(3.2.6-4)计算;

T_g——筋带容许拉力值(kN/m),一般取极限值的 0.2 倍~0.4 倍;

l_T——筋带至滑动圆心竖向距离(m)。

3.2.10 路基稳定性计算分析得到的稳定系数 F_s 不得小于表 3.2.10-1 所列值。

表 3.2.10-1 路堤最小稳定安全系数

列车设计行车速度 v(km/h)	最小稳定安全系数 $[F_s]$	
	施工期	运营期
120＜v≤160	1.10	1.25
v≤120	1.10	1.20

注：对于斜坡软弱地基路堤，采用圆弧滑动法检算时，其稳定安全系数应根据软弱地基横向坡度大小，在表 3.2.10-1 规定的最小稳定安全系数 $[F_s]$ 的基础上按表 3.2.10-2 进行修正。

表 3.2.10-2 斜坡软弱地基路堤最小稳定安全系数

软弱地基横向坡度	水平地基	1:20	1:10	1:7.5
最小稳定安全系数	$[F_s]$	$[F_s]$+0.05	$[F_s]$+0.10	$[F_s]$+0.15

3.3 地基承载力验算

3.3.1 路堑及填高小于基床厚度的低路堤，基床范围的地基承载力应满足现行行业标准《铁路路基设计规范》TB 10001 的要求。

3.3.2 挡土墙、涵洞等刚性基础的地基承载力应符合下式规定，存在软弱下卧层时，应验算下卧层的承载力。

$$p_k \leqslant [\sigma] \quad (3.3.2)$$

式中　p_k——刚性基础底面接触应力(kPa)；

　　　$[\sigma]$——处理后地基容许承载力(kPa)。

3.3.3 软弱地层高填方的复合地基，应进行承载能力验算。

3.3.4 复合地基承载力设计时，应根据本规范相应章节有关规定进行计算，必要时可通过现场载荷试验确定。

3.3.5 桩网和桩筏结构等桩承式路基，桩体承载力应符合下式规定：

$$P_0 \leqslant \frac{1}{\psi}[P] \qquad (3.3.5)$$

式中 P_0——单桩顶面承受的荷载(kN)；

$[P]$——单桩竖向容许承载力(kN)；

ψ——单桩承载能力发挥系数，取 0.9～1.0。

3.3.6 刚性基础处理后地基的承载力应按下列规定修正：

1 基础宽度修正系数应取 0。

2 基础深度修正系数可取 1.0。

3.4 沉降计算

3.4.1 地基压缩层计算深度应考虑线路技术标准及地基土特性等因素按下列要求综合确定：

1 无砟轨道地基压缩层的计算深度可按附加应力等于 0.1 倍自重应力确定；有砟轨道地基压缩层的计算深度可按附加应力等于 0.2 倍自重应力确定。

2 计算深度以下有软土层时应继续增加计算深度。

3.4.2 沉降计算参数应根据土工试验结果、现场原位测试情况、地区经验及类似工程计算参数等因素综合选取。

3.4.3 天然地基和采取排水固结法处理后地基的总沉降量可按式(3.4.3-1)计算：

$$S = S_d + S_c + S_s \qquad (3.4.3\text{-}1)$$

也可按式(3.4.3-2)进行计算：

$$S = m_s S_c \qquad (3.4.3\text{-}2)$$

式中 S——地基总沉降量(m)；

S_d——瞬时沉降(m)；

S_c——主固结沉降(m)；

S_s——次固结沉降(m)；

m_s——沉降经验修正系数，与地基条件、荷载强度、加荷速率等因素有关(对于饱和软黏性土，采用堆载预压排水固结法处理时，其值可取1.2～1.4；采用真空预压排水固结法处理时，其值可取1.0～1.2)。

3.4.4 复合地基的总沉降量应按下式计算：

$$S = m_{Js}S_1 + m_{Xs}S_2 \quad (3.4.4\text{-}1)$$

无可靠经验时复合地基的总沉降量应按下式综合计算：

$$S = m_s(S_1 + S_2) \quad (3.4.4\text{-}2)$$

式中 S_1——加固区沉降量(m)；

S_2——下卧层沉降量(m)；

m_{Js}——加固区沉降经验修正系数，与地基条件、荷载强度、地基处理措施及路基填筑完成放置时间等因素有关；

m_{Xs}——下卧层沉降经验修正系数，与地基条件、荷载强度、加荷速率等有关；

m_s——沉降经验修正系数，与地基条件、荷载强度等因素有关，根据地区沉降观测资料及经验确定(下卧层为中低压缩性土时，对于柔性桩复合地基，其值可取1.0～1.2；对于刚性桩复合地基，可根据区域工程经验取值，缺乏经验时可按表3.4.4插值确定；加固区与下卧层不应采用同一沉降经验修正系数)。

表 3.4.4 中低压缩性土下卧层刚性桩复合地基沉降经验修正系数

压缩模量当量值 $\overline{E}_s$(MPa)	4	7	15	20
m_s	1	0.5	0.3	0.2

注：1 中低压缩性土是指压缩系数为 $0.1\ \mathrm{MPa^{-1}}\sim 0.3\ \mathrm{MPa^{-1}}$ 的土。

2 $\overline{E}_s$ 为沉降计算总深度 Z 内地基压缩模量的当量值，应按下式确定：

$$\overline{E_s} = \frac{\sum A_i}{\sum \dfrac{A_i}{E_{si}}} \tag{3.4.4-3}$$

式中 A_i——第 i 层土附加应力系数沿土层厚度的积分值；

E_{si}——基础底面下第 i 层土的压缩模量值(MPa)，桩长范围内的复合土层按复合土层的压缩模量取值。

3.4.5 地基沉降计算应符合本规范第 3.4.3 条、第 3.4.4 条及附录 E 的有关规定，并应考虑相邻荷载的影响。

3.4.6 工后沉降量应按下列公式计算：

$$S_r = S - S_T \tag{3.4.6-1}$$

$$S_T = \sum_{i=1}^{n} U_i S'_i \tag{3.4.6-2}$$

式中 S_r——工后沉降量(m)；

S——地基总沉降量(包含轨道荷载和列车荷载作用)(m)；

S_T——施工期沉降量(m)；

n——地基土的层数；

S'_i——无荷状态(不考虑轨道荷载和列车荷载作用，采用堆载预压处理时按相应荷载状态计算)下第 i 层地基土的沉降量(m)；

U_i——上部建(构)筑物竣工或路基竣工铺轨时第 i 层地基土的沉降完成比例系数(或称施工期沉降完成比例系数)，应结合地基条件、地基处理措施、路基填筑完成放置时间及地区经验综合确定。

3.4.7 市域铁路工程地基工后沉降量及沉降速率应满足现行行业标准《市域(郊)铁路设计规范》TB 10624 的要求。

4 浅层处理

4.1 一般规定

4.1.1 浅层处理方法包括换填法、固化法和冲击(振动)碾压法,换填法、固化法可用于浅层存在明暗浜、松散填土、杂填土、软土等软弱土层及不均匀地基的处理;冲击(振动)碾压法可用于浅层砂土、低饱和度的粉土与黏性土、素填土和杂填土等地基处理。

4.1.2 浅层处理应综合考虑荷载性质、结构特点、地基条件、环境要求、施工机械设备等进行设计,并应选择合理的施工方法。

4.1.3 换填法材料可采用砂砾石、碎石、灰土、水泥土、高炉干渣(又称高炉重矿渣,以下简称干渣)等,垫层内可设置加筋材料。

4.1.4 固化法可采用注浆法、水泥土搅拌法和强力搅拌就地固化法。

4.1.5 冲击碾压施工应考虑对居民、构造物、地下管线等周边环境带来的影响,距既有建筑物较近时应预留安全距离或采取减震措施。

4.1.6 浅层处理施工前应选取代表性场地进行工艺性试验,确定其适用性、施工工艺和施工参数。

4.2 设 计

4.2.1 换填垫层厚度应根据需要换填的软弱土层深度和下卧土层的承载力确定,宜为 0.5 m~3.0 m。刚性基础还应符合下式要求:

$$p_z + p_{cz} \leqslant [\sigma] \quad (4.2.1)$$

式中 p_z——垫层底面处的附加压力(kPa);
　　　p_{cz}——垫层底面处土的自重压力(kPa);
　　　$[\sigma]$——垫层底面地基容许承载力(kPa)。

4.2.2 垫层底面处的附加压力 p_z 可按下列公式计算:

1 条形基础

$$p_z = \frac{b(p_k - p_c)}{b + 2z\tan\theta} \quad (4.2.2\text{-}1)$$

2 矩形基础

$$p_z = \frac{bl(p_k - p_c)}{(b + 2z\tan\theta)(l + 2z\tan\theta)} \quad (4.2.2\text{-}2)$$

式中 b——矩形基础或条形基础底面的宽度(m);
　　　l——矩形基础底面的长度(m);
　　　p_k——基础底面处的平均压力(kPa);
　　　p_c——基础底面处土的自重压力(kPa);
　　　z——垫层的厚度(m);
　　　θ——垫层的压力扩散角(°),宜通过试验确定,无试验资料时,可按表4.2.2确定。

表 4.2.2　压力扩散角 θ(°)

z/b	换填材料	
	中砂、粗砂、砾砂、圆砾、角砾、碎石、卵石	灰土、水泥土
0.25	20	28
≥0.50	30	28

注:1　当 $z/b<0.25$ 时,除灰土、水泥土取 $\theta=28°$外,其余材料可取 $\theta=0°$;必要时,宜由试验确定。
　　2　当 $0.25<z/b<0.5$ 时,θ 值可内插求得。

4.2.3 垫层底面宽度应满足压力扩散的要求,并应符合下列规定:

1 垫层底面宽度应按下式计算：

$$b' \geqslant b + 2z\tan\theta \qquad (4.2.3)$$

式中　b'——垫层底面宽度(m)；

　　　θ——压力扩散角(°)，可按本规范表 4.2.2 选用。

2 垫层顶面宽度可从垫层底面两侧向上，按基坑开挖期间保持边坡稳定的坡度确定。垫层顶面每边超出基础底边不宜小于 300 mm。

4.2.4 刚性基础下换填垫层的压实标准可按表 4.2.4 选用。路基基底换填垫层的压实标准宜根据垫层所处铁路路基对应部位，按现行行业标准《市域（郊）铁路设计规范》TB 10624 的有关规定确定。

表 4.2.4　刚性基础各种垫层填筑材料及压实标准

施工方法	换填材料类别	K
碾压振密或夯实	碎石、砂砾石	≥0.97
	灰土、固化土	≥0.95
	干渣	≥0.95

注：1　压实系数为土的控制干密度与最大干密度的比值；土的最大干密度宜采用击实试验确定。
　　2　表中压实系数系使用轻型击实试验测定土的最大干密度时给出的压实控制标准；采用重型击实试验时，对灰土、固化土、干渣及其他材料压实标准应为压实系数 $K \geqslant 0.94$。

4.2.5 换填垫层应对下卧层承载力进行验算，必要时垫层承载力可通过现场试验确定。

4.2.6 换填砂砾石垫层应采用砾砂、粗砂、中砂，碎石垫层应采用级配良好且未风化的砾石或碎石，其最大粒径不宜大于 50 mm。垫层材料不应含草根、垃圾等杂质，碎石垫层细粒含量不应大于 10%，砂垫层细粒含量不应大于 5%，用作排水固结的砂垫层细粒含量不应大于 3%。工程要求垫层具有排水功能时，垫层材料应具有良好的透水性。

4.2.7 灰土垫层中石灰的掺和量和水泥土垫层中水泥的掺和量宜通过试验确定。

4.2.8 干渣垫层一般可用于场段路基地基处理,干渣垫层材料可根据工程的具体条件选用分级干渣、混合干渣或原状干渣。用于垫层的干渣技术条件应符合表 4.2.8 的规定。干渣不得用于易受酸、碱影响的区域。大量填筑干渣时,应考虑地下水和土体的环境影响。干渣用于垫层时,尚应满足放射性安全标准的要求。

表 4.2.8 干渣技术条件

项目	质量检验
稳定性	合格
松散密度(t/m^3)	≥1.1
泥土与有机杂质含量	≤5%

4.2.9 加筋垫层土工合成材料应选用耐久性好的土工格栅、土工格室或土工织物等,应具有高强度、低延伸率、蠕变性小、不易脆性破坏、抗拔能力强、耐腐蚀和耐久性好等性能。

4.2.10 固化法一般适用于淤泥土、暗浜土等浅层软弱土处理;固化材料宜选用水泥、石灰、粉煤灰和矿渣等;固化剂的掺和比例宜通过室内固化土配比试验确定。

4.2.11 强力搅拌就地固化法可对厚度 5 m 范围内的软土进行整体式处理。当软土厚度小于或等于 3 m 时,宜采用全断面处理。

4.2.12 冲击(振动)碾压处理范围应大于基底范围,宜超出路堤坡脚或基础外缘 3 m。冲击碾压处理深度不宜大于 3 m,振动碾压的处理深度不宜大于 2 m。加固效果应根据现场试验或当地经验确定。冲击碾压宽度不宜小于 6 m,长度不宜小于 100 m。

4.2.13 浅层处理后的路基稳定性应按本规范第 3.2 节的有关规定检算。

4.2.14 浅层处理后的地基变形由处理后的土层自身变形和下卧层变形组成。浅层处理后的地基在满足本规范第4.2.1条~第4.2.4条的条件下，下卧层变形可按本规范第3.4节的有关规定计算。

4.3 施 工

4.3.1 浅层处理施工前应对处理的范围、深度及地基地质条件进行核实。

4.3.2 换填垫层的施工方法、分层铺填厚度、每层压实遍数等宜通过现场试验确定。除接触下卧软土层的垫层底部应根据施工机械设备及下卧层土质条件确定厚度外，垫层的分层铺填厚度宜取200 mm~300 mm。

4.3.3 换填基坑开挖时应避免坑底土层受扰动，可保留300 mm~500 mm 厚的土层，待铺填垫层前再挖至设计高程。开挖基坑边坡容易失稳时，应在开挖前对边坡进行临时支护，确保基坑边坡稳定。

4.3.4 换填垫层施工时，应采取基坑排水措施；除砂垫层宜采用水撼法施工外，其余垫层施工均不得在浸水条件下进行；工程需要时应采取降低地下水的措施。

4.3.5 垫层底面宜设在同一高程上，如深度不同或垫层底面土层承载力差异较大时，垫层底面应挖成阶梯或斜坡搭接，并按先深后浅的顺序进行垫层施工，搭接处应夯压密实。

4.3.6 砂(碎石)垫层分段施工时接头处应做成台阶，上下层接头宜错开2.0 m，并应碾压密实。

4.3.7 加筋垫层施工应符合下列规定：

1 垫层中土工合成材料的铺设应将强度高的方向置于路基主要受力方向，筋材的连接、搭接应符合设计要求和有关标准的规定。

2 铺设土工合成材料的下承层表面应平整、密实，严禁有尖锐凸出物。土工合成材料上摊铺的填料,应采用轻型机械或人工运输。机械行驶时,土工合成材料上覆填料厚度不宜小于 20 cm。

  3 严禁机械设备和车辆直接在土工合成材料表面上行走。

4.3.8 固化法施工前现场应进行工艺性试验,确定施工机具、施工工艺、固化剂掺量、搅拌次数、搅拌速度等施工参数。

4.3.9 固化法施工完成后,固化场地顶面应进行养护。

4.3.10 冲击(振动)碾压施工前应进行场地平整,清除表层土,修筑机械设备进出道路及施工区周边排水沟,确保场地排水通畅。

4.3.11 冲击(振动)碾压的碾压遍数应根据工艺性试验确定,并应满足设计要求的压实标准。冲击碾压的碾压遍数可根据现场施工时冲击轮轮迹高差小于 15 mm 控制,并应满足设计要求的压实标准。

4.3.12 冲击碾压施工时应自边坡坡脚一侧开始,顺(逆)时针行驶,以冲压面中心线为轴转圈,而后按纵向错轮冲压,全路幅排压后,再自行向内冲压,压实机的行进速度应控制在 10 km/h～12 km/h;冲击碾压时应通过改变转弯半径调整冲压地点,使其均匀冲压;冲击碾压时应及时对地基表面适量洒水,使水分充分渗透,达到适宜的含水量后进行冲击碾压。冲击碾压 10 遍左右后,平地机大致整平,再冲击碾压。

4.3.13 振动碾压应控制碾压速度,施工由地基处理两侧向中心碾压,轮迹覆盖整个路基表面为碾压一遍。振动碾压应按静压→弱振→强振→弱振→静压的顺序施工。

4.3.14 相邻两段冲击碾压搭接长度不宜小于 15 m,振动碾压搭接长度不宜小于 5 m;冲击(振动)碾压段出现橡皮土时应及时停止施工,并做相应处理;冲击碾压完成后,用平地机平整,用光轮压路机最后碾压;施工过程中应对碾压遍数和轮迹高差等参数进行记录。

4.4 质量检验

4.4.1 换填垫层质量检验内容包括垫层压实度及承载力等,

加筋垫层尚应检验土工合成材料的材料质量、施工实体工程质量。

4.4.2 换填垫层的压实质量应根据填料类别及其所在路基部位分层检验,并应符合下列规定:

  1 普通填料和物理改良土垫层应检测压实系数和地基系数。

  2 化学改良土应检测压实系数和无侧限抗压强度。

  3 位于基床或过渡段部位的级配碎石(含水泥级配碎石)、A组和B组填料,应检测压实系数、地基系数。

  4 检验数量:区间正线路基沿线路纵向连续长度每100 m、站场路基每1.0×10^4 m^2抽样检测4点,其中路基中间2点,两侧距路基边缘2 m处各1点。

  5 检验方法:应按现行行业标准《铁路工程土工试验规程》TB 10102规定的试验方法检验。

4.4.3 刚性基础的基底换填垫层压实质量应检测压实系数,条形基础每10 m～20 m不应少于1个点,独立柱基、单个基础不应少于1个点,其他刚性基础每50 m^2～100 m^2不应少于1个点。

4.4.4 刚性基础基底换填垫层应通过载荷试验进行承载力检验,每个单体工程不宜少于2处。

4.4.5 加筋垫层中土工合成材料的品种、规格、质量及性能应符合设计要求和有关标准的规定,外观不应存在破损、老化、污染情况。铺设范围、层数、层间距、方向、连接方法及强度等应满足设计要求。

4.4.6 固化法施工完成14 d后,应对固化土进行取土检验,并应符合下列规定:

  1 检验内容:深度和强度。

  2 检验数量:区间正线路基沿线路纵向连续长度每100 m、站场路基每1.0×10^4 m^2抽样检测4点,其中路基中间2点,两侧距路基边缘2 m处各1点。

3 检验方法:现场取芯。

4 深度应满足设计要求,误差不应超过 10 cm。强度采用现场取芯进行无侧限抗压强度检测,抗压强度应满足设计要求。

4.4.7 冲击(振动)碾压检验内容包括压实质量及承载力等;地基处理压实检验宜在碾压处理 7 d～14 d 后进行;压实质量应检测压实系数,压实标准应符合设计要求;承载力检验应采用平板载荷试验。

5 强 夯

5.1 一般规定

5.1.1 强夯可用于处理松散碎石土、砂土、低饱和度的粉土和黏性土、素填土和杂填土等地基。对于饱和夹砂黏性土地层，可采用降水联合低能级强夯法。

5.1.2 强夯施工前，应结合工程类型及地形地质条件和设备组合，选取有代表性的地段进行工艺性试验，确定其适用性、施工工艺及参数，验证地基处理效果。

5.1.3 邻近既有建(构)筑物、居民区的地基处理不应采用强夯。

5.1.4 强夯法地基处理过程中应实行动态设计和信息化施工。

5.2 设 计

5.2.1 强夯设计内容应包括夯击范围、主夯能级、夯点间距及布置、单点夯击数、夯击遍数、前后两遍夯击间歇时间等。

5.2.2 强夯处理范围应符合下列规定：

1 路堤坡脚外不宜小于 3 m，可液化地基不宜小于 5 m。

2 建(构)筑物基础以外每边超出基础外缘的宽度宜为基底以下设计处理深度的 1/2～2/3，且不宜小于 3 m，可液化地基不宜小于 5 m。

5.2.3 强夯地基的稳定性与沉降应按本规范第 3.2 节和第 3.4 节的有关规定计算，夯后有效加固深度内土层的压缩指标应通过原位测试或土工试验确定。

5.2.4 强夯夯击点位置宜根据基底平面形状按正三角形或正方

形布置。夯击点间距宜根据建筑结构类型、需加固土层厚度和土质条件等因素(或通过试夯)确定;强夯第一遍夯击点间距可取夯锤直径的 2.5 倍～3.5 倍,第二遍夯击点应位于第一遍夯击点之间;以后各遍夯击点间距可适当减小。对处理深度较深或单击夯击能较大的工程,第一遍夯击点间距宜适当增大。

5.2.5 强夯的有效加固深度应根据现场试夯或当地经验确定;在缺少试验资料或经验时,可参照表 5.2.5 进行计算。

表 5.2.5 强夯的有效加固深度(m)

单击夯击能(kN·m)	碎石土、砂土等粗颗粒土	粉土、粉质黏土等细颗粒土
1 000	4.0～5.0	3.0～4.0
2 000	5.0～6.0	4.0～5.0
3 000	6.0～7.0	5.0～6.0
4 000	7.0～8.0	6.0～7.0
5 000	8.0～8.5	7.0～7.5
6 000	8.5～9.0	7.5～8.0
8 000	9.0～9.5	8.0～8.5
10 000	9.5～10.0	8.5～9.0
12 000	10.0～11.0	9.0～10.0

注:强夯的有效加固深度应从最初起夯面算起;单击夯击能大于 12 000 kN·m 时,强夯的有效加固深度应通过试验确定。

5.2.6 强夯的主夯能级,应根据地基土类别、地下水位、结构类型、荷载大小和有效加固深度要求等因素综合考虑,宜通过现场试验确定。

5.2.7 夯点的夯击次数,应根据需加固土层厚度、表层土质情况及使用要求,按现场试夯得到的夯击次数和夯沉量关系曲线确定。要求夯击时土层垂直压缩量最大、周边隆起量最小,并应符合下列规定:

1 最后两击的平均夯沉量,宜满足表 5.2.7 的要求;当单击夯击能大于 12 000 kN·m 时,应通过现场试验确定。

表 5.2.7 强夯法最后两击平均夯沉量

单击夯击能 E(kN·m)	最后两击的平均夯沉量(mm)
$E<4\ 000$	$\leqslant 50$
$4\ 000 \leqslant E < 6\ 000$	$\leqslant 100$
$6\ 000 \leqslant E < 8\ 000$	$\leqslant 150$
$8\ 000 \leqslant E < 12\ 000$	$\leqslant 200$

  2 夯坑周围地面不应发生过大的隆起。
  3 不应出现夯坑过深而导致的提锤困难现象。
5.2.8 强夯夯击遍数应根据地基土的性质和使用要求确定,可采用点夯 2 遍~4 遍;渗透性较差的细颗粒土夯击遍数可适当增加。最后再低能量满夯 2 遍,满夯可采用轻锤或低落距锤多次夯击,锤印搭接不得小于 1/4 夯锤直径。
5.2.9 强夯两遍夯击之间应有一定的间隔时间,间隔时间取决于土中超静孔隙水压力的消散速度。当缺少实测资料时,可根据地基土的渗透性确定,对于渗透性差的黏性土地基,间隔时间不应小于 2 周,对于渗透性好的地基可连续夯击。
5.2.10 强夯地基承载力可根据夯后静力触探、标准贯入、动力触探试验或土工试验指标按相关规范确定,必要时应通过现场载荷试验确定。
5.2.11 强夯地基变形计算包括有效加固深度范围内的沉降和加固区下卧层的沉降,以上两部分的沉降应按本规范第 3.4 节的有关规定进行计算。强夯及降水强夯夯后有效加固深度内土层的压缩模量应通过原位测试或土工试验确定。

5.3 施 工

5.3.1 施工前应完成下列工作:
  1 对黏性土地基,必要时测定地基处理深度内的含水量。

2 对填土地基详细了解填土的成分、构成、级配和土石比等。

3 做必要的颗粒分析、固体体积率、击实试验,确定填土粗颗粒料的粒径控制和级配,以及细颗粒料的最大干密度和最佳含水量,为填土的夯实提供质量控制依据。

4 设置测量控制网,建立现场坐标平面控制点和高程控制点。

5.3.2 施工前应查明场地范围内的地下构筑物和各种地下管线的位置及标高等,根据需要采取相应的减振或隔振措施,施工时应由距邻近建(构)筑物近处向远处夯击。当强夯施工所产生的振动对邻近建(构)筑物或设备可能产生影响时,应设置监测点,并采取以下减振或隔振措施:

1 应力释放孔和隔振沟的深度应大于强夯振动速度衰减到满足安全标准时的深度,孔内和沟内可回填锯末、木屑等异性介质。

2 在靠近被防护对象的地带,可采取降低强夯能级或分层强夯的措施,还可采取改变施工参数,用小面积夯锤、小夯击能的施工方法。

5.3.3 强夯主要施工机具设备的选用应符合下列规定:

1 起重机:根据设计要求的强夯能级,选用带有自动脱钩器装置、与夯锤质量相匹配的履带式起重机或其他专用设备。中、高能级强夯施工时,起重机宜配门架或采取其他防倾覆措施。

2 夯锤:质量可取 10 t~60 t,其底面形状宜采用圆形或多边形,锤底面积宜按土的性质确定,宜为 4 m^2~5 m^2。锤底静接地压力值可取 25 kPa~80 kPa,黏性土或加固深度小于 5 m 时,取小值;砂性土、含水量小于 25% 的土或加固深度大于 5 m 时,取大值。锤的底面宜对称设置若干个与其顶面贯通的排气孔,孔径可取 300 mm~400 mm。夯锤质量应有明显、永久的标志。

3 脱钩:脱钩器的设计应保证强度和耐久性,结构形式应轻便灵活、易于操作。

5.3.4 强夯施工应符合下列规定：

1 当地下水位距地表 2 m 以下且表层为非饱和土时，可直接进行夯击。

2 当地下水位较高不利于施工或表层为饱和土时，宜采用人工降低地下水位或铺填 0.5 m～2.0 m 的中砂、粗砂、砂砾、山皮土、煤渣、建筑垃圾或性能稳定的工业废渣等松散性材料后进行夯击。

3 坑内或场地如遇积水应及时排除，对细粒土尚应采取晾晒等措施降低含水量。

4 当地基的含水量低，影响处理效果时，宜采取增湿措施。

5.3.5 雨季施工应及时采取有效排水措施，以防夯坑积水。加固区周围应设置排水沟。加固区边长大于 30 m 时，场地内应挖纵横向排水沟，最大排水距离宜为 15 m。

5.3.6 强夯法施工可按下列步骤进行：

1 清理并整平施工场地。

2 标出第一遍夯点位置，测量场地高程。

3 夯机就位，起吊吊钩至设计落距高度，将吊钩牵引钢丝绳固定，锁定落距。

4 将夯锤平稳提起置于夯点位置，测量夯前锤顶高程。

5 起吊夯锤至预定高度，夯锤自动脱钩下落夯击夯点。

6 测量锤顶高程，记录夯坑下沉量。

7 重复步骤 5～6，按设计的夯击数和控制标准，完成一个夯点的夯击。

8 夯锤移位到下一个夯点，重复步骤 2～5，完成第一遍全部夯点的夯击。

9 用推土机将夯坑填平或推平，用方格网测量场地高程，计算本遍场地夯沉量。

10 在规定的间歇时间后，按以上步骤完成全部夯击遍数。

11 满足间歇时间后,进行满夯施工,将场地表层松土夯实,碾压后测量夯后场地高程。

5.3.7 施工过程中应加强过程控制,并应符合下列规定:

1 开夯前应检查夯锤质量和落距,确保单击夯击能量符合设计要求。

2 每一遍夯击前,应对夯点放线进行复核,夯完后检查夯坑位置,发现偏差或漏夯及时纠正。

3 强夯处理范围和夯击点布置应符合设计要求。强夯夯坑中心偏差不应大于 $0.1D$(D 为夯锤直径),强夯地基横坡偏差不应大于 0.5%。

4 满夯时搭接面积不小于加固面积的 $1/4$。

5 强夯加固的地基承载力以及强夯处理的实际有效深度应满足设计要求。

5.3.8 施工过程中应对各项参数及施工情况进行详细记录。

5.4 质量检验

5.4.1 强夯加固质量检验内容应包括地基承载力和有效加固深度等。

5.4.2 施工结束后应间隔一定时间后方可进行质量检验。采用强夯处理地基时,对于碎石土和砂土地基间隔时间宜取 7 d～14 d;粉土和黏性土地基间隔时间宜取 14 d～28 d;素填土和杂填土宜按其主要成分所属的土类执行。

5.4.3 强夯加固地基的承载力和有效加固深度,应采用标准贯入或动力触探试验、静力触探试验、平板载荷试验等方法进行检验。检验数量为区间正线路基沿线路纵向连续长度每 100 m、站场路基每 10 000 m^2 等间距检查 4 个断面,每个断面左、中、右各 1 点。

6 排水固结

6.1 一般规定

6.1.1 排水固结法可用于淤泥质土、淤泥和冲填土等饱和黏性土地基。对深厚软黏土地基,可设置袋装砂井或塑料排水带等竖向排水体。

6.1.2 排水固结法按预压处理工艺可采用堆载预压或真空预压。预压荷载大小及类型应根据工后沉降控制标准、施工工期、现场条件等确定。路堤工程宜采用路堤填土堆载预压法,当工期较紧、单独以路堤填土堆载预压或真空预压荷载不能满足工后沉降要求时,可采用填土超载预压或真空-堆载联合预压。

6.1.3 采用排水固结法处理地基应确定土层的基本物理指标、压缩指标、渗透系数、固结系数、抗剪强度指标、固结历史(OCR)等。

6.1.4 采用排水固结法处理重要工程地基时,宜先期填筑试验段并进行地基竖向变形、侧向位移、孔隙水压力、真空度、地下水位等项目的监测。地基加固前后应进行原位十字板剪切试验、静力触探试验、室内土工试验等,根据工程试验获得的监测及测试资料确定加载速率控制指标,推算地基的最终变形及工后沉降等,分析地基处理效果。

6.1.5 对主要以变形控制的工程,采用填土超载预压或真空预压时,地基经预压所完成的变形量、平均固结度及工后沉降满足设计要求后方可卸载。对主要以地基承载力或抗滑稳定性控制的工程,当地基土经预压后强度满足地基承载力或稳定性要求后方可卸载。

6.1.6 采用排水固结法加固地基时，应考虑预压施工对相邻建（构）筑物、地下管线等产生附加沉降的影响。真空预压地基加固区边线与相邻建（构）筑物、地下管线等的距离较近时，应设置监测点，并对相邻建（构）筑物、地下管线等采取保护措施。

6.2 设 计

6.2.1 排水固结法处理范围不宜小于基底范围。对于要求沉降均匀的工程，当采用真空预压时，处理范围宜扩大至基底范围以外不小于 3 m。

6.2.2 采用排水固结法处理地基时地面以上应设置水平向排水通道，可采用砂垫层或直排式真空预压排水方式。水平排水通道应具有良好的透水性和连续性。铺设水平排水砂垫层时应符合下列规定：

　　1 厚度应根据保证加固全过程砂垫层排水的有效性确定，且不应小于 500 mm。

　　2 砂垫层砂料宜选用中粗砂，细粒含量应小于 3%，砂料中可混有少量粒径小于 50 mm 的砾石。砂垫层的渗透系数宜大于 $1×10^{-2}$ cm/s。

　　3 预压区中心部位砂垫层底标高应高于周边的砂垫层底标高，其差值应根据中心和周边的差异沉降确定。

　　4 大面积堆载预压时，在预压区内宜设置与砂垫层相连的排水盲沟，在预压区边缘应设置排水沟。

6.2.3 堆载预压处理地基的设计应包括以下内容：

　　1 选择是否采用竖向排水体，确定竖向排水体的类型、断面尺寸、间距、排列方式和打设深度。确定水平向排水体的布置、厚度和材料。

　　2 确定堆载材料、预压区范围、预压荷载大小、荷载分级、加载速率、预压时间和卸载标准等。

3 计算地基土的固结度、强度增长、稳定性和变形、工后沉降值等。

6.2.4 竖向排水体分袋装砂井和塑料排水带。袋装砂井直径宜为 70 mm～120 mm,塑料排水带的宽度不宜小于 100 mm,厚度不宜小于 3.5 mm,其当量换算直径可按下式计算：

$$d_p = \alpha \frac{2(b+\delta)}{\pi} \quad (6.2.4)$$

式中 d_p——塑料排水带当量换算直径(mm)；
　　　α——换算系数,无试验资料时可取 $\alpha = 0.75 \sim 1.00$；
　　　b——塑料排水带宽度(mm)；
　　　δ——塑料排水带厚度(mm)。

6.2.5 竖向排水体的平面布置可采用正三角形或正方形排列,有效排水直径 d_e 与间距 l 的关系应按下列公式计算：

$$\text{正三角形排列} \quad d_e = 1.05l \quad (6.2.5\text{-}1)$$

$$\text{正方形排列} \quad d_e = 1.13l \quad (6.2.5\text{-}2)$$

式中 d_e——竖向排水体有效排水直径(mm)；
　　　l——竖向排水体间距(mm)。

6.2.6 竖向排水体的间距应根据地基土的固结特性、允许工后沉降和工期要求等确定。可根据地基土预定时间内所要求达到的固结度确定。设计时,可按井径比 n 选用($n = d_e/d_w$, d_w 为竖向排水体直径,对塑料排水带可取 $d_w = d_p$),对袋装砂井或塑料排水带 n 可取 15～25。

6.2.7 竖向排水体的深度应符合下列规定：

1 根据地质条件、地基的稳定性和工后沉降要求、工期等综合确定。

2 对以地基抗滑稳定性控制的工程,打设深度应超过潜在滑动面以下不少于 2.0 m。

3 对以变形控制的工程,打设深度应根据在限定的时间内需完成的变形量、工后沉降是否能达到要求确定;竖向排水体宜穿透受压软土层,但真空预压竖向排水体不应进入下卧透水层。

6.2.8 排水固结地基的平均固结度可按本规范附录 E 进行计算。

6.2.9 当竖向排水体未穿透压缩层时,应分别计算加固范围及下卧层的平均固结度,经预压所完成的变形量应满足设计要求。

6.2.10 堆载预压荷载大小、范围、填筑速率应符合下列规定:

1 预压荷载大小及预压时间应通过计算确定。对于沉降有严格限制的工程,可采用超载预压法处理,超载量大小应根据预压时间内要求完成的变形量或达到的承载力和稳定性要求确定,并宜使预压荷载下受压土层各点的有效附加应力大于上部荷载引起的相应点的附加应力。

2 预压荷载顶面的范围应大于工程应处理的范围。

3 填筑速率及分级高度应根据地基土的强度确定。路基稳定性应按本规范第 3.2 节的有关规定检算。当天然地基土的强度满足预压荷载下地基的稳定性要求时,可一次性加载;否则应分级逐渐加载,待前期预压荷载下地基土的强度增长满足下一级荷载下地基的稳定性要求时,方可加载。

6.2.11 真空预压处理地基的设计应包括以下内容:

1 确定竖向排水体的类别、断面尺寸、间距、排列方式和打设深度。

2 确定预压区范围和分区大小。

3 确定排水通道及真空管网设置。

4 确定真空预压施工工艺、预压时间。

5 确定要求达到的真空度和停抽真空标准。

6 计算地基的变形及稳定性等。

6.2.12 对于地基表层存在良好透气层或在竖向排水体处理范围内有充足水源补给的透水层,真空预压应在加固区周界采取有效措施进行隔断。

6.2.13 真空预压区边缘应超出构筑物基础轮廓线以外不小于3.0 m,当地基固结面积较大时,宜采取分区加固,每块预压的面积宜呈方形且取大值布设,根据加固要求彼此间可搭接或有一定间距。

6.2.14 真空预压的膜下真空度应稳定保持在80 kPa以上,且均匀分布,预压时间不宜少于90 d,竖向排水体深度范围内土层的平均固结度应大于80%。

6.2.15 当设计地基预压荷载大于80 kPa,且采用真空预压处理地基不能满足工程要求时,可采用真空和堆载联合预压地基处理,尚应符合下列规定:

    1 对一般软黏性土,上部堆载施工宜在真空预压膜下真空度稳定达到80 kPa且抽真空时间不少于10 d后进行。对高含水量的淤泥、淤泥质土,上部堆载施工宜在真空预压膜下真空度稳定达到80 kPa且抽真空20 d~30 d后方可进行。

    2 当堆载较大时,真空和堆载联合预压应采用分级加载,分级数应根据地基稳定验算确定。分级加载时,应待前期预压荷载下地基承载力增长满足下一级荷载下地基稳定性要求时,方可增加堆载。

6.2.16 真空预压抽真空设备的数量应根据加固面积大小和形状、地层结构的特点等确定;宜按每套设备可有效控制加固面积为1 000 m²~1 500 m²考虑,若加固区透气性较大,宜增加设备。

6.2.17 膜下真空滤管间距宜为6 m~9 m,离薄膜边缘宜为1.5 m~3.0 m。

6.2.18 真空预压地基的沉降可按本规范第3.4节的有关规定计算,压缩层厚度及附加应力大小应按真空度在地基土中的影响深度及传递规律确定。

6.2.19 排水固结法处理地基设计应根据场地工程地质条件、环境条件、工程要求和预压方式等提出监测要求和目的,确定监测项目及控制标准。

6.3 施 工

6.3.1 袋装砂井施工应符合下列规定：

1 砂袋进场后应妥善存放,禁止长时间在阳光下暴晒。

2 砂袋应防止扭结、缩颈、磨损和断裂,砂袋灌砂应饱满、密实。

3 袋装砂井应锚定在孔底,施工中拔管带出长度大于0.5 m时应重新补打。

4 施打一周内应经常检查袋中砂的沉缩情况,并及时补砂。

5 施工所用的套管内径应大于砂井直径。

6.3.2 塑料排水带施工应符合下列规定：

1 塑料排水带性能指标应符合设计要求,滤膜应紧裹芯板不松皱。

2 塑料排水带进场后应妥善存放,禁止长时间在阳光下暴晒、雨水浇淋、破损或污染。破损或污染的塑料排水带不得在工程中使用。

3 安装及打设过程中塑料排水带不应扭曲,滤膜不应破损和污染,并应防止泥土等杂物进入排水板滤膜内。

4 塑料排水带不应接长使用。

5 塑料排水带应锚定在孔底,打设时回带长度不得超过0.5 m;回带长度大于0.5 m时,应重新补打。

6 塑料排水带打设宜采用套管式打设法,套管断面尺寸应满足打设垂直度、深度等对套管强度和深度的要求,并应减少对地基土的扰动。

7 管靴的形式和结构应有利于塑料排水带打设和留置板头。

6.3.3 袋装砂井和塑料排水带放入孔内应高出砂垫层不小于100 mm。

6.3.4 排水固结平面井距偏差不应大于 100 mm，垂直度偏差不应大于 1.5%，深度不得小于设计要求，埋入砂垫层中的长度应大于 500 mm。

6.3.5 排水固结施工完成后应及时清除周围带出的泥土并用砂子回填密实。

6.3.6 袋装砂井和塑料排水带施工时，宜配置能检测其深度的设备。

6.3.7 堆载预压工程，预压荷载应逐级施加，确保每级荷载下地基的稳定性。真空预压工程，可一次连续抽真空至设计要求的真空度。

6.3.8 堆载预压土施工宜采用有效隔离措施防止预压土污染已填筑的路基。

6.3.9 堆载预压工程，在加载过程中应满足地基承载力和稳定控制要求，并进行地基竖向变形、边桩水平位移及孔隙水压力等项目的监测，根据监测资料控制加载速率。路堤填土速率应符合下列规定：

  1 填筑时间不应小于地基抗剪强度增长所需的固结时间。

  2 路堤中心地面沉降速率不应大于 10 mm/d，坡脚水平位移速率不应大于 5 mm/d。

  3 孔隙水压力系数不宜大于 0.6。

  4 地基的承载力和稳定性应根据监测资料综合分析评价。

6.3.10 真空预压的抽气设备宜采用射流真空泵，空抽时应达到 95 kPa 以上的真空吸力，真空泵的设置应根据预压面积大小和形状、真空泵效率和工程经验等确定，每块预压区至少应设置 2 台真空泵。

6.3.11 真空管路设置应符合下列规定：

  1 真空管路的连接应严格密封，真空管路中应设置止回阀和截门。

  2 水平向分布滤水管可采用条状、梳齿状及羽毛状等形式，滤水管布置宜形成回路。

3 滤水管应设在砂垫层中，上覆砂垫层厚度宜为 100 mm～200 mm；或者滤水管与塑料排水带采用专用接头直连。

4 滤水管可采用钢管或塑料管，滤水管之间宜采用柔性接头，并应外包尼龙纱或土工织物等滤水材料。

6.3.12 密封膜应符合下列规定：

1 密封膜应采用抗老化性能好、韧性好、抗刺穿性能强的不透气材料。

2 密封膜热合连接时，宜采用双热合缝的平搭接，搭接宽度应大于 15 mm。

3 密封膜的厚度宜为 0.12 mm～0.16 mm，密封膜可铺设 2 层～3 层，膜下宜设土工布等保护材料，膜周边设密封沟，将膜体四周沿密封沟内壁埋入土层，用黏土回填密实，沟内覆水密封。

6.3.13 真空预压相邻分区抽真空应同步实施；当不具备同步实施条件时，应在相邻分区间采取防止漏气的隔离措施。

6.3.14 真空预压施工应连续进行。真空度可一次抽真空至最大，当连续 5 d 实测沉降速率不大于 2 mm/d 或满足设计要求时，可停止抽真空。

6.3.15 真空预压施工期间应进行真空度、地面沉降、深层竖向变形、孔隙水压力、地下水位等项目的监测。真空预压加固区周边有建（构）筑物、地下管线时，还应进行深层侧向位移和地表边桩位移监测。

6.3.16 真空预压加固区周边邻近既有建（构）筑物时，应设置监测点，并采取挖隔离沟、打隔离桩等防护措施。

6.3.17 采用真空和堆载联合预压施工尚应符合下列规定：

1 预压时，先进行抽真空，当真空压力达到设计要求并稳定后，再进行堆载，并继续抽真空。

2 堆载前应采取密封膜上铺设土工布及砂垫层等保护措施，砂垫层厚度宜为 100 mm～300 mm。

3 堆载施工时可采用轻型运输工具，不得损坏密封膜。

4 上部堆载施工时，应监测膜下真空度的变化，发现漏气应及时处理。

6.4 质量检验

6.4.1 袋装砂井质量检验的主要内容应包括砂袋品种、规格、性能、平面井距、数量、直径、插设深度、砂料质量、细粒含量、渗透系数等。

6.4.2 塑料排水带质量检验的主要内容应包括塑料排水带品种、规格、性能、质量、平面间距、数量、插设深度等。

6.4.3 堆载预压质量检验的主要内容应包括堆载填筑速率、堆载预压范围、填料密度和堆载高度等。

6.4.4 真空预压质量检验的主要内容应包括密封膜和排水滤管的品种、规格、性能，排水滤管的布设位置、形式、数量、滤水管之间的连接、密封膜的连接、抽真空系统的密封性能等。

6.4.5 预压后，质量检验应符合下列规定：

1 堆载预压卸载应进行变形观测评估，由施工单位按评估要求分段提供观测资料，评估单位提供卸载评估报告，建设单位组织设计、施工、监理、评估单位参加，确定卸载时间。

2 竖向排水体处理深度范围内和竖向排水体底面以下受压土层，经预压所完成的竖向变形和平均固结度应满足设计要求，检验数量为区间正线路基每 200 m、站场路基每 10 000 m^2 抽样检验 6 点。

3 对预压的地基土应进行原位十字板剪切试验、静力触探试验、室内土工试验，必要时应进行现场载荷试验，试验数量不应少于 3 点，对于堆载斜坡处应增加检验数量。检验深度不应小于设计处理深度，检验时间应在卸载 3 d～5 d 后进行。

7 水泥土搅拌桩

7.1 一般规定

7.1.1 水泥土搅拌桩可用于处理正常固结的淤泥、淤泥质土、粉土、素填土、黏性土以及无流动地下水的饱和松散砂土等地基。地基中夹有块石、较大粒径的碎石等不易清除的障碍物时,不宜采用水泥土搅拌桩。

7.1.2 水泥土搅拌桩按加固材料状态可选用浆体搅拌桩(水泥浆搅拌桩、水泥砂浆搅拌桩)和粉体搅拌桩,按施工机械叶片搅拌方向可选用单向水泥土搅拌桩、双向水泥土搅拌桩和多向水泥土搅拌桩,按施工机械轴数可选用单轴、双轴、三轴和多轴搅拌桩。地基土天然含水量小于30%时,不宜采用粉体搅拌桩;地基土天然含水量大于70%时,不宜采用浆体搅拌桩;城区或其他环境要求较高的地段地基加固不宜采用粉体搅拌桩。当沉降控制严格时,可采用加刚性芯桩的劲性复合桩,刚性芯桩可采用混凝土预制桩、钢桩、钢管混凝土桩或灌注桩。

7.1.3 水泥土搅拌桩用于处理泥炭土、有机质土、pH值小于4的酸性土、塑性指数大于25的黏土以及无工程经验的地区,应通过现场试验确定其适用性。

7.1.4 确定水泥土搅拌桩处理方案前,应详细查明加固区域内的工程地质情况,包括填土层的厚度和组成,软土层的分布范围、分层情况、含水量、塑性指数、有机质含量,地下水的侵蚀性和pH值等资料。

7.1.5 地表填土层、明暗浜内含有建筑、生活垃圾时,应清除建筑、生活垃圾后再进行搅拌桩施工。

7.1.6 水泥土搅拌桩施工前应进行室内配比试验,并依据地质条件和设备组合选择有代表性地段进行成桩工艺性试验(不少于3个加固单元),验证设计方案,确定施工工艺及参数。

7.2 设 计

7.2.1 水泥土搅拌桩处理范围不宜小于基底范围,路堤宜处理至填方坡脚外 1 m～3 m,刚性基础宜适当加宽。

7.2.2 水泥土搅拌桩桩位宜采用正三角形、正方形或矩形布置。

7.2.3 水泥土搅拌桩桩径不宜小于 500 mm。

7.2.4 水泥土搅拌桩桩长确定应符合下列规定:

1 竖向承载搅拌桩的长度应根据上部结构对承载力、稳定和变形的要求确定,并宜穿透软弱土层到达承载力相对较高的土层。

2 为提高抗滑稳定性而设置的搅拌桩,其桩长应超过危险滑弧以下不小于 2 m。

3 单(双)轴粉体搅拌桩加固深度不宜大于 15 m,单(双)轴浆体搅拌桩加固深度不宜大于 20 m,三轴浆体搅拌桩加固深度不宜大于 35 m。

7.2.5 水泥土搅拌桩宜选用强度等级为 42.5 级及以上的普通硅酸盐水泥,水泥掺量可取被加固土体质量的 12%～20%,水灰比宜为 0.45～0.60。

7.2.6 水泥土搅拌桩复合地基应在桩顶设置加筋垫层,厚度宜为 200 mm～500 mm,并应满足本规范第 4.2.6 条和第 4.2.9 条的有关要求。

7.2.7 单桩竖向承载力宜通过现场载荷试验确定,设计时可按下列公式计算。

1 水泥土搅拌桩可按下列公式计算,并取其较小值:

$$[P] = \eta P_f A_p \quad (7.2.7\text{-}1)$$

$$[P] = u_p \sum_{i=1}^{n} q_i l_i + \alpha A_p q_p \quad (7.2.7-2)$$

式中 $[P]$——单桩容许承载力(kN);
η——桩身强度折减系数,粉体搅拌桩可取 0.20~0.30,浆体搅拌桩可取 0.25~0.33;
P_f——与搅拌桩桩身水泥土配比相同的室内加固土试块(边长为 70.7 mm 的立方体,也可采用边长为 50 mm 的立方体)在标准养护条件下 90 d 龄期的立方体抗压强度平均值(kPa);
A_p——桩身截面积(m^2);
u_p——桩身周长(m);
q_i——桩周第 i 层土的容许摩阻力(kPa);
l_i——桩周第 i 层土的厚度(m);
n——桩长范围内所划分的土层数;
α——桩端地基土容许承载力折减系数,可取 0.4~0.6,承载力高时取低值;
q_p——桩端地基土容许承载力(kPa)。

2 加刚性芯桩的劲性复合桩可按下列公式计算,并取其较小值:

1) 劲性复合桩桩侧破坏面位于内、外芯界面时

$$[p] = u^c q_{sa}^c l^c + q_{pa}^c A_p^c \quad (7.2.7-3)$$

式中 $[p]$——劲性复合桩单桩容许承载力(kN);
u^c——劲性复合桩内芯周长(m);
q_{sa}^c——劲性复合桩内芯侧阻力特征值(kPa);
l^c——设计桩长(m);
q_{pa}^c——劲性复合桩端阻力特征值(kPa);
A_p^c——劲性复合桩内芯截面积(m^2)。

2) 劲性复合桩桩侧破坏面位于外芯和桩周土的界面时

$$[p] = u\sum \xi_{si}q_{sia}l_i + \alpha\xi_p q_{pa}A_p \qquad (7.2.7\text{-}4)$$

式中 u——劲性复合桩外芯周长(m)；

　　l_i——劲性复合桩第 i 土层厚度(m)；

　　A_p——劲性复合桩外芯截面积(m^2)；

　　q_{sia}——劲性复合桩外芯第 i 土层侧阻力特征值(kPa)；

　　q_{pa}——劲性复合桩端侧阻力特征值(kPa)；

　　α——劲性复合桩端天然地基土承载力折减系数，可取 0.70～0.90；

　　ξ_{si}、ξ_p——分别为劲性复合桩外芯第 i 土层侧阻力调整系数、端阻力调整系数。

7.2.8 水泥土搅拌桩复合地基的竖向承载力宜通过现场单桩或多桩复合地基载荷试验确定，设计时可按下列公式计算：

$$\sigma_{sp} = m\frac{[P]}{A_p} + \beta(1-m)\sigma_s \qquad (7.2.8\text{-}1)$$

$$m = \frac{A_p}{A_e} \qquad (7.2.8\text{-}2)$$

式中 σ_{sp}——复合地基容许承载力(kPa)；

　　σ_s——桩间土天然地基容许承载力(kPa)；

　　β——桩间土承载力折减系数(刚性基础桩间土为淤泥、淤泥质土和流塑状软土等固结程度差时，可取 0.1～0.4；路基工程或刚性基础桩间土为其他土层时，可取 0.4～1.0；加固土层强度较高时取高值，桩端土层强度较高时取低值)；

　　m——面积置换率，一般可取 10%～20%；

　　A_e——桩所承担的复合地基面积(m^2)。

7.2.9 水泥土搅拌桩复合地基的稳定性与沉降应分别按本规范第 3.2 节和第 3.4 节的有关规定计算。

7.3 施 工

7.3.1 施工前应核查地质情况,遇暗浜时应核查暗浜土层情况,进行相应处理后,再进行搅拌桩施工。

7.3.2 水泥土搅拌桩施工前应平整施工场地,清除地上和地下的一切障碍物。遇明浜、塘及场地低洼时应抽水和清淤,按设计要求分层回填夯实,不得回填杂填土或生活垃圾。

7.3.3 水泥土搅拌桩应根据地基条件、工程要求等选择合适的施工机械。施工机械应符合下列规定:

1 根据地基的加固深度选择合适的搅拌钻机、注浆泵、粉体喷射机及自动计量装置、桩头切除机械等配套设备。

2 当要求桩体强度较高或有效桩长较长时,宜采用双轴多向搅拌桩机。

3 搅拌头翼片的枚数、宽度与搅拌轴的垂直夹角、搅拌头的回转数、提升速度应相互匹配,钻头每转一圈的提升(或下沉)量宜为 10 mm～15 mm,以确保加固深度范围内土体的任何一点均能经过 20 次以上的搅拌。钻头直径磨损量不得大于 10 mm。

4 当搅拌桩施工邻近运营铁路等对施工机具高度有限制的区域时,宜采用低塔架的搅拌桩施工设备。

7.3.4 水泥土搅拌桩桩体搅拌次数应满足设计要求,单向水泥土搅拌桩宜全桩长复搅,喷浆次数和搅拌次数应根据工艺性试验确定。当桩周为成层土时,应对相对软弱土层增加搅拌次数或增加水泥掺量。

7.3.5 水泥土搅拌桩钻进施工中,应依据钻杆长度和施工电流强度等综合判断地层情况,确保桩端置于设计规定地层的深度,并应随时检查钻杆垂直度,保证桩身垂直。

7.3.6 水泥土搅拌桩成桩过程中应严格控制钻进和提升速度、喷粉(浆)高程及单位长度喷粉(浆)量、桩身垂直度,确保成桩质量。停浆(灰)面应高于桩顶不小于300 mm～500 mm,保证桩头质量;桩身垂直度偏差不应超过1%。

7.3.7 粉体搅拌桩成桩过程中因故停止喷粉时,应将搅拌头下沉至停灰面以下1 m处,待恢复喷粉时再喷粉搅拌提升;浆喷搅拌桩如因故停浆,应将搅拌头下沉至停浆点以下0.5 m处,待恢复供浆时再喷浆搅拌提升。若停机超过3 h,应在原桩位旁边进行补桩处理。

7.3.8 水泥土搅拌桩桩头切除应采用机械切割,且不应影响桩身完整性和扰动桩间土。

7.3.9 加刚性芯桩的劲性复合桩,宜先施工水泥土搅拌桩,再施工刚性芯桩,也可采用水泥土搅拌桩与刚性芯桩同步成桩工艺;采用刚性桩后插工艺时,刚性芯桩宜在水泥土搅拌桩施工后6 h内进行;劲性复合桩中各单体桩应单独定位,后施工的刚性芯桩应重新定位,桩位的允许偏差应为±10 mm。

7.4 质量检验

7.4.1 水泥土搅拌桩应加强施工过程质量控制,随时检查水泥用量、桩长、搅拌头转数和提升速度、复搅次数和复搅深度、停浆处理方法等施工记录和计量记录,并按确定的施工工艺参数对每根桩进行质量评定。

7.4.2 水泥土搅拌桩质量检验内容应包括桩身完整性、均匀性、桩身强度、单桩或复合地基承载力等。

7.4.3 水泥土搅拌桩的桩身完整性、均匀性、无侧限抗压强度检验应符合下列规定:

 1 成桩14 d后,可采用浅部开挖桩头,深度宜超过停浆面下0.5 m,目测检查搅拌桩的均匀性,量测成桩直径。抽样检验桩总数的2‰,且每工点不少于3根。

 2 成桩28 d后,应采用双管单动取样器在桩径方向1/4处、桩长范围内垂直钻孔取芯,观察桩体完整性、均匀性,取不同深度的不少于 3 个试样作无侧限抗压强度试验。抽样检验桩总数的 2‰,且每工点不少于 3 根。

7.4.4 水泥土搅拌桩承载力检验宜在成桩 28 d 后进行,采用单桩或复合地基载荷试验。抽样检验桩总数的 1‰,且每工点不少于 3 根。

7.4.5 对相邻桩搭接要求严格的工程,应在成桩 15 d 后,选取数根桩进行开挖,检查搭接情况。抽样检验桩总数的 2‰,且每工点不少于 3 根。

7.4.6 加刚性芯桩的劲性复合桩,尚应检测刚性芯桩的完整性。

8 旋喷桩

8.1 一般规定

8.1.1 旋喷桩可用于处理淤泥、淤泥质土、黏性土、粉土、砂土及素填土等地基加固及防渗处理。对于地下水流速过大的地基、土中含有较多的大粒径块石、大量植物根茎或有较高的有机质时,应通过现场试验确定其适用性。邻近高速铁路营业线、地铁等变形敏感区域,不宜采用旋喷桩处理。

8.1.2 旋喷桩施工前应进行室内配比试验,并依据地质条件和设备组合选择有代表性地段进行成桩工艺性试验(不少于3个加固单元),验证设计方案,确定施工工艺及参数。

8.2 设 计

8.2.1 旋喷桩处理范围不宜小于基底范围,路堤宜处理至填方坡脚外1 m～3 m,刚性基础宜适当加宽。竖向承载旋喷桩宜按复合地基设计。当用作挡土结构时,应满足挡土结构相应的设计要求。

8.2.2 旋喷桩间距应根据喷浆方法、复合地基承载力、容许沉降等因素确定,宜为2倍～4倍桩径。其布置型式宜采用正方形或三角形。

8.2.3 旋喷桩桩身直径应根据喷浆方法通过现场试验确定。无现场试验资料时,可参照相似地质条件的工程经验确定,宜为500 mm～1 500 mm。

8.2.4 旋喷桩应根据地基条件、工程要求选择单管法、双管法或三管法进行施工。

8.2.5 旋喷桩桩长的确定应符合下列规定：

1 竖向承载旋喷桩的长度应根据上部结构对承载力、稳定性和变形控制的要求确定，并宜穿透软弱土层到达承载力相对较高的土层。

2 为提高抗滑稳定性而设置的旋喷桩，其桩长应超过危险滑弧以下不小于 2 m。

8.2.6 旋喷桩桩顶和基础之间宜铺设砂砾石或碎石加筋垫层，厚度宜为 200 mm～500 mm，并满足本规范第 4.2.6 条和第 4.2.9 条的有关要求。

8.2.7 旋喷桩的主要材料为水泥，水灰比可取 0.8～1.2，常用为 1.0。根据工程需要可加入适量的外加剂及掺合料，其类型和掺量应通过试验确定。

8.2.8 旋喷桩单桩容许承载力宜通过现场单桩载荷试验确定，设计时可按下列公式计算，取其较小值：

$$[P] = \eta P_f A_p \tag{8.2.8-1}$$

$$[P] = u_p \sum_{i=1}^{n} q_i l_i + \alpha A_p q_p \tag{8.2.8-2}$$

式中 $[P]$——单桩容许承载力(kN)；

η——桩身强度折减系数，可取 0.3～0.4；

P_f——与旋喷桩桩身水泥土配比相同的室内加固土试块（边长为 70.7 mm 的立方体）在标准养护条件下 28 d 龄期的立方体抗压强度平均值(kPa)；

A_p——桩身截面积(m^2)；

u_p——桩身周长(m)；

n——桩长范围内所划分的土层数；

q_i——桩周第 i 层土的容许摩阻力(kPa)；

l_i——桩周第 i 层土的厚度(m)；

α——桩端地基土容许承载力折减系数,无经验时可取1.0;

q_p——桩端地基土容许承载力(kPa)。

8.2.9 旋喷桩复合地基容许承载力宜通过现场复合地基载荷试验确定,设计时可按下式计算:

$$\sigma_{sp} = m\frac{[P]}{A_p} + \beta(1-m)\sigma_s \quad (8.2.9)$$

式中 σ_{sp}——复合地基容许承载力(kPa);

σ_s——桩间土天然地基容许承载力(kPa);

m——面积置换率,一般可取 10%～20%;

$[P]$——单桩容许承载力(kN);

A_p——桩身截面积(m^2);

β——桩间土承载力折减系数(刚性基础桩间土为淤泥、淤泥质土和流塑状软土等固结程度差的土层时,可取 0.1～0.4;路基工程或刚性基础桩间土为其他土层时,可取 0.4～1.0;加固土层强度较高时取高值,桩端土层强度较高时取低值)。

8.2.10 旋喷桩复合地基的稳定性与沉降应分别按本规范第3.2节和第3.4节的有关规定计算。

8.2.11 旋喷桩用于防渗工程时,尚应符合防渗的有关要求。

8.3 施 工

8.3.1 施工前应根据现场环境和地下埋设物的位置等情况,复核旋喷桩的设计孔位。

8.3.2 旋喷桩的主要材料为水泥,根据需要可加入适量的速凝剂等外加剂及掺合料。所用外加剂及掺合料的数量,应通过配合比试验确定。

8.3.3 水泥浆液的水灰比应按试桩成果确定,水泥在使用前应经质量检验合格。搅拌水泥浆所用水应符合混凝土拌合用水的标准。

8.3.4 旋喷桩施工工序为机具就位、插入喷射管(钻孔)、喷射注浆、拔管和冲洗等,施工中应配置浆液自动计量装置,且应保证机械设备垂直;桩身垂直度偏差不应超过1%。

8.3.5 旋喷桩成孔遇到较坚硬的地层时宜采用地质钻机钻孔,成孔过程中应依据钻杆长度、渣样和钻进反馈情况综合判断地质情况,确保桩端置于设计规定地层的深度。

8.3.6 单管法、双管法的高压水泥浆和三管法高压水的压力应大于20 MPa,低压水泥浆液流压力不宜小于1 MPa,气流压力宜取0.7 MPa,提升速度可取0.05 m/min～0.25 m/min,也可根据工程要求和工程经验或试验确定。

8.3.7 喷射孔与高压注浆泵的距离不宜大于50 m,桩位与设计位置的偏差不得大于50 mm。实际孔位、孔深及每个钻孔内地下障碍物、洞穴、涌水、漏水及与工程地质报告不符等情况均应详细记录。

8.3.8 当注浆管置入钻孔,喷嘴达到设计标高时,即可喷射注浆;在喷射注浆参数达到规定值后,即可按喷射工艺要求提升注浆管。孔内喷射注浆应自下而上、均匀提升,喷射管分段提升的搭接长度不得小于100 mm。需要局部扩大加固范围或提高强度的部位,可采取复喷措施。因故停喷后继续喷射时,喷射搭接长度不应小于0.5 m。

8.3.9 高压喷射注浆过程中出现压力骤然下降、上升或冒浆异常时,应查明原因并及时采取措施。

8.3.10 高压喷射注浆完毕应迅速拔出喷射管。必要时应在原孔位采取冒浆回灌或第二次注浆等措施,防止浆液凝固收缩影响桩顶高程。

8.3.11 当处理既有建筑地基时,可采取速凝浆液、大间距隔孔施工辅以冒浆回灌等措施,防止喷射过程中地基产生附加变形和地基与基础间出现脱空现象,并应对建(构)筑物进行变形监测。

8.3.12 施工过程中应对相邻管线、建(构)筑物、地铁等采取保护措施,并进行变形观测,必要时应采取措施,控制和减小施工中引起的变形。

8.3.13 施工中应严格按照施工参数和材料用量施工,做好施工参数的记录,其中包括压力、流量、提升速度、旋转速度等,发现问题时应采取补喷或其他措施。

8.3.14 泥浆处理应满足环保相关要求,应将泥浆及时运出或在现场短期堆放后外运处理。

8.3.15 旋喷桩桩头切除应采用机械切割,且不应影响桩身完整性和扰动桩间土。

8.4 质量检验

8.4.1 旋喷桩质量检验内容应包括桩身完整性、均匀性、桩身强度、单桩或复合地基承载力等。

8.4.2 旋喷桩的桩身完整性、均匀性、无侧限抗压强度检验应符合下列规定:

1 成桩 14 d 后,可采用浅部开挖桩头,深度宜超过停浆面下 0.5 m,目测检查旋喷桩的均匀性,量测成桩直径。抽样检验桩总数的 2‰,且每工点不应少于 3 根。

2 成桩 28 d 后,应采用双管单动取样器在桩径方向 1/4 处、桩长范围内垂直钻孔取芯,观察桩体完整性、均匀性,取不同深度的不少于 3 个试样做无侧限抗压强度试验。抽样检验桩总数的 2‰,且每工点不应少于 3 根。

8.4.3 旋喷桩承载力检验宜在成桩 28 d 后进行,应采用单桩或复合地基载荷试验。抽样检验桩总数的 1‰,且每工点不少于 3 根。

9 布袋注浆桩

9.1 一般规定

9.1.1 布袋注浆桩适用于加固淤泥、淤泥质土、软黏土、饱和粉土、含硬夹层的软弱地基及净空受限或邻近既有线的软弱地基。

9.1.2 布袋注浆桩宜穿透软弱土层,选择承载力较高的地层作为桩端持力层。

9.1.3 布袋注浆桩施工前应进行室内配比试验,并依据地质条件和设备组合选择有代表性地段进行成桩工艺性试验(不少于3个加固单元),验证设计方案,确定施工工艺及参数。

9.2 设 计

9.2.1 布袋注浆桩处理范围不宜小于基底范围,路堤宜处理至填方坡脚外 1 m～3 m,刚性基础宜适当加宽。

9.2.2 布袋注浆桩间距应根据复合地基承载力、稳定性和沉降等因素确定,宜为 2 倍～4 倍桩径;其布置形式宜采用正方形或三角形;当桩间距较大时,桩顶宜增设桩帽或扩大桩头。

9.2.3 布袋注浆桩桩径宜为 200 mm～400 mm,桩长确定应符合下列规定:

1 竖向承载布袋注浆桩的桩长应根据上部结构对承载力、稳定性和变形控制的要求确定,并宜穿透软弱土层到达承载力相对较高的土层,且不宜大于 20 m。

2 为提高抗滑稳定性时,其桩端应超过危险滑弧以下不小于 2 m。

9.2.4 布袋注浆桩桩顶宜设置砂砾石或碎石加筋垫层,垫层厚度宜为 200 mm~500 mm,并满足本规范第 4.2.6 条和第 4.2.9 条的有关要求。

9.2.5 布袋注浆桩注浆材料宜选用普通硅酸盐水泥和不低于Ⅱ级粉煤灰,其配比应根据试验确定,并应满足设计强度要求,28 d 龄期桩身无侧限抗压强度不宜小于 5.0 MPa。

9.2.6 注浆管可采用聚丙烯管(PP-R 管),直径宜为 40 mm~50 mm,注浆完成后注浆管可不拔出,与桩体共同形成布袋加筋注浆桩;注浆管下部为带孔眼的注浆花管。

9.2.7 布袋宜选用无缝合线的卷筒式有纺土工管袋,布袋直径宜与桩径相同;采用尼龙或聚丙烯材质,布袋应具有隔离浆液的作用;经向抗拉断裂强度、CBR 顶破强力以及经、纬向撕破强力应满足注浆压力和设计要求,并应符合表 9.2.7 的规定。

表9.2.7 布袋的技术指标

项 目	设计采用指标
单位面积重量(g/m²)	≥260
经向抗拉断裂强度(kN/m)	≥65
CBR 顶破强力(kN)	≥6.0
经、纬向撕破强力(kN)	≥1.0
等效孔径 O_{95}(mm)	0.07~0.15
渗透系数(cm/s)	1×10^{-3}~1×10^{-2}

9.2.8 布袋注浆桩单桩容许承载力宜通过现场单桩试验确定,设计时可按下列公式计算,取其小值:

$$[P] = \eta P_{\mathrm{f}} A_{\mathrm{p}} \qquad (9.2.8\text{-}1)$$

$$[P] = u_{\mathrm{p}} \sum_{i=1}^{n} q_i l_i + \alpha A_{\mathrm{p}} q_{\mathrm{p}} \qquad (9.2.8\text{-}2)$$

式中　$[P]$——单桩竖向容许承载力(kN)；

　　　　η——桩身强度折减系数，可取 0.3～0.4；

　　　　P_f——与布袋注浆桩同配比的室内标准试块(边长 150 mm 立方体)标准养护 28 d 立方体抗压强度平均值(kPa)；

　　　　A_p——桩身截面积(m^2)；

　　　　u_p——桩身周长(m)；

　　　　n——桩长范围内的土层数；

　　　　q_i——桩周第 i 层土的容许摩阻力(kPa)；

　　　　l_i——桩周第 i 层土的厚度(m)；

　　　　α——桩端地基土容许承载力折减系数，无经验时可取 1.0；

　　　　q_p——桩端地基土容许承载力(kPa)。

9.2.9 布袋注浆桩复合地基承载力宜通过现场复合地基载荷试验确定，设计时可按下式估算：

$$\sigma_{sp} = m\frac{[P]}{A_p} + \beta(1-m)\sigma_s \qquad (9.2.9)$$

式中　σ_{sp}——复合地基容许承载力(kPa)；

　　　　m——面积置换率，一般可取 10%～20%；

　　　　β——桩间土承载力折减系数(可根据试验或类似土质条件工程经验确定，当无试验资料或经验时，桩端为软弱土层时可取 0.75～0.95，桩端为硬土层时可取 0.1～0.4)；

　　　　σ_s——处理后桩间土容许承载力(kPa)，宜按当地经验取值，如无经验，可取天然地基容许承载力。

9.2.10 布袋注浆桩复合地基的稳定性和沉降应分别按本规范第 3.2 节和第 3.4 节的有关规定计算。

9.3 施 工

9.3.1 布袋注浆桩成桩直径不应小于设计桩径,可采用地质钻机或者潜孔钻机成孔,成孔直径不应大于设计桩径,成孔深度应大于设计桩长 200 mm。布袋长度宜大于设计孔深 1 m,应满足高压注浆条件下布袋不破裂和浆液不渗漏,且可渗水的要求。注浆浆液充盈系数不宜小于 1.0。施工应严格按确定的注浆量、注浆压力、注浆速度等工艺参数进行。

9.3.2 成孔过程中应控制和保持钻杆垂直,桩身垂直度偏差不应大于 1%,并应及时检查钻孔泥浆排放、渣样和机械振动或电流反馈,确保桩端进入持力层的深度不应小于设计要求。

9.3.3 施工设备宜根据场地条件选择,采用配备自动计量和压力监测的注浆设备,选用高强输浆管路,降低注浆安全风险。

9.3.4 布袋注浆桩施工工序主要包括施工准备、成孔、土工管袋制作、绑扎、布袋随注浆管下放、注浆、补浆、拔管(如需要)、清管移机、切桩头等。

9.3.5 布袋注浆桩宜间隔跳打施工。临近既有构(建)筑物地段,应按照由近及远、由内向外的顺序,依次跳排施工。

9.3.6 布袋注浆桩泵送注浆压力宜为 0.2 MPa~0.8 MPa,注浆宜采用孔底返浆的方式,自下而上一次压浆,浆液下沉后应及时进行补浆;注浆量、注浆压力应满足设计要求。

9.3.7 施工桩顶高程宜高出设计桩顶 0.3 m~0.5 m,截桩应采用机械切割法,清土和截桩不应造成桩身断裂和扰动桩间土。

9.3.8 施工过程中产生的泥浆应及时清运。

9.3.9 桩顶垫层铺设宜采用静压法或者小型机械夯实,压实质量应满足设计要求。

9.4 质量检验

9.4.1 布袋注浆桩质量检验内容应包括桩身直径、桩身完整性、均匀性、桩身强度、单桩或复合地基承载力等。

9.4.2 布袋注浆桩桩身直径、桩身完整性、均匀性、桩身强度检验应符合下列规定：

  1 成桩 7 d 后，可采用浅部开挖桩头，目测检查布袋注浆桩的成桩情况，量测成桩直径，开挖深度宜为 0.5 m～1.0 m；检验数量为桩总数的 10%，且每检验批不少于 5 根。

  2 成桩 28 d 后，可在桩体中心处、桩长范围内垂直钻孔取芯，观察桩体完整性、均匀性、检查桩长；取不同深度的不少于 3 个试样做抗压强度试验；检验数量为桩总数的 2‰，且每个工点不少于 3 根；钻芯后孔洞采用水泥砂浆灌注封闭。

9.4.3 布袋注浆桩承载力检验宜在成桩 28 d 后进行，采用单桩或复合地基载荷试验。检验数应为总桩数的 2‰，且每个工点不应少于 3 根。

10 灌注桩

10.1 一般规定

10.1.1 小直径灌注桩可选用素混凝土灌注桩或钢筋混凝土灌注桩。

10.1.2 素混凝土灌注桩可用于处理黏性土、粉土、砂土和已自重固结的素填土等地基。钢筋混凝土灌注桩可用于处理变形控制严格的深厚软弱地基、斜坡软弱地基、基岩面起伏较大的地基以及邻近重要建(构)筑物等复杂条件下的地基。

10.1.3 混凝土灌注桩设计宜选择承载力相对较高的土层作为桩端持力层。

10.1.4 混凝土灌注桩设计前,应搜集拟处理区域内详尽的岩土工程资料,包括地层分层及空间分布情况、土的含水量、有机质含量、地下水侵蚀性及pH值等。

10.1.5 素混凝土灌注桩施工前应进行室内配比试验,并依据地质条件和设备组合选择有代表性地段进行成桩工艺性试验(不少于3个加固单元),验证设计方案,确定施工工艺及参数。钢筋混凝土灌注桩设计要求进行单桩承载力试验时,应按设计要求和有关规定进行试桩。

10.2 设 计

Ⅰ 素混凝土灌注桩

10.2.1 素混凝土灌注桩桩处理范围不应小于基底范围,路堤宜处理至填方坡脚,刚性基础宜适当加宽。

10.2.2 素混凝土灌注桩桩径宜为 400 mm~600 mm。

10.2.3 素混凝土灌注桩宜采用正三角形、正方形或矩形布置,桩间距应根据土体性质、单桩承载力、变形要求及施工工艺等确定,桩间距宜为 2.5 倍~6 倍桩径。

10.2.4 素混凝土灌注桩固化剂宜选用强度等级为 42.5 级及以上的普通硅酸盐水泥。

10.2.5 素混凝土灌注桩桩顶宜设置扩大桩头(或桩帽)和加筋垫层,并应符合本规范第 13.2.13 条、第 13.2.14 条的有关规定。

10.2.6 素混凝土灌注桩单桩竖向容许承载力$[P]$的取值,应符合下列规定:

1 采用单桩载荷试验时,应将单桩竖向极限承载力除以安全系数2。

2 单桩容许承载力应根据土的物理指标与承载力参数之间的经验关系确定,取值应考虑施工方法的影响,设计时可按下式计算:

$$[P] = u_p \sum_{i=1}^{n} \lambda_i q_i l_i + \alpha A_p q_p \qquad (10.2.6)$$

式中 $[P]$——单桩竖向容许承载力(kN);

u_p——桩身周长(m);

λ_i——桩身等效极限侧阻力标准值相对于干作业钻孔桩极限侧阻力标准值的增强系数,可根据工程经验确定,对于现浇混凝土桩,一般取 1.0;

q_i——桩周第 i 层土的容许摩阻力(kPa),取值应考虑施工方法的影响;

l_i——桩周第 i 层土的厚度(m);

α——桩端容许端阻力折减系数,宜按地区经验取值,无经验时可取 1.0;

A_p——桩身截面积(m^2);

q_p——桩端容许端阻力(kPa),取值应考虑施工方法的影响。

10.2.7 素混凝土灌注桩复合地基承载力宜通过现场复合地基载荷试验确定,设计时可按下式计算:

$$\sigma_{sp} = m\frac{[P]}{A_p} + \beta(1-m)\sigma_s \qquad (10.2.7)$$

式中 σ_{sp}——复合地基容许承载力(kPa);

m——面积置换率;

$[P]$——单桩竖向容许承载力(kN);

A_p——桩身截面积(m^2);

β——桩间土承载力折减系数,宜按地区经验取值,如无经验,可取 0.75~0.95,天然地基承载力较高时取大值;

σ_s——处理后桩间土容许承载力(kPa),宜按当地经验取值,如无经验,可取天然地基容许承载力。

10.2.8 素混凝土灌注桩桩体试块抗压强度平均值应满足下式要求:

$$P_f \geqslant 4\frac{[P]}{A_p} \qquad (10.2.8)$$

式中 P_f——桩体试块(边长 150 mm 立方体)标准养护 28 d 的立方体抗压强度平均值。

10.2.9 素混凝土灌注桩复合地基的稳定性计算应符合本规范第 3.2.3 条和第 3.2.4 条的有关规定。

10.2.10 素混凝土灌注桩复合地基的沉降可按本规范第 3.4 节的有关规定计算。

Ⅱ 钢筋混凝土灌注桩

10.2.11 钢筋混凝土灌注桩直径宜采用 500 mm~2 000 mm。

桩(群)宜按矩形布置,桩的中心距应根据上部结构类型、荷载大小及地基岩土参数确定,桩中心距不宜小于2.5倍桩径。

10.2.12 对于桩径大于850 mm的大直径灌注桩或桩长大于50 m的灌注桩,宜采用桩端后注浆工艺。

10.2.13 钢筋混凝土灌注桩桩长的确定应符合下列规定:

1 应根据单桩承载力或群桩结构地基沉降及稳定性检算确定。

2 桩端进入持力层的深度,应根据地质条件、荷载特征及施工工艺确定。对于黏性土、粉土不宜小于2倍桩径,砂土不宜小于1.5倍桩径。

3 当存在软弱下卧层时,桩端以下硬土持力层厚度不宜小于3倍桩径。

10.2.14 钢筋混凝土灌注桩单桩竖向承载力和抗拔承载力可根据现行上海市工程建设规范《地基基础设计标准》DGJ 08—11进行计算。

10.2.15 钢筋混凝土灌注桩的桩身承载力和裂缝宽度检算应考虑桩身材料强度、成桩工艺、约束条件、环境条件等因素。桩身承受水平荷载作用时,桩基的受力分析应考虑桩周土对桩基的水平约束作用。

10.2.16 桩周土沉降可能引起桩侧负摩阻力时,应根据工程具体情况考虑负摩阻力对桩基承载力和沉降的影响。

10.2.17 钢筋混凝土灌注桩设计应符合下列规定:

1 桩身混凝土强度等级不应低于C30,主筋直径不宜小于10 mm,净距不宜小于80 mm,采用束筋时每束不宜多于2根钢筋。

2 箍筋宜采用螺旋式(圆桩),直径不应小于6 mm,间距宜为200 mm~300 mm;受水平荷载作用较大的桩基、承受水平地震作用的桩基以及考虑主筋作用计算桩身受压承载力时,桩顶以下5倍桩径范围内的箍筋应加密,间距不应大于100 mm。

3 沿钢筋笼长度每隔 2.0 m～2.5 m 应设 1 道直径不小于 12 mm 的加劲箍筋。

4 钢筋保护层厚度应按现行行业标准《铁路混凝土结构耐久性设计规范》TB 10005 的要求确定。

10.3 施 工

Ⅰ 素混凝土灌注桩

10.3.1 素混凝土灌注桩施工桩体垂直度允许偏差为 1‰，桩位偏差不宜大于 100 mm。

10.3.2 素混凝土灌注桩的施工，应根据现场条件选用下列施工工艺：

1 长螺旋钻孔管内泵压桩体材料灌注成桩，适用于黏性土、粉土、砂土和素填土地基，对噪声或污染控制要求严格的场地可优先选用。当穿越软土、承压水地层时，应通过试验确定适用性。

2 振动沉管灌注成桩，适用于粉土、黏性土及素填土地基。挤土造成地面隆起量大时，可采用引孔措施。

3 泥浆护壁成孔灌注成桩，适用于地下水位以下的黏性土、粉土、砂土、填土等地基。桩长范围和桩端有承压水的土层应通过试验确定其适应性。

10.3.3 长螺旋钻孔管内泵压桩体材料成桩和振动沉管灌注成桩施工应符合下列规定：

1 施工前应按设计要求进行室内配合比试验，施工时按配合比配制桩体材料。长螺旋钻孔管内泵压桩体材料成桩施工的坍落度宜为 160 mm～200 mm，振动沉管灌注成桩施工的坍落度宜为 30 mm～50 mm。振动沉管灌注成桩后桩顶浮浆厚度不宜超过 200 mm。

2 长螺旋钻孔管内泵压桩体材料成桩施工在钻至设计深度

后,应准确掌握提拔钻杆时间,桩体材料泵送量应与拔管速度相匹配,遇到饱和砂土或饱和粉土层时,不得停泵待料;沉管灌注成桩施工拔管速度应匀速控制,拔管速度应控制在 1.2 m/min～1.5 m/min,如遇淤泥或淤泥质土,拔管速度应适当放慢;当遇有松散饱和粉土、粉细砂或淤泥质土,桩距较小时,宜采取隔桩跳打措施。

  3 施工桩顶高程宜高出设计桩顶高程不少于 0.5 m。

10.3.4 对以进入持力层深度控制桩长的桩基,施工中应与工艺性试验终孔时设备贯入地层反应、钻杆长度、施工电流强度等进行综合判断,确保桩底进入持力层深度的要求。

10.3.5 冬季施工时,桩体材料入孔温度不得低于 5 ℃,必要时,应对桩头和桩间土采取保温措施。

10.3.6 截桩宜采用切割法,清土和截桩不得造成设计桩顶高程以下桩身断裂和桩间土扰动。

10.3.7 施工过程中产生的弃土应妥善处理,不得对周围环境造成影响。

10.3.8 桩顶垫层铺设宜采用静压法,压实质量应满足设计要求。

10.3.9 施工前应确定钻机行走路线,避免钻机碾压成品桩。

Ⅱ 钢筋混凝土灌注桩

10.3.10 钢筋混凝土灌注桩钻孔施工应根据不同的地质资料、桩长和桩径等选用旋挖钻机、回旋钻机、套管钻机、长螺旋钻机等钻孔设备。

10.3.11 施工前应平整场地,并准确进行桩位放样测量。钻孔完成后应对孔径、孔深、垂直度等进行检查。施工桩体垂直度允许偏差为 1%。

10.3.12 护壁泥浆宜采用原土造浆,对不适宜用原土造浆的土层应采用人工造浆。泥浆护壁成孔时宜采用孔口护筒,孔内水位宜高于护筒底脚0.5m以上或地下水位以上1.5m～2.0m,取渣时或停钻后应及时向孔内补水或泥浆,保持水头高度和泥浆比重及黏度。

10.3.13 灌注桩成孔过程中应经常核对并记录土层地质变化情况,发生异常情况应及时反馈给相关单位。

10.3.14 复杂地质地段灌注桩成孔过程中发生斜孔、塌孔、掉钻、卡钻及泥浆流失等现象时,应停止施工,待采取相应措施后方可继续施工。

10.3.15 清孔应分两次进行。第一次清孔应在成孔完毕后立即进行,清孔应充分,并应及时向孔内加注清水或新鲜泥浆,保持孔内水位,清孔后沉渣厚度应满足要求;严禁采用加深孔底深度的方法代替清孔。第二次清孔应在安放钢筋笼和导管安装完毕后进行;第二次清孔完毕且孔底沉渣厚度和泥浆比重、黏度等指标符合要求后0.5h内应浇筑混凝土。

10.3.16 灌注桩的钢筋笼在制作、运输和安装过程中应采取防止变形的措施,起吊吊点与钢筋笼搁置点应在可靠部位。安放应对准孔位,竖直、稳步放入桩孔内,避免碰撞孔壁和自由落下,就位后应立即固定。

10.3.17 灌注桩的水下混凝土施工应符合下列要求:

  1 混凝土强度应比设计桩桩身强度提高等级进行配置;混凝土坍落度应为180mm～220mm,初凝时间不应少于正常运输和灌注时间之和的2倍,且不宜少于8h。

  2 混凝土应采用导管法连续浇筑,不应中途停顿。

  3 成孔施工与后道工序应连续施工,成孔完毕至灌注混凝土的间隔时间不宜大于24h。

10.3.18 灌注桩混凝土充盈系数应为实际灌注混凝土体积与按设计桩身计算体积加高出高度部分体积之和的比值,充盈系数不得小于1.0,也不宜大于1.3。

10.3.19 混凝土实际灌注高度应高于设计桩顶标高。高出的高度应根据桩长、地质条件和成孔工艺等因素合理确定,其最小高度不宜小于桩长的3%,且超过1m时按1m计,不足0.5m时按0.5m计。桩顶标高达到或接近地面时,桩顶混凝土泛浆应充分,桩顶混凝土强度应达到设计要求。

10.3.20 刚完成混凝土浇筑的桩与相邻桩成孔安全距离不应小于4倍桩径,或间隔时间不小于36h。

10.3.21 如采用后注浆工艺,施工前应进行试注浆,确定注浆压力、注浆速度等施工参数。当为设计承载力提供依据时,应进行静载荷试验。

10.3.22 采用后注浆的灌注桩施工应符合下列要求:

1 桩端后注浆导管及注浆阀数量宜根据桩径大小设置:对于直径不大于1200mm的桩,宜沿钢筋笼圆周对称设置2根;对于直径大于1200mm而不大于2500mm的桩,宜均匀设置3根;注浆导管应沿桩周均匀布置且伸出桩端200mm~500mm。

2 每道桩侧注浆断面应由纵向注浆导管、环形导管及注浆阀组成。环形导管可采用高压复合软管,并沿圆周对称设置注浆阀。

3 注浆导管应采用钢管,内径不宜小25mm,注浆导管随钢筋笼安放到位后管内应注满清水。

4 注浆阀应能承受1MPa以上静水压力;注浆阀外部保护层应可抵抗砂石等硬质的刮撞而不致使注浆阀受损;注浆阀应具备逆止功能。

5 灌注桩成桩后的7h~8h,应对注浆管进行清水开塞,开塞压力宜为0.8MPa~1.0MPa,开塞后应立即停止注水。

6 注浆宜在成桩48h后进行,注浆施工前应进行试注浆,确定浆液配比、注浆压力、流量及注浆量等参数。

7 多断面桩侧注浆时,应先上后下,以避免下部浆液沿桩周土界面上窜而冒浆;采用桩端桩侧联合后注浆时,宜先注桩侧再注桩端;注浆间隔不宜少于2h,上部注浆体应达到一定的初凝强度。

8 注浆终止条件应控制注浆量与注浆压力,以前者为主,满足下列条件之一可终止注浆:

　　1) 注浆总量达到设计要求。

　　2) 注浆量达80%以上,且压力值达到2 MPa并持荷3 min。

10.3.23 邻近营业线、低净空等复杂条件下的桩基施工可采用低净空全套管钻进工艺。

10.3.24 灌注桩施工尚应符合现行上海市工程建设规范《钻孔灌注桩施工标准》DG/TJ 08—202的规定。

10.4 质量检验

Ⅰ 素混凝土灌注桩

10.4.1 素混凝土灌注桩质量检验内容应包括桩身完整性、均匀性、桩身强度、单桩或复合地基承载力等。

10.4.2 素混凝土灌注桩的桩身完整性、均匀性、无侧限抗压强度可采用以下方法检验:

　　1 成桩14 d后可采用低应变检查桩身完整性。抽样检验桩总数的20%,且每工点不少于3根。

　　2 对于低应变检测成果有疑问时,在成桩28 d后,对于实心桩应在桩体中心处、桩长范围内垂直钻孔取芯,观察桩体完整性、均匀性,在桩身上、中、下取不同深度的不少于3个试样作抗压强度试验。抽样检验桩总数的2‰,且每工点不少于3根。

10.4.3 素混凝土灌注桩承载力检验宜在成桩28 d后进行,应采用单桩或复合地基载荷试验。抽样检验桩总数的1‰,且每工点不应少于3根。

Ⅱ 钢筋混凝土灌注桩

10.4.4 钢筋混凝土灌注桩质量检验内容包括单桩竖向承载力

和桩身完整性。

10.4.5 钢筋混凝土灌注桩桩身强度达到70%或施工完成14 d后可采用低应变反射波法或钻芯取样进行桩身完整性检测,桩径大于等于2 m或桩长大于40 m或复杂地质条件下的桩,应采用声波透射法进行检测。桩板结构全部检验。

10.4.6 钢筋混凝土灌注桩施工完成28 d后可采用高应变法对单桩竖向承载力进行检测。特殊条件下的摩擦桩,应进行单桩载荷试验。抽样检验桩总数的5‰,且每工点不少于1根。

11 预制桩

11.1 一般规定

11.1.1 预制桩可用于淤泥、淤泥质土、黏性土、粉土、砂土和人工填土等地基。

11.1.2 预制桩按截面形式可采用管桩、方桩等；按截面构造可分为实心桩和空心桩。

11.1.3 预制桩施工前应根据地质条件、环境影响程度和设备组合确定沉桩方式并选择代表性地段进行沉桩工艺试验（不少于3根），验证设计方案，确定施工工艺、施工参数及终桩条件。

11.1.4 预制桩结构应满足现行行业标准《铁路混凝土结构耐久性设计规范》TB 10005 等的要求。

11.2 设 计

11.2.1 预制桩边长或直径宜为 300 mm～600 mm。桩（群）宜按矩形或三角形布置，桩间距根据荷载大小和地基岩土参数确定，宜为桩径的 4 倍～6 倍。预制桩处理范围不宜小于基底范围，路堤宜处理至填方坡脚。

11.2.2 桩长根据单桩承载力、沉降控制要求以及整体稳定性检算确定。预制桩桩端进入持力层深度，对于黏性土、粉土不宜小于 2.0 倍桩径，对于砂土等不宜小于 1.5 倍桩径。当存在软弱下卧层时，桩端以下持力层厚度不宜小于 4.0 倍桩径，并应进行软弱下卧层承载力及沉降验算。

11.2.3 预制桩单桩竖向容许承载力 $[P]$ 的取值，应符合下列规定：

1 采用单桩载荷试验时,取单桩竖向极限承载力除以安全系数2的值。

2 无单桩载荷试验资料时,可按下列公式计算,并取其较小值：

$$[P] = \eta P_f A_{p1} \quad (11.2.3\text{-}1)$$

$$[P] = u_p \sum_{i=1}^{n} q_i l_i + q_p A_{p2} \quad (11.2.3\text{-}2)$$

式中 P_f——桩体抗压强度平均值(kPa)；

η——成桩工艺系数,可取 0.55～0.65；

A_{p1}——桩身截面积(m^2)；

A_{p2}——桩端截面积(m^2)；

u_p——桩身周长(m)；

n——桩长范围内所划分的土层数；

l_i——桩周第 i 层土的厚度(m)；

q_i——桩周第 i 层土的容许摩阻力(kPa)；

q_p——桩端容许端阻力(kPa)。

11.2.4 预制桩地基沉降可按本规范第13.2.6条的有关规定计算。预制桩地基稳定性可按本规范第3.2.9条的有关规定计算。

11.2.5 预制桩桩顶设置加筋垫层和桩帽时,应符合本规范第13.2.7条～第13.2.11条和第13.2.13条的有关规定。

11.2.6 预制桩顶设置筏板结构时,应符合本规范第13.2.14条～第13.2.16条的有关规定。

11.2.7 预制桩处理单一无硬壳的流塑状淤泥或淤泥质土地层,应采取加强预制桩结构横向稳定性的措施。

11.3 施 工

11.3.1 预制桩可采用静压法或锤击法施工。施工前应平整场地,并准确进行桩位放样测量,桩平面点位误差不应大于 50 mm。

11.3.2 桩基施工一般由中间向外施作,软土地区宜采用跳桩施工。邻近营业线或既有建(构)筑物时,一般从毗邻营业线或既有建(构)筑物侧开始由近至远施工。邻近营业线或既有建(构)筑物时,可通过设置应力释放孔、调整沉桩顺序或控制沉桩速率等措施降低沉桩挤土效应的影响。

11.3.3 特殊条件下预制桩打入(压入)困难,可采用引孔辅助沉桩法。引孔直径不宜超过桩直径的 2/3,深度不宜超过桩长的 2/3,并应采取防塌孔的措施。引孔作业和沉桩作业应连续进行,间隔时间不宜大于 12 h。

11.3.4 预制桩桩尖施工应符合下列规定:

　　1 应根据地质条件和布桩情况选择桩尖类型。

　　2 腐蚀环境下的管桩宜选用闭口型桩尖。

　　3 闭口型桩尖焊缝应连续饱满不渗水,且在首节桩沉桩后立即在桩端灌注高度不小于 1.2 m 的补偿收缩混凝土或中粗砂拌制的水泥砂浆进行封底,混凝土强度等级不宜低于 C20,水泥砂浆强度等级不宜低于 M15。

　　4 桩尖宜采用钢板制作,钢板应采用 Q235B 钢材,其质量应符合现行国家标准《碳素结构钢》GB/T 700 的有关规定,钢板厚度不宜小于 16 mm。

　　5 桩尖制作和焊接应符合现行国家标准《钢结构焊接规范》GB 50661 的有关规定。

11.3.5 预制桩连接应减少接桩数量,接头宜位于非污染土层中。应避免在桩尖接近密实砂土等硬土层时进行接桩。预制桩接桩宜采用机械连接方式,根据地质条件及预制桩类型也可采用端板焊接或硫磺胶泥锚固连接的方式。

11.3.6 预制桩焊接应符合现行国家标准《钢结构工程施工质量验收标准》GB 50205 中二级焊缝的相关要求。焊接检查合格后应经自然冷却后,方可继续沉桩。锤击法施工自然冷却时间不应小于8 min,静压法施工自然冷却时间不应小于6 min,采用二氧化碳气体保护焊时自然冷却时间不应小于3 min。

11.3.7 静压法施工,最大压桩力值应根据沉桩工艺性试验确定,不宜大于由桩体材料强度确定的竖向承载力设计值的1.5倍。静压法施工沉桩速度不宜大于2 m/min。

11.3.8 静压法施工终压控制标准应符合下列规定:

1 终压控制标准应根据承载力及沉降控制要求、沉桩工艺试验情况、桩端进入持力层情况及压桩动阻力等因素并结合荷载试验情况综合确定。

2 摩擦桩与端承摩擦桩以桩端标高控制为主,终压力控制为辅。

3 当终压力值达不到预估值时,单桩竖向承载力特征值宜根据静荷载试验确定,不得任意增加复压次数。

4 当压桩力已经达到终压力或桩端已到达持力层时,应采取稳压措施。

5 当压桩力小于3 000 kN时,稳压时间不宜超过10 s;当压桩力大于3 000 kN时,稳压时间不宜超过5 s。

6 稳压次数不宜超过3次;对于小于8 m的短桩或稳压贯入度大的桩,不宜超过5次。

11.3.9 锤击法施工,锤重需与桩身强度相匹配,每根桩的总锤击数及最后1 m沉桩锤击数宜进行控制。预应力高强混凝土管桩总锤击数不宜超过2 000击,最后1 m沉桩锤击数不宜超过300击;预应力混凝土管桩总锤击数不宜超过1 500击,最后1 m沉桩锤击数不宜超过250击。

11.3.10 锤击法施工收锤应根据工程地质条件、桩的承载性状、单桩承载力特征值、桩体规格及入土深度、打桩锤性能规格和冲击能量、桩端持力层性状及桩尖进入持力层深度、最后贯入度和最后1 m~3 m的每米沉桩锤击数等因素综合确定。

11.3.11 预制空心桩顶部应采用填芯混凝土等方式进行封闭,

填芯高度不宜小于桩径的 3 倍,填芯混凝土强度等级不宜低于 C30。

11.3.12 沉桩过程中及沉桩完成后应防止桩体偏移,桩身垂直度不应大于 1.5%。发生假极限、吸入、上浮、下沉现象时,必须进行复打。

11.4 质量检验

11.4.1 预制桩质量检测内容应包括桩基的单桩竖向承载力和桩身完整性。

11.4.2 预制桩进场应按设计要求进行产品质量检验。

11.4.3 预制桩施工完成后应采用单桩载荷试验进行单桩竖向承载力检测。桩基检测最小间歇检测时间应符合下列规定:砂土 7 d,粉土 10 d,非饱和黏性土 15 d,饱和黏性土 25 d。抽样检验桩总数的 1‰,且每工点不应少于 3 根。

11.4.4 相邻桩施工完成后,可采用低应变对桩身完整性进行检测。抽样检验桩总数的 20%,且每工点不应少于 3 根。

12 多桩型复合地基

12.1 一般规定

12.1.1 多桩型复合地基可用于处理不同深度存在相对硬层的正常固结土地基,或浅层存在欠固结土、可液化土等特殊土地基,以及地基承载力和变形要求较高的地基。

12.1.2 多桩型复合地基设计时,应根据不同的处理目的,选择适宜的处理深度。

12.1.3 多桩型复合地基设计前,应根据选用的桩型针对性收集工程地质、水文地质资料。

12.1.4 多桩型复合地基施工前,应根据地质条件和设备组合选择代表性地段进行成桩工艺性试验(不少于3个加固单元),验证设计方案,确定施工工艺及参数。

12.2 设 计

12.2.1 多桩型复合地基处理范围不宜小于基底范围,路堤宜处理至填方坡脚外1 m～3 m,刚性基础宜适当加宽。

12.2.2 多桩型复合地基应根据地质情况、承载力、变形及稳定性控制要求、经济性和环境要求等综合因素,确定合适的桩型组合。

12.2.3 多桩型复合地基的长桩应选择相对较好的持力层。处理欠固结土层时,长桩宜穿越欠固结土层;处理液化土层时,长桩宜穿过可液化土层。

12.2.4 多桩型复合地基单桩承载力计算时,对施工扰动敏感的土层,应考虑后施工桩对已施工桩的影响,单桩承载力予以折减。

12.2.5 多桩型复合地基宜设置加筋垫层,厚度宜为 200 mm～600 mm。

12.2.6 多桩型复合地基承载力宜通过现场复合地基载荷试验确定,设计计算应符合下列规定:

1 对具有黏结强度的两种桩组合形成的多桩型复合地基承载力,可按下式估算:

$$\sigma_{sp} = m_1 \frac{\lambda_1 [P_1]}{A_{p1}} + m_2 \frac{\lambda_2 [P_2]}{A_{p2}} + \beta(1 - m_1 - m_2)\sigma_s$$

(12.2.6-1)

式中 σ_{sp}——复合地基承载力(kPa);
m_1、m_2——分别为桩1、桩2的面积置换率;
λ_1、λ_2——分别为桩1、桩2的单桩承载力发挥系数,应由单桩复合地基试验按等变形准则或多桩复合地基静载荷试验确定,有地区经验时也可按地区经验确定,无试验资料或地区经验时可先按0.7～1.0进行估算;
$[P_1]$、$[P_2]$——分别为桩1、桩2的单桩竖向容许承载力(kN);
A_{p1}、A_{p2}——分别为桩1、桩2的截面面积(m^2);
β——桩间土承载力发挥系数,按相应桩型进行取值;
σ_s——处理后桩间土容许承载力(kPa),宜按当地经验取值,无经验时,可取天然地基容许承载力。

2 对具有黏结强度的桩与散体材料桩组合形成的复合地基承载力,可按下式估算:

$$\sigma_{sp} = m_1 \frac{\lambda_1 [P_1]}{A_{p1}} + \beta[1 - m_1 - m_2(n-1)]\sigma_s$$

(12.2.6-2)

式中 σ_{sp}——复合地基承载力(kPa);
m_1——具有黏结强度桩的面积置换率;

λ_1——具有黏结强度桩的单桩承载力发挥系数,应由单桩复合地基静载荷试验确定,有地区经验时也可按地区经验确定,无试验资料或经验时可按 0.6～0.9 进行估算;

$[P_1]$——具有黏结强度桩的单桩竖向容许承载力(kN);

A_{p1}——具有黏结强度桩的截面面积(m^2);

β——仅由散体材料桩加固处理形成的复合地基承载力发挥系数,按相应桩型进行取值;

m_2——散体材料桩的面积置换率;

n——仅由散体材料桩加固处理形成的复合地基的桩土应力比;

σ_s——处理后桩间土容许承载力(kPa),宜按当地经验取值,无经验时,可取天然地基容许承载力。

12.2.7 多桩型复合地基面积置换率,应根据基础面积与该面积范围内实际的布桩数量进行计算。当基础面积较大时,可用单元面积置换率替代。当按图 12.2.7 矩形布桩时,可按下列公式计算:

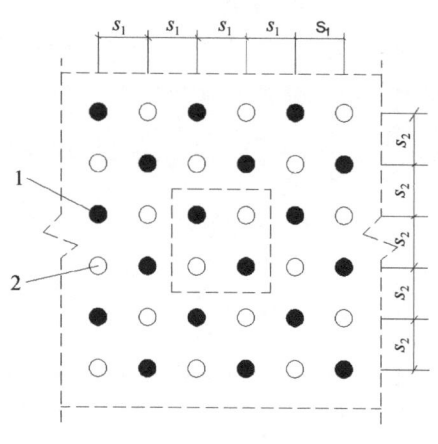

1—桩1;2—桩2

图 12.2.7 多桩型复合地基矩形布桩单元面积计算模型

$$m_1 = \frac{A_{p1}}{2s_1 s_2} \quad (12.2.7\text{-}1)$$

$$m_2 = \frac{A_{p2}}{2s_1 s_2} \quad (12.2.7\text{-}2)$$

12.2.8 多桩型复合地基复合土层的压缩模量计算应符合下列规定：

1 有黏结强度的长短桩复合加固区、仅长桩加固区土层压缩模量提高系数可分别按下列公式计算：

$$\zeta_1 = \frac{\sigma_{sp}}{\sigma_0} \quad (12.2.8\text{-}1)$$

$$\zeta_2 = \frac{\sigma_{sp1}}{\sigma_0} \quad (12.2.8\text{-}2)$$

式中 σ_{sp1}、σ_{sp}——分别为仅由长桩处理形成复合地基承载力和长短桩复合地基承载力(kPa)；

ζ_1、ζ_2——分别为长短桩复合地基加固土层压缩模量提高系数和仅由长桩处理形成复合地基加固土层压缩模量提高系数。

2 对由有黏结强度的桩与散体材料桩组合形成的复合地基加固区土层压缩模量提高系数可按下列公式计算：

$$\zeta_1 = \frac{\sigma_{sp}}{\sigma_{sp2}} + [1 + m(n-1)]a \quad (12.2.8\text{-}3)$$

$$\zeta_1 = \frac{\sigma_{sp}}{\sigma_0} \quad (12.2.8\text{-}4)$$

$$a = \frac{\sigma_s}{\sigma_0} \quad (12.2.8\text{-}5)$$

式中 σ_{sp2}——仅由散体材料桩加固处理后的复合地基承载力(kPa)；

a——处理后桩间土地基承载力的调整系数；

m——散体材料桩的面积置换率。

12.2.9 复合地基变形计算深度应大于复合加固土层的厚度,且应符合本规范第 3 章的有关规定。

12.3 施 工

12.3.1 多桩型复合地基的施工顺序应符合下列规定:
  1 对处理可液化土层的多桩型复合地基,应先施工处理液化的桩体。
  2 应降低或减小后施工桩体对已施工桩体的质量和承载力的影响,宜先施工挤土桩后施工非挤土桩。

12.3.2 多桩型复合地基的施工,应根据所选桩型的特点,针对性选择机械设备、施工工艺和施工方法。

12.4 质量检验

12.4.1 多桩型复合地基的质量检验内容应包括相应桩型的桩身完整性、均匀性、桩身强度、单桩或复合地基承载力等。

12.4.2 多桩型复合地基的质量检验应根据相应桩型,在施工完成一定时间后进行。

12.4.3 多桩型复合地基的质量检验应符合下列规定:
  1 多桩型复合地基承载力检验,应采用多桩复合地基静载荷试验或单桩静载荷试验,分别符合相应桩型的检验数量要求;对重要工程以及工程地质条件复杂、变形要求高的工程,应采用多桩复合地基静载荷试验。
  2 桩体施工质量检验,分别按前述章节对应桩型的检验项目和数量进行质量检验。

13 桩网(桩筏)结构

13.1 一般规定

13.1.1 桩网(桩筏)结构可用于基础变形控制严格的地基加固。

13.1.2 桩网结构应由桩(群)、桩帽(或扩大桩头)及加筋垫层组成,桩筏结构应由桩(群)、褥垫层及钢筋混凝土筏板组成,如图13.1.2所示。

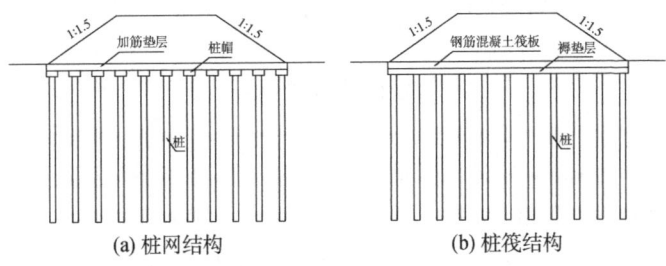

图 13.1.2 桩网结构与桩筏结构

13.1.3 桩网(桩筏)结构混凝土应满足有关铁路混凝土结构耐久性设计规范等的要求。

13.1.4 桩网(桩筏)结构应采用刚性桩,以提高综合承载能力和工后沉降控制效果。

13.2 设 计

13.2.1 桩网(桩筏)结构桩(群)可按全部承担加筋垫层(钢筋混凝土筏板)及上部路堤、轨道结构、列车荷载作用的桩基础进行设计。

13.2.2 桩网(桩筏)结构桩(群)处理范围不宜小于基底范围,路堤宜处理至填方坡脚,刚性基础宜适当加宽。

13.2.3 桩网(桩筏)结构检算内容应包括单桩承载力验算、整体稳定性检算和地基沉降计算,以及垫层加筋、桩帽及筏板检算等。

13.2.4 桩网(桩筏)结构整体稳定性检算应符合刚性桩复合地基稳定性计算相关规定,可按本规范第3.2.9条的规定进行检算。

13.2.5 桩网(桩筏)结构的单桩承载力可按本规范第10.2节、第11.2节的规定进行检算。

13.2.6 桩网(桩筏)结构地基沉降检算应符合下列规定:

1 桩网(桩筏)结构地基沉降可按下式计算:

$$S = S_{p1} + S_{p2} \quad (13.2.6-1)$$

式中 S——桩网(桩筏)结构地基总沉降(m);

S_{p1}——桩网(桩筏)结构加固区沉降(m),为桩身压缩量S_{sp1}及桩端刺入变形S_{sp2}之和;

S_{p2}——桩网(桩筏)结构加固区以下下卧层压缩量(m)。

2 桩身压缩量可按下式计算:

$$S_{p1} = \frac{P_0 L}{A_P E_P} \quad (13.2.6-2)$$

式中 P_0——单桩顶面承受的荷载(kN);

L——桩长(m);

A_P——桩截面积(m²);

E_P——桩体材料弹性模量(MPa)。

3 桩端刺入变形,可根据载荷试验P-S曲线或地区经验取值。

4 下卧层压缩量采用分层总和法计算,下卧层的附加应力宜按Boussinesq法计算。

13.2.7 桩网结构桩帽顶部应设置加筋垫层,垫层材料宜采用级配良好且未风化的砾石或碎石,加筋垫层厚度宜为 200 mm～500 mm,最下层格栅距离桩帽顶部距离不小于 100 mm,并应满足本规范第 4.2.6 条的有关要求。

13.2.8 桩网结构加筋垫层内加筋体宜采用高强度低应变的土工格栅、高强土工布等土工合成材料。土工合成材料性能指标应满足设计检算要求。土工格栅应与桩网结构变形协调;土工格栅的标称伸长率不大于 10%,抗拉强度不小于 80 kN/m 或伸长率 5%时的拉伸强度不小于 50 kN/m。

13.2.9 加筋垫层在桩网结构路基中的拉力应小于加筋体抗拉强度特征值,桩网结构加筋体拉力检算应分别计算加筋体上竖向应力与边坡推力效应引起的拉力,加筋体拉力可按下列公式计算:

$$T_g = \alpha T_{arc} + \beta T_{slp} \quad (13.2.9-1)$$

$$T_g \leqslant T_a \quad (13.2.9-2)$$

$$T_a = \frac{T_{cr}}{F_C F_D} \quad (13.2.9-3)$$

式中　T_g——加筋体拉力(kN/m)(当采用多层加筋体时,综合抗拉强度宜考虑各层加筋体的强度发挥效应。当铺设单层加筋体时,α 取 1.00,β 取 1.00;当铺设双层加筋体时,α 取 0.63,β 取 0.50);

　　　　T_{arc}——竖向应力引起的加筋体拉力(kN/m);

　　　　T_{slp}——边坡推力效应引起的加筋体拉力(kN/m);

　　　　T_a——加筋体容许抗拉强度,可为使用年限内发生 10%失效应变的拉伸强度(kN/m);

　　　　T_{cr}——考虑蠕变的极限张拉强度(kN/m);

　　　　F_C——考虑施工过程中破损的材料安全系数,碎石类可取 1.3～1.5;

　　　　F_D——考虑耐候性、耐药性以及长期性能劣化特性的耐久性安全系数,可取 1.0～2.0,当加筋体处于无阳光照射环境且施工过程中处理较好,土体 pH 值处于 5~9 时,可取 1.0。

13.2.10 边坡推力效应引起的加筋体拉力为边坡主动土压力合力减去地基摩擦反力,如图 13.2.10 所示,可按下列公式计算,当 $T_{slp}<0$ 时,取 0。

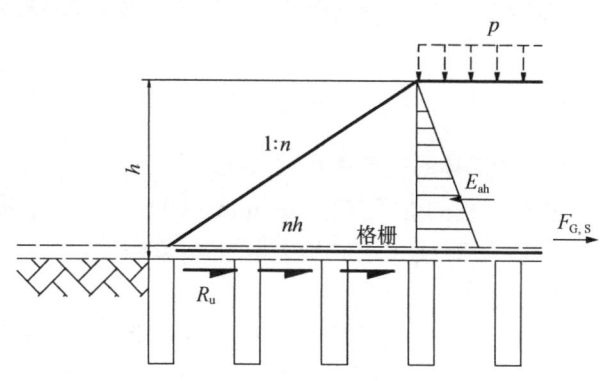

图 13.2.10 路基边坡受力示意图

$$T_{slp} = E_{ah} - R_u \quad (13.2.10\text{-}1)$$

$$E_{ah} = \frac{1}{2}\gamma h^2 K_{ah} + p_s h K_{ah} \quad (13.2.10\text{-}2)$$

$$R_u = G\delta\tan\varphi_d = \frac{1}{2}\gamma h^2 n\delta\tan\varphi_d \quad (13.2.10\text{-}3)$$

式中 E_{ah}——边坡主动土压力合力(kN/m);
　　　R_u——地基提供的摩擦反力(kN/m);
　　　γ——土体的重度(kN/m³);
　　　h——填土高度(m);
　　　K_{ah}——主动土压力系数;
　　　G——边坡自重荷载(kN/m);
　　　p_s——静荷载(kN/m²);

φ_d——与加筋体接触的土体内摩擦角(°),黏性土取综合摩擦角;

δ——加筋体单位网格中土体面积占总面积的比例,当加筋体为土工格栅时宜取 0.90,当加筋体为土工织物时取 0.67。

13.2.11 加筋体沿滑动面外的锚固段长度 L_e 可按下式计算:

$$L_e = \frac{2T_g}{\gamma h C_i \tan \varphi_d} \quad (13.2.11)$$

式中 C_i——加筋体的抗拉拔系数,宜取 0.8。

13.2.12 桩网结构的桩径宜为 400 mm～800 mm。桩宜按矩形布置,桩间距根据荷载大小和地基岩土参数确定,宜为桩径的 4 倍～5 倍。

13.2.13 桩网结构的桩顶应设置桩帽,桩帽设计应符合下列规定:

1 混凝土强度不小于 C30,厚度宜为 300 mm～400 mm。

2 桩帽面积占单桩加固地基面积的比例应不小于 25%。

3 桩帽结构设计可根据桩帽承载的竖向荷载,按抗弯和抗冲切破坏检算混凝土强度及配筋,并应符合现行国家标准《混凝土结构设计规范》GB/T 50010 等的有关规定。

13.2.14 桩筏结构桩顶应设置褥垫层,厚度宜为 200 mm～300 mm,褥垫层上设置钢筋混凝土筏板,筏板混凝土强度不小于 C30。褥垫层材料宜为级配良好的中砂、粗砂、砾石或碎石等,最大粒径不宜大于 50 mm。

13.2.15 桩筏结构钢筋混凝土筏板配筋可按弹性地基板设计,检算配置钢筋。钢筋混凝土筏板厚度可根据抗弯、抗冲切、抗剪切要求确定,宜为 300 mm～600 mm。

13.2.16 筏板应纵向分节设置,每节长度宜为 15 m～20 m,板间留 2 cm 的伸缩缝,缝内填塞泡沫板或沥青麻筋。

13.3 施 工

13.3.1 桩帽宜现浇施工,采用预制桩帽时应采取对中控制措施。桩帽之间应采用砂土、石屑等回填夯实。

13.3.2 加筋垫层应选用强度较高、质地坚硬、不易风化且级配良好的砾石或碎石,不得混有石屑;碎石最小粒径应大于加筋体孔径,其最大粒径不应大于 50 mm,应铺设平整。铺设厚度小于 300 mm 时,可不作碾压;300 mm 以上时,应分层静压压实;碎石垫层压实质量应符合路基本体填筑的要求。

13.3.3 加筋垫层的施工应符合下列规定:
   1 材料的运输、储存和铺设应避免阳光曝晒。
   2 应选用较大幅宽的加筋体,两幅拼接时接头强度不应小于原有强度的 70%;接头宜布置在桩帽上,重叠宽度不得小于 300 mm。
   3 铺设时地面应平整,不得有尖锐物体。
   4 加筋体铺设应平整,应用编织袋装砂(土)压住。
   5 加筋体的经纬方向与布桩的纵横方向应相同。

13.3.4 垫层以上的填土,应分层压实,防止集中加载造成桩身歪斜,压实度应达到设计要求。

13.3.5 桩筏结构钢筋加工、连接和安装及混凝土的强度应满足设计要求。

13.4 质量检验

13.4.1 桩网(桩筏)结构质量检验内容应包括加筋垫层、筏板、刚性桩单桩竖向承载力和桩身完整性等内容。

13.4.2 桩网结构加筋垫层的质量检验应满足本规范第 4.4 节的相关要求。桩筏结构筏板的质量检验应满足现行行业标准《铁路路基工程施工质量验收标准》TB 10414、《高速铁路路基工程施工质量验收标准》TB 10751 和《铁路混凝土工程施工质量验收标准》TB 10424 的相关要求。

13.4.3 桩网结构刚性桩单桩竖向承载力和桩身完整性检验应满足本规范第 10.4 节、第 11.4 节的相关要求。

14 桩板结构

14.1 一般规定

14.1.1 桩板结构可用于深厚软弱地基、桥隧间短路基过渡段、路桥(路隧、路涵)过渡段、岔区路基、既有路基加固及人为坑洞地基处理等基础变形控制严格地段的地基处理。

14.1.2 桩板结构应由钢筋混凝土桩、托梁和承载板(或U型槽),或钢筋混凝土桩和承载板组成,钢筋混凝土桩宜选用机械成孔灌注桩,也可采用预制打入(压入)桩。

14.1.3 桩板结构各构件耐久性设计应符合现行行业标准《铁路混凝土结构耐久性设计规范》TB 10005的规定。

14.2 设 计

14.2.1 桩板结构根据连接方式、组合形式及设置位置,可采用非埋式、浅埋式及深埋式,并应符合下列规定:

  1 非埋式桩板结构宜为多跨一联,跨数不宜超过5跨,托梁与桩应刚性连接,中跨承载板与托梁应刚性连接或半刚性连接,边跨承载板与托梁应搭接,相邻联的承载板间应设置伸缩缝,承载板与上部轨道结构应直接连接,如图14.2.1-1所示。

  2 浅埋式桩板结构的桩可直接或通过托梁与承载板连接,伸缩缝处由桩与承台刚性连接,承台上搭接两侧承载板,承载板上部为基床表层或基床底层,如图14.2.1-2所示。

  3 深埋式桩板结构设置在路堤基底,桩与承载板直接刚性连接,伸缩缝处由桩与承台刚性连接,承台上搭接两侧承载板,承台板上部为填方路基,如图14.2.1-3所示。

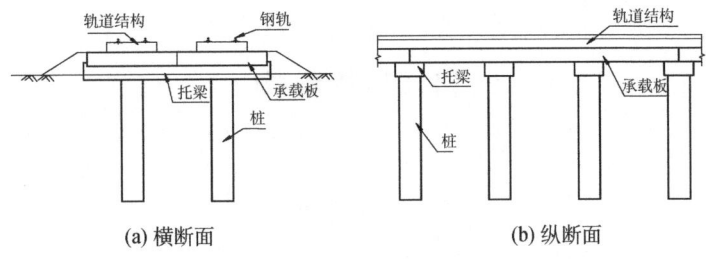

图 14.2.1-1 非埋式桩板结构形式示意图

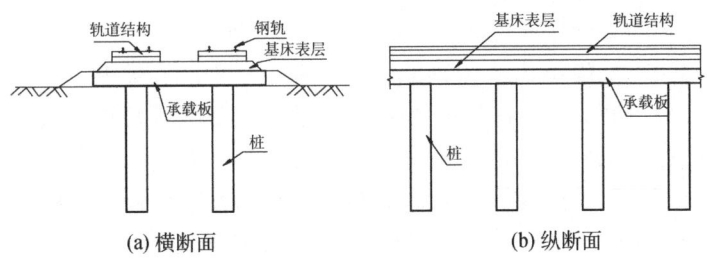

图 14.2.1-2 浅埋式桩板结构形式示意图

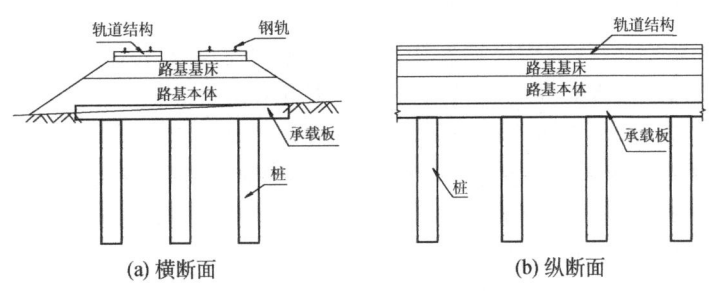

图 14.2.1-3 深埋式桩板结构形式示意图

14.2.2 桩板结构也可根据需要,将承载板做成 U 型槽的形式,并应符合下列规定:

1 非埋式 U 型槽桩板结构,U 型槽底板上部与轨道结构直接连接,U 型槽两侧的边墙用以支挡两侧的水和土,如图 14.2.2-1 所示。

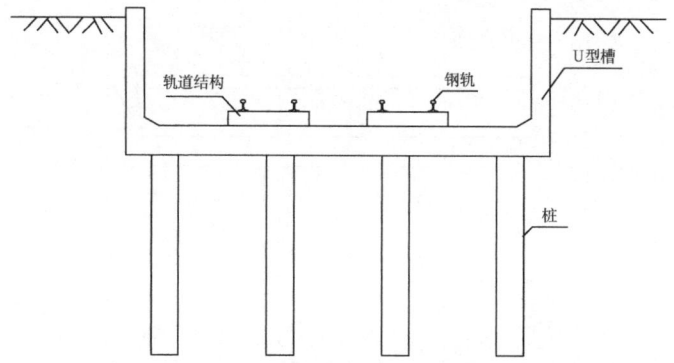

图 14.2.2-1 非埋式桩板 U 型槽结构示意图

2 浅埋式 U 型槽桩板结构，U 型槽底板上部通过基床表层或基床底层与轨道结构连接，U 型槽两侧（单侧）的边墙用以支挡路基或防水，如图 14.2.2-2 所示。

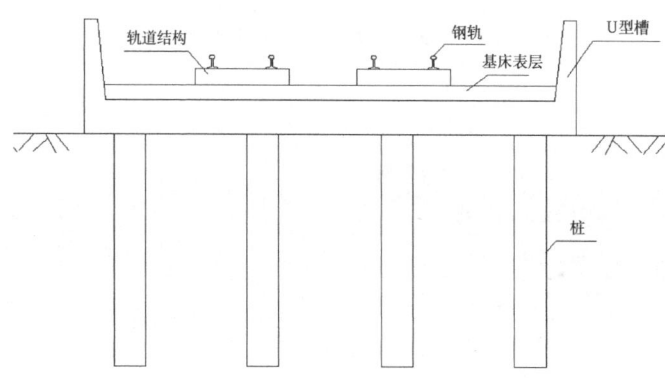

图 14.2.2-2 浅埋式桩板 U 型槽结构示意图

3 深埋式 U 型槽桩板结构，U 型槽底板上部为填方路基，U 型槽两侧（单侧）的边墙用以支挡路基或防水，如图 14.2.2-3 所示。

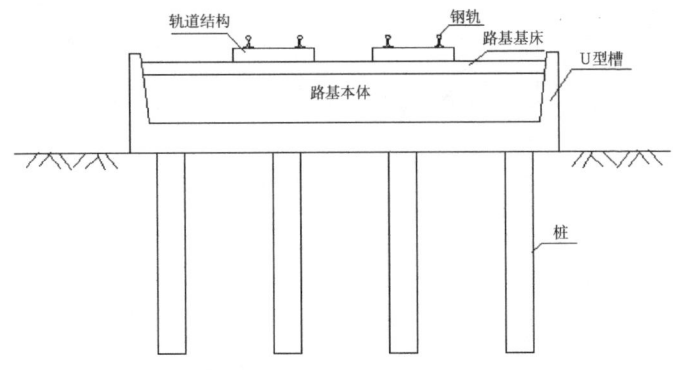

图 14.2.2-3 深埋式桩板 U 型槽结构示意图

14.2.3 设计荷载应符合下列规定：

1 桩板结构设计应根据结构的特性，按表 14.2.3 所列的荷载，按最不利组合工况进行计算。

表 14.2.3 桩板结构设计荷载

荷载分类		荷载名称	非埋式	浅埋式	深埋式
主力	恒载	结构构件及轨道结构自重	√	√	√
		混凝土收缩和徐变的影响	√	√	√
		基础变位的影响	√	√	√
		基床表层自重	○	√	√
		路基本体及基床底层自重	○		√
		土压力、浮力和抗拔力等		○	
	活载	列车竖向静活载	√	√	√
		列车竖向动力作用	√	√	
		离心力	√	√	
		横向摇摆力	√	√	
附加力		制动力或牵引力	√	√	
		温度变化的作用	√	√	

续表14.2.3

荷载分类	荷载名称	非埋式	浅埋式	深埋式
特殊力	列车脱轨荷载	√		
	地震力	√	√	√
	施工临时荷载	√	√	√
	长钢轨纵向作用(伸缩力、挠曲力和断轨力)	√		

注：1 表中"√"表示设计时应考虑该荷载。"○"仅在采用U型槽结构时考虑。
  2 长钢轨纵向力及其与制动力或牵引力等的组合，应符合现行行业标准《铁路无缝线路设计规范》TB 10015 的规定。
  3 列车脱轨荷载只与主力中恒载组合，不与主力中活载和其他附加荷载组合。
  4 地震力与其他荷载的组合应符合现行国家标准《铁路工程抗震设计规范》GB 50111 的规定。
  5 非埋式和浅埋式桩板结构，铁路列车竖向静荷载应符合现行行业标准《铁路列车荷载图式》TB/T 3466 的规定；深埋式桩板结构轨道及列车竖向静荷载按换算土柱考虑。

2 非埋式及浅埋式桩板结构列车竖向活载动力系数应根据速度目标值等，按照现行行业标准《铁路桥涵设计规范》TB 10002 的相关要求计算，浅埋式桩板结构动力系数应适当折减。

3 超静定桩板结构应考虑混凝土收缩的影响，混凝土收缩的影响可按降低温度的方法来计算。

14.2.4 结构计算应符合下列规定：

1 桩板结构可按多支撑连续板梁进行计算。

2 桩板结构内力可按现行行业标准《铁路桥涵混凝土结构设计规范》TB 10092 进行计算。U型槽结构内力可按现行行业标准《铁路路基支挡结构设计规范》TB 10025 进行计算。

3 计算水平荷载作用时，桩基的受力分析应考虑桩周土体对桩基的水平约束作用。

4 桩基沉降可根据现行行业标准《铁路桥涵地基和基础设计规范》TB 10093 进行计算，非埋式和浅埋式桩板结构应控制相邻桩的差异沉降。

5 桩基单桩竖向承载力可按现行行业标准《铁路桥涵地基和基础设计规范》TB 10093 进行计算。

6 承载板在竖向静活载作用下的竖向挠度应符合表 14.2.4 的规定。

表 14.2.4 承载板的竖向挠度限值

设计速度(km/h)	200	160	120
竖向挠度限值	$L/1\,750$	$L/1\,600$	$L/1\,350$

注：1 L 为承载板的纵向跨度。
    2 三跨及以上一联的桩板结构按表中数值的 1.1 倍取用。
    3 对于单线承载板，竖向挠度限值按相应双线承载板的 0.6 倍取用。

7 对于多跨一联的非埋式或浅埋超静定结构，应考虑温度荷载的作用，并满足表 14.2.4 所列限值的要求。

8 在列车竖向静活载作用下，承载板板端竖向转角应按无砟轨道不大于 1.0‰，有砟轨道不大于 2.0‰控制。设计时，还应控制承载板板端的悬挑长度。

9 桩板结构的承载板、托梁和桩基应进行裂缝最大宽度验算，裂缝最大宽度应满足耐久性设计要求。

14.2.5 桩板结构的布置应符合下列规定：

1 桩板结构承载板跨度宜为 5 m～10 m，厚度宜为 0.6 m～1.5 m，灌注桩桩径宜为 0.8 m～1.50 m。

2 同一跨（联）桩基中，不宜同时采用摩擦桩和柱桩，且不宜采用不同直径、不同材料和长度相差过大的桩。

3 双线市域铁路非埋式及浅埋式桩板结构的横向桩间距，宜与市域铁路线间距保持一致。

4 非埋式桩板结构应用于无砟轨道地段时，承载板伸缩缝位置应与轨道板板缝对齐，承载板的长度应与其上轨道板分块长度的模数相对应，即为轨道板分块长度的整数倍。

14.2.6 桩板结构的构造应符合下列规定：

1 承载板及托梁的混凝土强度等级不宜低于 C35，桩基的混凝土强度等级不宜低于C30。

2 承载板(托梁)底宜设置100 mm厚素混凝土或灰土垫层。

3 承载板(托梁)与桩基刚性连接处应设置钢筋网、抗剪弯筋和加密箍筋等构造措施。

4 桩与承载板(托梁)联结时,桩身伸入承载板(托梁)内的长度不宜小于100 mm。

5 承载板(托梁)主筋宜采用HRB 400钢筋。承载板受力钢筋直径不宜小于16 mm,间距不宜大于200 mm。

6 承载板分布钢筋直径不宜小于8 mm,间距不宜大于200 mm,分布钢筋配筋面积不宜小于单位宽度上受力钢筋面积的15%。

7 非埋式桩板结构应满足以下要求:

　　1)承载板与上部无砟轨道基础结构间应通过销钉或门形钢筋连接。

　　2)承载板顶应设置向外的横向排水坡,相邻承载板间的纵横向伸缩缝处应设防水伸缩缝。

　　3)边跨处承载板与托梁的连接面上,宜设置高强耐磨滑动层。

　　4)托梁两侧端头宜设置凸型挡块。

8 U型槽结构的构造应符合现行行业标准《铁路路基支挡结构设计规范》TB 10025中槽式挡土墙的相关规定。

14.2.7 承载板的箍筋布置应符合下列规定:

1 箍筋直径不宜小于8 mm,支撑受拉钢筋时,其间距不应大于板厚的3/4且不应大于300 mm;支撑受压钢筋时,其间距不应大于受力钢筋直径的15倍且不应大于300 mm。

2 支承中心两侧各相当于板厚1/2的长度范围内,箍筋间距不应大于100 mm。

3 非埋式桩板结构承载板宜设置封闭式箍筋。

4 浅埋式及深埋式桩板结构承载板顶面与底层的受力钢筋

之间宜设拉筋,间距不宜大于 400 mm。

14.2.8 路基稳定性应按本规范第 3.2 节的有关规定计算。

14.3 施 工

14.3.1 桩板结构施工前应按规定编制专项施工方案。

14.3.2 桩板结构施工前应平整场地,并准确进行桩位放样测量,桩位平面点位中误差不应大于 50 mm。

14.3.3 钢筋混凝土灌注桩的施工应满足本规范第 10.3 节或第 11.3 节的相关要求。

14.3.4 桩板结构施工顺序应按照"桩基→托梁→承载板"的工艺流程进行。

14.3.5 托梁立模施工中,应重点检查桩体伸入托梁的长度,以及桩顶主筋锚入托梁的长度。

14.3.6 托梁与承载板采用刚性连接时,应对托梁顶面做凿毛处理。

14.4 质量检验

14.4.1 桩板结构质量检测内容应包括托梁、承载板、桩基的单桩竖向承载力及各构件的完整性和均匀性。

14.4.2 桩板结构托梁和承载板、U 型槽结构的质量检验应满足现行行业标准《铁路路基工程施工质量验收标准》TB 10414、《高速铁路路基工程施工质量验收标准》TB 10751 和《铁路混凝土工程施工质量验收标准》TB 10424 的相关要求。

14.4.3 桩板结构钢筋混凝土桩单桩竖向承载力和桩身完整性检验应满足本规范第 10.4 节或第 11.4 节的相关要求。

15 注　浆

15.1　一般规定

15.1.1　注浆法可用于坑洞地基处理及既有铁路等工程加固,适用于砂土、粉土、黏性土和一般填土层等地基加固,不宜应用于地下水流速过大的工程。

15.1.2　注浆方案应根据工程地质、水文地质条件,明确注浆处理对象和注浆目的。

15.1.3　注浆设计前,应查明被加固土层的分布范围、含水量、土的颗粒级配、地下水和孔隙率等土体的物理力学性质指标。

15.1.4　注浆加固施工前应进行室内配比试验,并依据地质条件和设备组合选择有代表性地段进行现场注浆试验,验证设计方案,确定施工工艺及参数。

15.1.5　邻近既有建(构)筑物注浆施工时,应控制注浆压力,不得影响相邻建(构)筑物的稳定性,并加强既有建(构)筑物变形监测。注浆施工中应注意注浆对周边环境的影响,避免造成地表环境与地下水的污染。

15.1.6　施工结束后,应采用原位测试、钻探等方法,结合施工过程资料对注浆效果进行综合评价。

15.2　设　计

15.2.1　注浆法的设计内容应包括注浆工艺、注浆有效范围、注浆材料的选择和浆液配比、初凝和终凝时间、注浆量、注浆流量和压力、注浆孔布置和注浆顺序等。设计时应根据工程地质、水文地质资料和周边环境条件,结合工程经验确定设计参数。

15.2.2 注浆工艺和有效范围应通过现场试验或按工程经验确定,并应达到充填空洞、提高土体强度和模量及既有地基基础加固等工程效果。

15.2.3 注浆材料的选择及其配比的设计,应考虑注浆的目的、地质情况、地基土特性、地下水状态等,选定最佳材料及配比。

15.2.4 用作充填空洞的注浆材料应主要为水泥浆,空洞和裂隙较大时,可在水泥浆液中适量掺入砂、黏性土、粉煤灰或其他掺合料。注浆孔间距应根据加固空洞、地层特征确定,并应通过现场注浆试验验证。

15.2.5 用作提高土体强度的劈裂注浆,注浆孔的布置,应能使被加固土体在平面和深度范围内连成一个整体。孔间距可按 1.0 m～2.0 m 范围设计。压密注浆在选用坍落度较小的水泥砂浆时,注浆孔间距可按理论球状浆体直径的 2 倍～5 倍设计。

15.2.6 浆液初凝时间应根据地基土质条件和注浆目的决定。以提高土体强度为目的时,砂土地基注浆的浆液初凝时间可取 5 min～20 min。对黏性土地基,浆液的初凝时间宜为 1 h～2 h。对人工填土地基,应分次注浆,间隔时间应按浆液的初凝试验结果确定,且不应大于 4 h。

15.2.7 注浆压力应根据注浆目的、地质条件、周边环境等因素综合确定。

15.2.8 注浆量应根据地基土性质、浆液渗透性以及对周边环境影响等因素综合确定。大规模注浆施工宜通过施工现场试验性注浆确定注浆量。黏性土地基中劈裂注浆的浆液注入率宜取 15%～20%。

15.2.9 注浆顺序应根据地基土质条件、现场环境、周边排水条件及注浆目的等确定,并符合下列规定:

  1 宜采用先外围后内部跳孔间隔的注浆施工方式,不宜采用自注浆地带某一端单向推进的压注方式。

2 存在地下动水流时,应自水头高的一端开始注浆。

3 注浆范围以外有边界约束条件时,也可采用自边界约束远侧开始顺次往近侧注浆的方式。

4 施工场地附近存在对变形控制有较严格要求的建(构)筑物、管线等时,可采用由建(构)筑物或管线的近端向远端推进的施工顺序,同时应加强对建(构)筑物、管线等的现场监测。

15.3 施 工

15.3.1 注浆法施工的场地应事先予以平整,除干钻法外,应沿钻孔位置开挖沟槽与集水坑,保持场地的整洁干燥。施工前应选择代表性场地进行注浆、注水工艺性试验,确定注浆压力、注浆量、水灰比、外加剂类型及掺量、终注条件等施工参数。

15.3.2 注浆开始前应做好准备工作,包括检查机械器具、仪表、管路、注浆材料、水和电等并进行必要的试验,应配备压力表和流量测定器,注浆应连续进行,避免中断。

15.3.3 注浆施工应据实记录注浆压力和流量,应采用自动流量和压力记录仪,并应及时整理分析施工记录,发现异常情况应及时会同设计等有关单位解决。注浆过程中应根据浆液流量、注浆压力特征动态调整水灰比。

15.3.4 塑料阀管注浆法施工可按下列步骤进行:

1 钻机与灌浆设备就位。

2 钻孔。

3 当钻孔钻到设计深度后,从钻杆内灌入封闭泥浆,也可直接采用封闭泥浆钻孔。

4 插入塑料单向阀管到设计深度;当注浆孔较深时,阀管中应加入水,以减小阀管插入土层时的弯曲。

5 待封闭泥浆凝固后,在塑料阀管中插入双向密封注浆芯管,再进行注浆,注浆时按照设计注浆深度范围自下向上(或自上向下)移动注浆芯管。

6 若需使用同一塑料阀管进行反复注浆,每次注浆完毕后,应用清水冲洗塑料阀管中的残留浆液。对于不宜用清水冲洗的场地,可考虑用陶土浆灌满阀管内。

15.3.5 花管注浆法施工可按下列步骤进行:

1 钻机与灌浆设备就位。

2 钻孔或采用振动法将花管压入土层。

3 若采用钻孔法,应从钻杆内灌入封闭泥浆,然后插入花管。

4 待封闭泥浆凝固后(采用钻孔法时),按照设计注浆深度范围移动花管自下向上(或自上向下)进行注浆。

15.3.6 注浆管注浆法施工可按下列步骤进行:

1 钻机与灌浆设备就位。

2 钻孔或采用振动法将金属注浆管压入土层。

3 若采用钻孔法,应从钻杆内灌入封闭泥浆,然后插入金属注浆管。

4 待封闭泥浆凝固后(采用钻孔法时),捅去金属管的活络堵头进行注浆,注浆时按照设计注浆深度范围自下向上移动注浆管。

15.3.7 低坍落度砂浆压密注浆施工可按下列步骤进行:

1 钻机与灌浆设备就位。

2 钻孔或采用振动法将金属注浆管置入土层。

3 向地层注入低坍落度水泥砂浆,同时按照设计注浆深度范围自下向上移动注浆管。

15.3.8 注浆孔的孔径宜为 70 mm~110 mm,垂直偏差应小于1%,注浆孔有设计角度时应预先调节钻杆角度。

15.3.9 采用灌入封闭泥浆的方式时,当钻孔到设计深度后,必须通过钻杆注入封闭泥浆,直到孔口溢出泥浆方可提杆;当提杆至中间深度时,应再次注入封闭泥浆,最后完全提出钻杆。

15.3.10 封闭泥浆的 7 d 立方体抗压强度宜为 0.3 MPa～0.5 MPa,浆液黏度宜为 80″～90″。

15.3.11 采用塑料阀管注浆法施工时,塑料单向阀管每一节均应做检查,应管口平整无收缩、内壁光滑。事先应将每六节塑料阀管对接成 2 m 长度做备用,准备插入孔内时应复查一遍,并旋紧每一节螺纹。注浆芯管的聚氨酯密封圈使用前应进行检查,应无残缺和大量气泡现象,上部密封圈裙边应向下,下部密封圈裙边应向上,且应均匀抹涂黄油。所有注浆管接头螺纹均应保持充足的油脂。

15.3.12 采用塑料阀管注浆法进行二次注浆,宜采用黏度较小的化学浆液、二端用水加压的膨胀密封型注浆芯管,不宜采用自行密封式密封圈装置。

15.3.13 注浆管上拔时宜使用拔管机。塑料阀管注浆芯管每次上拔高度应与阀管开孔间距一致,宜为 330 mm;花管或注浆管注浆时,每次上拔或下钻高度宜为 300 mm～500 mm。采用低坍落度砂浆的压密注浆,每次上拔高度宜为 400 mm～600 mm。

15.3.14 劈裂注浆的流量宜为 7 L/min～15 L/min,对充填型灌浆,流量可适当加快,但也不宜大于 20 L/min。压密注浆的流量宜为 10 L/min～40 L/min。

15.3.15 注浆用水应采用自来水、河水、井水及其他清洁水,不宜采用 pH 值小于 4 的酸性水和工业废水,对水质有疑问时应进行必要的测试。

15.3.16 注浆所用水泥的强度等级不宜小于 42.5 级,出厂期不宜超过两个月,受潮结块不得使用,水泥的各项技术指标应符合现行国家标准的相关要求,并应附有出厂试验单。

15.3.17 在满足强度要求的前提下,注浆浆液可用磨细粉煤灰或粗灰部分代替水泥,掺入量应通过试验确定,掺入量宜为水泥重量的 20%～70%。

15.3.18 浆液使用的原材料及制成的浆体应符合下列要求:

 1 浆体应能在设计要求的时间内凝固,其强度、防渗性和耐久性应满足设计要求。

  2 浆体凝固后其体积收缩率不宜大于3‰。

  3 浆体在1h内不应发生析水现象。

15.3.19 浆液拌制可加入外加剂,并应符合下列规定:

  1 加速浆体凝固的水玻璃,其模数应为3.0～3.3;水玻璃掺量应通过试验确定,宜为水泥用量的0.5%～3.0%。

  2 提高浆液扩散能力和可泵性的表面活性剂(或减水剂),掺加量可参考产品说明通过试验确定。

  3 提高浆液均匀性和稳定性,防止固体颗粒离析和沉淀而掺加的膨润土,其掺加量不宜大于水泥用量的5%。

  4 还可根据工程需要加入早强剂、微膨胀剂、抗冻剂、级凝剂等,掺加量可考产品说明并应做相关试验确定。

15.3.20 浆体应经搅拌机充分搅拌、确认均匀后才能开始压注,注浆过程中应不停顿地缓慢搅拌,搅拌时间应小于浆液初凝时间。浆体在泵送前应经过筛网过滤。拌制好的浆液应进行随机抽检。

15.3.21 冬季日平均温度低于5℃或最低温度低于－3℃条件下注浆时,施工现场应采取浆体防冻措施。夏季炎热时段下注浆时,用水温度不应超过35℃,并应避免注浆体静止状态下将盛浆桶和注浆管路暴露于阳光下。

15.3.22 注浆中途发生地面冒浆现象应立即停止注浆,查明冒浆原因。如系注浆孔封闭效果欠佳,可待浆液凝固后重复注浆;如系地层灌注不进,则应结束注浆。

15.3.23 用作充填空洞的注浆,施工应遵循探灌结合、过程控制的原则,根据探灌和施工揭示的地质特征调整相关设计、施工参数和注浆工艺。

15.4 质量检验

15.4.1 注浆施工质量检验的主控项目应包括原材料检验、注浆体强度、注浆施工顺序等,在有特殊要求时,还应包括浆液初凝和终凝时间等;一般项目应包括注浆材料称量误差、注浆孔位、注浆孔深、注浆压力、注浆流量等。

15.4.2 注浆加固质量检验应根据设计提出的要求进行,检验时间应在注浆结束 28 d 后。对于设计明确承载力要求的工程,应采用载荷试验进行检验;无特殊要求时,可选用标准贯入试验、静力触探试验或轻便触探试验、物探等方法对加固地层进行检测;注浆效果的评定应注重注浆前后数据的比较,以综合评价注浆效果。

15.4.3 水泥为主剂的注浆加固质量检验应符合下列规定:

1 注浆检验可选用标准贯入、轻型动力触探、静力触探或面波等方法进行加固地层均匀性检测。

2 按加固土体深度范围每间隔 1 m 取样进行室内试验,测定土体压缩性、强度或渗透性。

15.4.4 硅化注浆加固质量检验应符合下列规定:

1 硅酸钠溶液灌注完毕,应在 7 d～10 d 后对加固的地基土进行检验。

2 应采用动力触探或其他原位测试检验加固地基的均匀性。

3 工程设计对土的压缩性有要求时,尚应在加固土的全部深度内,每隔 1 m 取土样进行室内试验,测定其压缩性。

15.4.5 采用标准贯入试验、静力触探试验或轻便触探试验时,检测点为注浆孔数的 2%～5%。如检验点不合格率不小于 20%,或虽小于 20%但检验点的平均值达不到设计要求时,在确认设计原则正确后,应对不合格的注浆区实施重复注浆。

16 变形观测与评估

16.1 一般规定

16.1.1 无砟轨道铁路路基应进行沉降评估,有砟轨道正线铁路路基宜进行沉降评估。

16.1.2 无砟轨道及有砟轨道软土路基均应进行变形观测,路基变形观测应以路基面沉降和地基沉降观测为主,软土地段路堤填筑期间尚应对路基坡脚水平位移进行观测,控制填筑速率,保证路基稳定。

16.1.3 路基填筑完成或施加预压荷载后沉降变形观测时间不宜少于 6 个月,并宜经过一个雨季。观测数据不足以评估或工后沉降评估不能符合要求时,应延长观测期,必要时可采取加速或控制沉降的措施。

16.1.4 填筑期间路堤中心地面沉降速率不应大于 10 mm/d,坡脚水平位移速率不应大于 5 mm/d。

16.2 变形观测

16.2.1 变形观测断面及观测设施的布置应根据地形地质条件、地基处理方法、路基类型、路堤高度等影响因素结合施工工期综合确定,观测断面间距宜为 50 m~100 m,过渡段观测断面应加密设置。

16.2.2 变形观测应按三等垂直位移监测网的要求观测,观测期间每月应进行监测网与稳固基准点的联测,检查监测网的标高变化。

16.2.3 路基地段应从路基填土开始进行变形观测,观测的频次不宜低于表 16.2.3 的规定。

表 16.2.3 路基变形观测频次

观测阶段	观测期限	观测频次	平行观测频次
填筑或堆载	一般	1次/天	1次/3天
	沉降量突变	2次/天~3次/天	1次/天
	两次填筑间隔时间较长	1次/3天	1次/9天
堆载预压或路基填筑完成	第1~3个月	1次/周	1次/3周
	第4~6个月	1次/2周	1次/月
	6个月以后	1次/月	1次/2月
架桥机(运梁车)通过	全程	首次通过前1次,首次通过后前3天1次/天,以后1次/周	首次通过前1次,首次通过后1次,以后1次/3周
轨道板(道床)铺设后	第1个月	1次/2周	1次
	第2~3个月	1次/月	1次
	3个月以后	1次/3月	—

16.3 沉降评估

16.3.1 沉降评估应根据施工组织、建(构)筑物间的变形协调关系成段进行。

16.3.2 沉降评估工作应在沉降观测期满足要求后进行。

16.3.3 路基沉降预测宜采用曲线回归法,并应符合下列规定。

1 根据实际观测数据进行曲线回归分析,确定沉降的趋势。

2 曲线回归的相关系数不应低于 0.92。

3 沉降预测的可靠性应经过验证,间隔不少于 3 个月,两次预测最终沉降值的差:无砟轨道不应大于 5 mm,有砟轨道不应大于 15 mm。

4 轨道(道床)铺设前最终预测应符合其预测准确性的基本要求,即从路基填筑完成或堆载预压以后沉降和沉降预测的时间 t 应符合下式规定:

$$\frac{S(t)}{S(t=\infty)} \geqslant 75\% \qquad (16.3.3)$$

式中 $S(t)$——预测时实际发生的沉降量(mm);

$S(t=\infty)$——预测总沉降值(mm)。

16.3.4 预测工后沉降应考虑运营期荷载,可按荷载比例进行估算。

16.3.5 路基工后沉降的评估应结合路基各断面之间的相互关系以及相邻桥隧的沉降情况进行综合分析,路基的工后沉降以及各断面之间、路基与相邻桥隧之间的不均匀沉降应符合现行行业标准《市域(郊)铁路设计规范》TB 10624 的规定。

17 环境保护与控制

17.1 一般规定

17.1.1 地基处理施工应遵守国家和上海市有关建设项目环境保护管理的规定，贯彻"预防为主、防治结合、综合治理"的原则，合理利用资源、能源，采用先进工艺、节能环保机械设备，降低资源、能源消耗。

17.1.2 地基处理施工应统一规划，合理布局，综合利用，控制污染源，保护生态环境，减少对环境的影响。

17.1.3 地基处理施工前应熟悉施工图及有关工程地质、水文地质资料；收集施工场地附近的地下管线、道路、营业线、建（构）筑物等资料，并按产权单位要求采取相应的施工措施，必要时制定保护措施。邻近重要建（构）筑物等施工时，应控制施工顺序、施工速度，并按要求对建（构）筑物进行监测。

17.1.4 施工场地周边环境变化危及施工质量和安全时，应及时上报相关单位采取处理措施。

17.2 环境保护

17.2.1 施工准备阶段的环境保护工作应符合下列规定：

1 应合理利用资源、能源，采用工艺先进、节能环保的机械设备。

2 应按环境保护的要求，结合工程实际，对施工中可能造成的环境破坏和不利影响，制定和实施保护水质，控制扬尘，减少振动、噪声和废气废渣污染等防治措施。

3 施工便道、施工场地等临时工程应尽量利用既有道路、荒地等，减少对林地、农田的占用。

17.2.2 噪声、振动污染防治应符合下列规定：

1 不应使用对环境噪声污染严重的设备。城镇居民区施工，噪声应符合现行国家标准《建筑施工场界环境噪声排放标准》GB 12523 和上海市噪声排放标准的要求，否则应采取措施降低噪声影响。

2 应合理布置施工场地，宜将产生高噪声与强烈振动的机械设备设置在远离建筑物的地方。

3 强振机械设备应采取消声、隔音、安装减振衬垫等减振降噪技术措施。

17.2.3 大气污染防治应符合下列规定：

1 施工现场扬尘污染防治应符合现行上海市工程建设规范《建设工程扬尘污染防治规范》DGJ 08—121 的有关规定，落实扬尘污染防治的技术措施，文明施工。

2 各种运输车辆不应超量装载运输，防止土石散落污染路面。施工便道应安排专人及时清扫。

3 施工现场的各类运输车辆应做好保洁工作，车辆进出施工现场应采取清洗、保洁措施。

4 粉状材料应采用密封或袋装运输，不应散装散卸。粉状材料露天堆放时，应采取防尘和防雨水冲刷措施。

17.2.4 水污染防治应符合下列规定：

1 施工中溢出的浆液应回收集中处理，不应任意排放。

2 施工中未经处理的污水不应直接排放到饮用水源、农田、鱼塘、河流中。

3 清洗施工机械和设备的废水、废油以及生产生活污水应集中处理，不应随意排放。

17.2.5 固体废弃物污染防治应符合下列规定：

1 固体废弃物应分类回收，分别处理。

2 施工中产生的渣土、泥浆应运至指定堆放场地。

17.2.6 文物保护应符合下列规定：

1 文物保护区周围施工，应按照国家和上海市有关规定报批，并制定相应的保护措施，不得破坏文物保护单位的历史风貌。

2 施工中发现文物或者疑似文物时，应暂停施工，保护好现场，并立即报告上海市文物行政管理部门研究处理，不得隐瞒不报或私自处理。

17.3 周边环境影响控制

17.3.1 地基处理工程施工影响既有铁路、城市轨道交通、道路、重要建(构)筑物和管线时，应符合下列规定：

1 施工前相关手续应经权属单位审批通过，并请相关权属单位进行现场交底，对影响施工的设备设施进行详细探查。

2 施工前应熟悉施工内容，识别施工安全危险源，开展施工安全风险评估，确定安全防范预案。

3 施工前应制定切实可行、安全可靠的施工方案和保护措施，并按规定的程序审批通过。

4 施工前应进行工艺性试验，评估地基处理效果及对设备设施的影响，确定施工工艺和施工参数。

5 施工影响设备设施安全时，应按照要求提前通知权属单位人员到现场提供安全保护指导。

6 施工全过程应考虑荷载变化引起的附加应力及变形对设备设施的影响。如出现险情，应及时发出预警，采取应急预案相应措施。

17.3.2 影响既有铁路设备稳定、使用和行车安全的地基处理工程施工，应符合下列规定：

1 施工作业人员应经铁路施工安全培训并考试合格，进入电气化区段的施工作业人员应进行电气化铁路安全知识教育培训。

2 施工单位应与相关设备管理、行车组织单位签订施工安全协议。

3 施工单位应上报施工计划并严格按照审批的计划组织施工。

4 施工单位应按规定设置驻站联络员和现场防护员。施工时，施工负责人、安全（技术）员、防护人员应按照要求到场进行监控。

5 施工所用施工机械、机具应经鉴定合格，并由专人管理。施工与既有铁路较近或净空受限时，宜采用低净空机械。

6 施工时应及时清理轻飘物，确保既有铁路行车安全。

17.3.3 轨道交通保护区范围内地基处理工程施工，应符合下列规定：

1 施工前应主动联系轨道交通相关管理单位，并收集有效管理文件。

2 施工前应在轨道交通监护网站进行标图申报，确认项目与轨道交通的准确位置关系。

3 作业方案应报送轨道交通企业进行技术审查，经上海市交通行政管理部门同意，并采取相应的安全防护措施和办理行政许可后方可组织实施。

17.3.4 影响既有道路的地基处理工程施工，应符合下列规定：

1 施工前应与权属单位办理交接手续，做好相关设施设备的移交工作。

2 施工前应与道路管理和交管部门联系，制定可行的交通组织方案并按照流程要求进行审批。

3 施工前应按照相关管理单位要求办理占路掘路等相关手续。

4 施工时应做好道路维修保养和保洁工作。

5 施工期间应派专人进行排水系统维护，检查场内外的排水设施,及时清理施工现场的排水沟。

17.3.5 与重要管线相邻或交叉部位的施工方案,应满足相应主管部门的技术要求,必要时应进行专题论证。施工期间应确保相关设施结构运营安全及施工作业人员安全。

17.4 特殊环境施工

17.4.1 特殊环境施工应根据施工所在地的环境特点做好施工准备工作,并应符合下列规定:

  1 应按照方案要求,配足物资、设备,并做好人员培训和安全教育工作。

  2 应加强气象信息的收集工作。

17.4.2 雨季施工应在雨季前优先安排好施工区段内的排水设施的施工,并应符合下列规定:

  1 雨季施工期间,对水泥、粉煤灰等原材料应采取防水和防潮措施。

  2 雨季施工应做好防水、防洪和排水工作。

17.4.3 高温施工应符合下列规定:

  1 当室外日平均气温高于 30 ℃时,应按高温施工采取措施。

  2 混凝土配合比设计中应考虑坍落度损失,宜选用缓凝型减水剂,并根据气温适当增加坍落度。

  3 宜采用混凝土搅拌运输车运输混凝土,混凝土运输容器应设防晒设施,尽量缩短运输时间,运输混凝土过程中宜慢速搅拌混凝土,不得在运输过程中加水搅拌。

17.4.4 低温施工应符合下列规定:

  1 昼夜平均气温连续 3 d 在 5 ℃以下或最低气温在 0 ℃以下时,应按低温施工办理。

  2 应配置低温施工有关工程材料、防寒物资、能源和机具设备。

  3 地基处理应清除冰雪、疏干积水,坑洼处采用与地基同类未冻土填平压实,并应在冻结前完成,处理后应随即掩盖以防冻结。

附录 A 市域铁路工程常用地基处理方法适用条件

表 A 市域铁路工程常用地基处理方法适用条件

边界条件		地基处理方法													
		浅层处理		排水固结		挤密		置换						注浆	结构物	
		换填垫层	固化	袋装砂井	塑料排水带	强夯	预制桩	水泥搅拌桩	旋喷桩	布袋注浆桩	素混凝土灌注桩	钢筋混凝土灌注桩	多桩型复合地基	注浆	桩网(筏)结构	桩板结构钢筋混凝土
处理目的	控制沉降	△	○	△	△	△	○	△	△	○	○	○	○	△	☆	☆
	提高稳定性	○	○	△	△	○	○	○	○	○	○	○	△	△	○	○
	提高地基承载力	○	○	×	×	○	×	○	○	○	○	○	△	△	○	○
	增强抗液化能力	○	○	×	×	○	×	○	○	○	△	×	△	△	×	×
	提高抗渗性	○	○	×	×	×	×	○	☆	△	△	×	△	☆	×	×

续表 A

边界条件		地基处理方法														
		浅层处理		排水固结		挤密				置换				注浆	结构物	
		换填垫层	固化	袋装砂井	塑料排水带	强夯	预制桩	水泥搅拌桩	旋喷桩	布袋注浆桩	素混凝土灌注桩	钢筋混凝土灌注桩	多桩型复合地基	注浆	桩网(筏)结构	桩板结构钢筋混凝土
地基情况	淤泥及流塑状淤泥质土	○	○	○	○	×	×	○	○	×	×	○	○	×	☆	☆
	饱和黏性土	○	○	○	○	×	×	○	○	○	○	○	○	×	○	○
	非饱和黏性土	○	○	×	×	○	△	△	△	△	○	○	○	△	○	○
	松散砂土	○	○	×	×	○	×	×	△	×	×	○	△	○	○	○
	人工填土及杂填土	○	○	×	×	○	△	×	△	△	×	○	△	☆	○	○
	空洞	○	○	×	×	×	×	○	△	○	○	○	△	△	○	○
环境影响	对邻近构筑物的影响	○	○	○	○	×	△	○	△	×	×	○	△	○	○	○
	噪声、振动	○	○	○	○	△	△	○	△	△	○	○	△	×	○	○
	水质、泥浆污染	○	○	○	○	○	○	○	△	△	×	○	△	×	○	○
最大处理深度参考值(m)		3	5	30	30	10	60*	20	30	20	25	60*	**	60	60	60

注：1 ☆为优先选用；○为适用；△为有条件适用；×为不适用；*为按长细比确定；**为参考相应桩型。
2 最大处理深度为根据现有工程经验提供的参考值，随着机械设备的发展和改进，有可能提高。

附录 B 复合地基单桩载荷试验要点

B.0.1 单桩竖向静载荷试验的加载方式应按慢速维持荷载法。

B.0.2 加载反力装置宜采用锚桩。当采用堆载时，应符合下列规定：

    1 堆载加于地基的压应力不宜超过地基容许承载力。

    2 堆载的限值可根据其对试桩和基准桩的影响确定。

    3 堆载量大时，宜利用桩（或工程桩）作为堆载的支点。

    4 试验反力装置的最大抗拔或承重能力应满足试验加载的要求。

B.0.3 单桩竖向静载荷试验试桩、锚桩（压重平台支座）和基准桩之间的中心距离应符合表 B.0.3 的规定。

表 B.0.3 试桩、锚桩（压重平台支座）和基准桩之间的中心距离

反力系统	试桩与锚桩（或压重平台支座墩边）	试桩与基准桩	基准桩与锚桩（或压重平台支座墩边）
锚桩横梁反力装置 压重平台反力装置	$\geqslant 4d$ 且 > 2.0 m	$\geqslant 4d$ 且 > 2.0 m	$\geqslant 4d$ 且 > 2.0 m

注：表中 d 为试桩或锚桩的设计直径，取其较大者（如试桩或锚桩为扩底桩时，试桩与锚桩的中心距尚不应小于 2 倍扩大端直径）。

B.0.4 试验开始时间：预制桩在砂土不得少于 7 d，黏性土不得少于 15 d，饱和软黏土不得少于 25 d；灌注桩应在桩身混凝土达到设计强度后方能进行试验。

B.0.5 加荷分级不应小于 8 级，每级加载量宜为预估极限荷载的 $1/10 \sim 1/8$。

B.0.6 测读桩沉降量的间隔时间：每级加载后，第一小时内按间隔 5 min、10 min、15 min、15 min、15 min 各测读一次，以后每隔

0.5 h测读一次。

B.0.7 在每级荷载作用下,桩的沉降量连续2次在每小时内小于0.1 mm时可视为稳定。

B.0.8 符合下列条件之一时可终止加载,特殊条件下,也可根据具体要求加载至桩顶总沉降量大于100 mm。

1 荷载-沉降(Q-s)曲线上有可判定极限承载力的陡降段,且桩顶总沉降量超过40 mm。

2 $\Delta S_{n+1}/\Delta S_n \geqslant 2$,且经24 h尚未达到稳定。

3 25 m以上的非嵌岩桩,Q-s曲线呈缓变型时,桩顶总沉降量大于60 mm~80 mm。

B.0.9 卸载观测:每级卸载值为加载值的2倍。卸载后隔15 min测读一次,读两次后,隔0.5 h再读一次,即可卸下一级荷载。全部卸载后,隔3 h~4 h再测读一次。

B.0.10 单桩竖向极限承载力应按下列方法确定:

1 根据沉降随荷载变化的特征确定:陡降型Q-s曲线,取其发生明显陡降的起始点对应的荷载值;缓变型Q-s曲线,取桩顶总沉降量$s=40$ mm所对应的荷载值,桩长大于40 m时,宜考虑桩身的弹性压缩。

2 根据沉降随时间变化的特征确定:取s-lg t曲线尾部出现明显向下弯曲的前一级荷载值。

3 出现本附录B.0.8第2款的情况时,取前一级荷载值。

4 按上述方法判断有困难时,可结合其他辅助分析方法综合判定。

5 参加统计的试桩,当满足其极差不超过平均值的30%时,可取其平均值为单桩竖向极限承载力;极差超过平均值的30%时,宜增加试桩数量并分析离差过大的原因,结合工程具体情况确定极限承载力。

B.0.11 将单桩竖向极限承载力除以安全系数2,为单桩竖向容许承载力。

附录 C 复合地基载荷试验要点

C.0.1 复合地基载荷试验用于测定承压板下应力主要影响范围内复合土层的承载力和变形参数，主要适用于搅拌桩法、高压旋喷桩法、布袋注浆桩法、素混凝土灌注桩法等形成的复合地基。复合地基的试验方法一般有单桩载荷试验、桩间土载荷试验、单桩复合地基载荷试验及多桩复合地基载荷试验。

C.0.2 复合地基载荷试验是对地基处理效果的检验，应在各种处理方法结束并满足休止期或混凝土养护期后进行。

C.0.3 复合地基载荷试验承压板应具有足够的刚度。单桩复合地基载荷试验的承压板可用圆形或方形，面积为 1 根桩承担的处理面积；多桩复合地基载荷试验的承压板可用方形或矩形，其尺寸按实际桩数所承担的处理面积确定。桩的中心（或形心）应与承压板中心保持一致，并与荷载作用点相重合。

C.0.4 复合地基静载荷试验所用荷载传感器、加载计量装置和沉降量测设备，应每年由国家法定计量单位进行标定，并出具合格证书。

C.0.5 复合地基浅层平板载荷试验承压板面积不得小于 0.25 m^2，软土和粒径较大的填土不应小于 0.5 m^2；复合地基深层平板载荷试验承压板面积不应小于 0.8 m^2。

C.0.6 复合地基浅层平板载荷试验的试坑宽度或直径不应小于承压板宽度或直径的 3 倍；深层平板载荷试验的试井直径应等于承压板直径；当试井直径大于承压板直径时，紧靠承压板周围土的高度不应小于承压板直径。

C.0.7 复合地基载荷试验承压板底面高程与桩顶设计高程相同。承压板下宜铺设粗砂或中砂垫层，垫层厚度取 50 mm～

100 mm,桩身强度大时宜取大值。开挖试坑时应避免对试坑及试井底土层和桩体的扰动和损伤,并应缩短开挖与试验时间,保持其原状结果和天然湿度。

C.0.8 荷载宜按等量分级施加,并保持静力条件和沿荷载板中心轴线传递。加载等级可分为8级～12级。第一级加载,加载方法宜采用慢速维持荷载法,最大加载压力不应小于设计要求压力值的2倍,其荷载量测的精度不应低于最大荷载的±1%。

C.0.9 每级荷载施加后,第一小时内按间隔5 min、10 min、15 min、15 min、15 min各测读一次沉降量,以后为每隔0.5 h测读一次。1 h内沉降量小于0.1 mm时,即可加下一级荷载。

C.0.10 出现下列现象之一时可终止试验:

1 沉降量急剧增大,土被挤出或承压板周围出现明显的隆起。

2 在某级荷载下沉降增量大于前一级沉降增量的5倍,或者大于前一级沉降量的2倍,并经24 h尚未稳定。

3 承压板的累积沉降量已大于其宽度或直径的6%。

4 达不到极限荷载且最大加载压力已大于设计要求压力值的2倍。

C.0.11 卸载级数可为加载级数的1/2,等量进行,每卸一级间隔0.5 h,读记回弹量,待卸完全部荷载后间隔3 h读记总回弹量。

C.0.12 复合地基容许承载力可按下列方式确定:

1 在荷载-沉降量曲线上有明显的比例界限时,取该比例界限所对应的荷载值。

2 极限荷载能确定时,而极限荷载值的1/2又小于比例界限值时,可取该极限荷载的1/2。

3 压力-沉降曲线是平缓的光滑曲线时,可按相对变形值确定:

1)素混凝土灌注桩复合地基,密实粗中砂为主的地基,可取s/b或s/d等于0.008所对应的压力(s为载荷试验承载板的沉降量,b 和 d 分别为承载板宽度和直径,当其值大于 2 m 时,按 2 m 计算);黏性土、粉土为主的地基,可取 s/b 或 s/d 等于 0.01 所对应的压力。

2) 水泥土搅拌桩或旋喷桩复合地基,可取 s/b 或 s/d 等于 0.006 所对应的压力;或者取 s/b 等于 0.05 所对应的压力的 1/2。

3) 有经验的地区也可按当地经验确定相对变形值。

4) 按相对变形值确定的承载力不得大于最大加载压力的 1/2。

C.0.13 试验点数不应少于 3 个,满足其极差不超过平均值的 30% 时,可取其平均值为复合地基容许承载力。

附录D 室内水泥土抗压强度试验

D.0.1 本试验适用于测定水泥土立方体试件的抗压强度,以确定和校核水泥土配合比,为水泥土搅拌法和旋喷法设计与施工提供依据。

D.0.2 材料选用应满足下列要求:

1 所用土料应是工程现场所要加固的土。土样从现场采取后,运回实验室,进行风干、碾碎和过5 mm筛子以备用。

2 所用水泥应是现场工程上拟使用的新鲜水泥。水泥不应超过出厂期3个月,并应在试验前重新测定其标号,当满足出厂标准号时才可使用。

3 所用水采用一般的自来水。

D.0.3 采用70.7 mm×70.7 mm×70.7 mm立方体试模,试模应具有足够的刚度并便于拆装。试模内表面应光滑,其平整度误差不得超过边长的0.05%,边长误差不得超过边长的1/150,相邻面垂直度误差不得超过±0.5°。

D.0.4 试件可在振动台上捣实,振动台频率应为(3 000±200)次/min,空载振幅应为(0.5±0.1)mm,负载后振幅为(0.35±0.05)mm。

在没有振动台条件时,也可采用人工捣实。捣棒应采用钢质材料制成,直径10 mm,长350 mm,一端应为弹头形。

D.0.5 水泥掺入量可按下式确定:

$$W_c = \frac{1+\omega}{1+\omega_o}\alpha_w W_o \qquad (D.0.5\text{-}1)$$

加水量按下式确定:

$$W_w = \frac{\omega - \omega_o}{1+\omega} + \mu\alpha_w \frac{1+\omega}{1+\omega_o} W_o \qquad (D.0.5\text{-}2)$$

式中 W_o——风干土的质量(kg)；

W_c——水泥的质量(kg)；

W_w——水的质量(kg)；

ω——土的天然含水量(%)；

ω_o——风干土的含水量(%)；

α_w——水泥掺入比(%)；

μ——水灰比。

D.0.6 试件成型和养护应满足下列要求：

1 在制作试件前,将试模组装牢固,并清刷干净,在其内壁涂一层脱模剂。

2 根据配方分别称量风干土、水泥和水。

3 将风干土和水泥放在搅拌锅内用搅拌铲人工拌和均匀,然后将水均匀喷洒在干水泥土上,再进行拌和,直至均匀。可将拌和水一次倒入,从加水起拌和 10 min；或逐次加水,拌和 1 min(从加水完毕时算起)。

4 采用振动台成型时,可先在试模内装入一半水泥土拌合物,在振动台上振动 1 min,紧接着装入其余拌合物,并稍有富余,在振动台上振动 1 min。振动时应防止试模在振动台上自由跳动。

采用人工捣实成型时,水泥土拌合物应分两层装入试模,每层的装料厚度大致相等。每层插捣时按螺旋方向从边缘向中心均匀进行,同时将试模进行左右前后摇动,直至面上没有气泡出现。

插捣时捣棒须保持垂直,不得倾斜,并用抹刀沿试模内壁插入数下,以防止产生麻面。捣棒应每层插捣 25 次。插捣底层时,捣棒应达到试模底面；插捣上层时,捣棒应穿入下层深度约 10 mm。

5 振捣或插捣完毕后,刮除试模顶部多余的水泥土,并抹平表面,盖上塑料布防止水分蒸发,并放入标准养护室。

6 试件成型后,根据水泥土的强度决定拆模时间,一般 3 d 后可编号拆模,拆模后称每一试块重量,然后将试块浸入水中,进行标准水中养护。养护室温度应控制在(20±2)℃内。

D.0.7 采用的压力试验机,其示值的相对误差不应大于 2%,量程应能使试件的预计破坏荷载不小于全量程的 20%且不大于全量程的 80%。

D.0.8 抗压试验按以下步骤进行:

1 试件从养护室内取出后应及时进行试验,以免试件的温度和湿度发生显著变化。

2 试件在试压前应将试块表面刷净擦干并称其重量。

3 把试件放在试验机下压板中心。试件的承压面应与成型时的顶面垂直。开动试验机,当上压板与试件接近时,调整球座,使接触均衡。

4 以 10 N/s～15 N/s 的速率连续而均匀地加荷。当试件接近破坏而开始迅速变形时,应停止调整试验机油门,直至试件破坏,并记录破坏荷载。

D.0.9 水泥土抗压强度按下式计算:

$$P_f = P/A \tag{D.0.9}$$

式中 P_f——试验龄期下水泥土抗压强度(kPa);

P——破坏荷载(kN);

A——试件的承压面积(m^2)。

D.0.10 取 3 个试件测值的算术平均值作为该组试件的抗压强度值。当单个试件的测值与平均值之差超过平均值的±15%时,该试件的测值应剔除,按余下 2 个试件的测值计算平均值。剔除后如一组试件不足 2 个,则该组试验结果无效,须重做。

附录 E 地基沉降计算

E.0.1 天然地基沉降计算应符合下列规定：
1 瞬时沉降可按弹性理论公式，即下式计算：

$$S_d = \frac{PB}{E}F \qquad (E.0.1-1)$$

式中 S_d——瞬时沉降(m)；
P——路堤底面垂直荷载(kPa)；
B——基础宽度(m)；
E——弹性模量，可由无侧限抗压试验得到，取分层厚度的加权平均值(MPa)；
F——中线沉降系数，由图 E.0.1 查得。

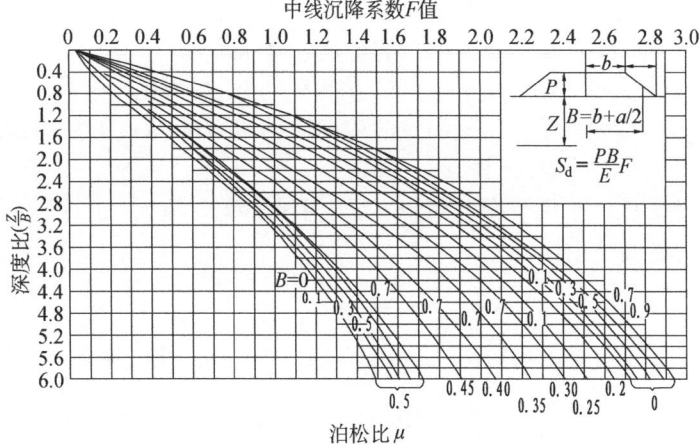

图 E.0.1 中线沉降系数

图注：μ—泊松比。当缺少试验资料时：对可塑、软塑黏性土，可取 μ=0.30～0.35；对流塑黏性土，可取 μ=0.40～0.45。

2 主固结沉降采用分层总和法计算,压缩试验资料可用 e-p 曲线、e-$\lg p$ 曲线或地基压缩模量。

1) 采用 e-p 曲线可按下式计算:

$$S_c = \sum_{i=1}^{n} \frac{e_{0i} - e_{1i}}{1 + e_{0i}} \Delta h_i \qquad (\text{E.0.1-2})$$

式中 S_c——主固结沉降(m);

n——地基变形计算深度范围内所划分的土层数;

Δh_i——第 i 层土的厚度(m);

e_{0i}——第 i 层土中点自重应力所对应的孔隙比;

e_{1i}——第 i 层土中点自重应力与附加应力之和所对应的孔隙比。

2) 采用 e-$\lg p$ 曲线可按下式计算:

正常固结、欠固结土层:

$$S_c = \sum_{i=1}^{n} \frac{\Delta h_i}{1 + e_{0i}} C_{ci} \lg \left(\frac{P_{0i} + \Delta P_i}{P_{ci}} \right) \qquad (\text{E.0.1-3})$$

式中 C_{ci}——土层的压缩指数;

P_{0i}——第 i 层土中点的自重应力(kPa);

e_{0i}——第 i 层土中点对应于 P_{ci} 时的初始孔隙比;

P_{ci}——第 i 层土中点的前期固结压力(kPa),正常固结时 $P_{ci} = P_{0i}$;

ΔP_i——路堤荷载对第 i 层土中点的附加应力(kPa)。

超固结土层:

$$S_c = S'_c + S''_c \qquad (\text{E.0.1-4})$$

对于有效附加应力 $\Delta P > P_c - P_0$ 的土层,其沉降量 S'_c 按下式计算:

$$S'_c = \sum_{i=1}^{n} \frac{\Delta h_i}{1 + e_{0i}} \left[C_{si} \lg \left(\frac{P_{ci}}{P_{0i}} \right) + C_{ci} \lg \left(\frac{P_{0i} + \Delta P_i}{P_{ci}} \right) \right]$$

$$(\text{E.0.1-5})$$

对于 $\Delta P \leqslant P_c - P_0$ 的土层,其沉降量 S''_c 按下式计算:

$$S''_c = \sum_{i=1}^{n} \frac{\Delta h_i}{1+e_{0i}} \left[C_{si} \lg \left(\frac{P_{0i} + \Delta P_i}{P_{ci}} \right) \right] \quad (E.0.1-6)$$

式中 C_{si}——土层的回弹指数。

3）对较均质土,主固结沉降也可按压缩模量,即按下式计算:

$$S_c = \sum_{i=1}^{n} \frac{\Delta P_i}{E_{si}} \Delta h_i \quad (E.0.1-7)$$

式中 E_{si}——第 i 层土的压缩模量(MPa)。

3 次固结沉降采用次固结系数计算,即按下式计算:

$$S_s = \sum_{i=1}^{n} \frac{C_{ai}}{1+e_{0i}} \lg \left(\frac{t_2}{t_1} \right) \Delta h_i \quad (E.0.1-8)$$

式中 S_s——次固结沉降(m);

t_1——相当于主固结完成100%的时间;

t_2——需要计算主固结的时间(可计至主固结完成后的20年);

C_{ai}——次固结系数,为 e-$\lg p$ 曲线在主固结完成后直线段的斜率,C_a 无试验资料时可参考表 E.0.1 的经验值或按 $C_a = 0.018\omega$ 估算,ω 为土的天然含水量。

表 E.0.1 次固结系数

软土类型	泥炭土	富含有机质黏土	高塑性黏土	超固结黏土
特征	纤维结构手感如海绵	有机质含量大于30%	塑性指数>25	超固结比>2
C_a	0.1~0.3	0.005~0.03	>0.03	<0.001

4 泥炭土、富含有机质黏土及高塑性黏土等地基宜进行次固结沉降计算;对于一般地基,总沉降量也可按下式计算:

$$S = m_s S_c \quad (E.0.1\text{-}9)$$

式中 S——地基总沉降量(m);

m_s——沉降经验修正系数,可根据本规范第3.4.3条和第3.4.4条的规定取值。

E.0.2 地基沉降计算方法可根据地基处理类型按表E.0.2-1选用。

表 E.0.2-1 地基沉降计算方法

地基处理类型		散体材料桩	柔性桩	刚性桩
		碎石桩、挤密砂桩、柱锤冲扩桩	水泥土搅拌桩、旋喷桩	低标号素混凝土灌注桩	钢筋混凝土桩网及桩筏结构、桩板结构
总沉降	加固区	复合模量法		承载力比法	铁路桥规法、$L/3$法、分区计算法
	下卧层	Boussinesq法、应力扩散法		Boussinesq法、应力扩散法、$L/3$法	

注:采用$L/3$法计算沉降时不计加固区沉降。

1 加固区沉降量计算方法应符合下列规定:

  1) 采用复合模量法,复合地基加固区压缩量可采用下列公式进行计算:

$$S_1 = \sum_{i=1}^{n} \frac{\Delta p_i}{E_{csi}} h_i \quad (E.0.2\text{-}1)$$

$$E_{cs} = mE_p + (1-m)E_s \quad (E.0.2\text{-}2)$$

$$m = \frac{A_p}{A} \quad (E.0.2\text{-}3)$$

式中 Δp_i——第i层复合土上附加应力增量(kPa);

h_i——第i层复合土层的厚度(m);

E_{cs}——桩-土复合压缩模量(MPa);

m——复合地基面积置换率;

E_p——桩体压缩模量(MPa);

E_s——土体压缩模量(MPa);

A_p——单桩面积(m^2);

A——桩周复合土体单元面积(m^2)。

2) 采用承载力比法,复合模量 E_{cs} 值通过加固区土的模量提高系数应按下列公式计算:

$$E_{cs} = \xi E_s \quad (E.0.2-4)$$

$$\xi = \sigma_{sp}/\sigma_0 \quad (E.0.2-5)$$

式中 σ_0——天然地基基本承载力(kPa);

σ_{sp}——复合地基容许承载力(kPa);

ξ——承载力与压缩模量提高系数。

2 复合地基下卧层压缩量的计算仍用分层总和法进行计算。下卧层沉降量的附加应力计算应符合下列规定:

1) 采用 Boussinesq 法,不考虑桩体对地基中应力分布的影响,仍采用 Boussinesq 法对下卧层附加应力进行计算。依据 Boussinesq 理论,在条形荷载作用下,地基中 O 点下任一点深度 z 处的附加应力,可采用下列公式计算:

$$\sigma_z = \alpha_z^s p \quad (E.0.2-6)$$

$$\alpha_z^s = \frac{2}{\pi}\left(\frac{2n}{1+4n^2} + \arctan\frac{1}{2n}\right) \quad (E.0.2-7)$$

式中 α_z^s——地基附加应力系数;

n——z/b。

2) 采用应力扩散法,作用在下卧层顶面的荷载如图 E.0.2-1 所示,且可按下式计算:

$$\sigma_z = \frac{BLp}{(B+2h\tan\theta)(L+2h\tan\theta)} \quad (E.0.2-8)$$

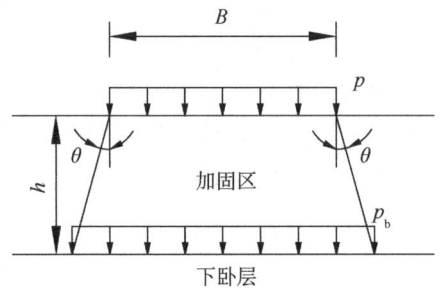

图 E.0.2-1 应力扩散法

式中 σ_z——下卧层顶面的荷载平均应力(kPa);
 B——复合土体上加载宽度(m);
 L——复合土体上加载长度(m);
 h——加固区深度(m);
 θ——应力扩散角(°),可按表 E.0.2-2、表 E.0.2-3 取值。

表 E.0.2-2 地基应力扩散角 θ(°)

E_{s1}/E_{s2}	z/B			
	<0.25	0.25	0.50	>0.50
<3	0°或系数法或插值法	系数法或插值法	系数法或插值法	系数法或插值法
3	0	6	23	23
5	0	10	25	25
10	0	20	30	30
>10	0	20	30	30

注:1 E_{s1} 为上层土压缩模量,E_{s2} 为下层土压缩模量。
 2 z 为基础底面至软弱下卧层顶面的距离,B 为条形基础底边的宽度。
 3 表中的系数法是指国家标准《建筑地基基础设计规范》GB 50007—2011 中的附加应力系数法。
 4 E_{s1}/E_{s2}<3 时,可采用系数法或插值法,插值法参照表 E.0.2-3。
 5 对于水平向增强体复合地基,淤泥质黏土上的土工织物垫层 θ 值为 40°~50°。

表 E.0.2-3 地基应力扩散角 θ(插值法)(°)

z/B	$E_{s1}/E_{s2}=1$	$E_{s1}/E_{s2}=4$
0.00	—	—
0.25	0	5.94°
0.50	3.18°	24.0°
1.00	18.43°	35.73°

3 总沉降计算应符合下列规定:

1)"采用分区计算法",复合地基沉降可按下式计算:

$$S = m_s S_c = m_s(S_1 + S_2) \text{ 或 } S = m_{Js}S_1 + m_{Xs}S_2$$

(E.0.2-9)

式中 S_c——主固结沉降(m);

S_1——加固区沉降量(m);

S_2——下卧层沉降量(m);

m_s——沉降经验修正系数,可根据本规范第3.4.4条的规定取值;

m_{Js}——加固区沉降经验修正系数,与地基条件、荷载强度、地基处理措施及路基填筑完成放置时间等因素有关;

m_{Xs}——下卧层沉降经验修正系数,与地基条件、荷载强度、加荷速率等有关。

2)采用 $L/3$ 法时,将上部荷载直接传递到计算起始面,然后荷载从计算起始面以 30°从两端向下扩散,通过总应力相同换算每一层的附加应力,从而可利用分层总和法计算每一层的沉降及总沉降。摩擦型桩考虑桩的刺入作用,将复合地基沉降量的计算起始面选在离桩端 $L/3$ 处,如图 E.0.2-2(a)所示。端承型桩不考虑桩的刺入作用,当持力层为低压缩土时,应将持力层顶面处作为复合地基沉降量的计算起始面,如图 E.0.2-2(b)所示。

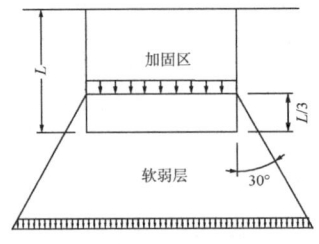
(a) 摩擦型桩复合地基

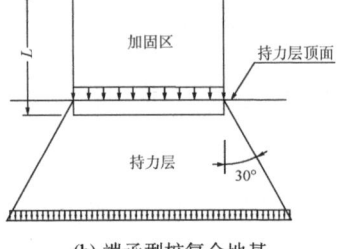
(b) 端承型桩复合地基

图 E.0.2-2 $L/3$ 法

3) 采用铁路桥规法，根据现行行业标准《铁路桥涵地基和基础设计规范》TB 10093 的规定，桩基沉降可按下式计算：

$$S = m_s \sum_{i=1}^{n} \frac{\sigma_{z(0)}}{E_{si}}(z_i C_i - z_{i-1} C_{i-1}) \quad (E.0.2-10)$$

式中　S——基础的总沉降量（m）；

　　　n——基底以下地基沉降计算深度范围内按压缩模量划分的土层分层数目；

　　　$\sigma_{z(0)}$——基础底面处的附加应力（kPa）；

　　　E_{si}——基础底面以下受压土层内第 i 薄层的压缩模量（kPa）；

z_i、z_{i-1}——自基底至第 i 和第 $i-1$ 薄层底面的距离（m）；

C_i、C_{i-1}——自基底至第 i 底面范围内和至第 $i-1$ 薄层底面范围内的平均附加应力系数；

　　　m_s——沉降经验修正系数。

E.0.3　地基平均固结度的计算应符合下列规定：

1　当不设竖向排水体时，地基平均固结度按下列公式计算：

$$U_z = \frac{2U_1 - (1-\alpha)U_2}{1+\alpha} \quad (E.0.3-1)$$

$$U_1 = 1 - \frac{8}{\pi^2} e^{-(\frac{\pi^2}{4}) T_v} \quad \text{(E.0.3-2)}$$

$$U_2 = 1 - \frac{32}{\pi^3} e^{-(\frac{\pi^2}{4}) T_v} \quad \text{(E.0.3-3)}$$

$$T_v = \frac{C_v}{H^2} t \quad \text{(E.0.3-4)}$$

式中 U_z——竖向排水的平均固结度；
　　T_v——时间因素；
　　C_v——土层的竖向固结系数；
　　t——固结时间(d)；
　　H——土层竖向排水距离(m)，双面排水时 H 等于土层厚度的 1/2，单面排水时 H 等于土层的厚度；
　　α——不排水面附加应力与排水面附加应力之比。

2 当设有竖向排水体时，地基固结包括竖向固结与水平向固结。一级或多级等速加载条件下，地基平均固结度按下式计算：

$$U_t = \sum_{i=1}^{n} \frac{\dot{q}_i}{\sum \Delta p_i} \left[(T_i - T_{i-1}) - \frac{\alpha}{\beta} e^{-\beta} \left(e^{\beta T_i} - e^{\beta T_{i-1}} \right) \right]$$

(E.0.3-5)

式中 U_t——t 时间地基的平均固结度；
　　$\dot{q}_i$——第 i 级荷载的加载速率(kPa/d)；
　　$\sum \Delta p_i$——各级荷载的累加值(kPa)；
T_{i-1}、T_i——分别为第 i 级荷载加载的起始和终止时间(从零点算起)(d)，当计算第 i 级荷载过程中某时间 t 的固结度时，T_i 改为 t；
　　α、β——参数，按表 E.0.3 计算，对竖井地基，表中所列 β 为不考虑涂抹和井阻影响的参数值。

表 E.0.3 α、β 参数

排水固结 条件参数	竖向排水固结 $U_z > 30\%$	向内径向 排水固结	竖向和向内径向排水固结 （竖井穿透受压土层）
α	$\dfrac{8}{\pi^2}$	1	$\dfrac{8}{\pi^2}$
β	$\dfrac{\pi^2 c_v}{4H^2}$	$\dfrac{8c_h}{F_n d_e^2}$	$\dfrac{\pi^2 c_v}{4H^2} + \dfrac{8c_h}{F_n d_e^2}$

注：C_h——土的径向排水固结系数（cm²/s）；
　　n——井径比；
　　$F_n = \dfrac{n^2}{n^2-1}\ln(n) - \dfrac{3n^2-1}{4n^2}$。

3 当存在下述情况时，应考虑涂抹和井阻对土体固结的影响：

1) 竖向排水体采用挤土方式施工。
2) 地基土灵敏度较高。
3) 打设深度较深。
4) 瞬时加载条件下，考虑涂抹和井阻影响时，竖向排水体地基径向排水平均固结度可按下列公式计算：

$$\bar{U}_r = 1 - e^{-\frac{8c_h}{Fd_e^2}t} \quad (E.0.3\text{-}6)$$

$$F = F_n + F_s + F_r \quad (E.0.3\text{-}7)$$

$$F_n = \ln(n) - \frac{3}{4} \quad (E.0.3\text{-}8)$$

$$F_s = \left[\frac{k_h}{k_s} - 1\right]\ln s \quad (E.0.3\text{-}9)$$

$$F_r = \frac{\pi^2 L^2 k_h}{4q_w} \quad (E.0.3\text{-}10)$$

式中　$\bar{U}_r$——固结时间 t 时竖井地基径向排水平均固结度；
　　　k_h——天然土层水平向渗透系数（cm/s）；

k_s——涂抹区的水平向渗透系数,可取 $k_s=(1/5\sim1/3)k_h$ (cm/s);

s——涂抹区直径 d_s 与竖井直径 d_w 的比值,可取 $s=2.0\sim3.0$,对中等灵敏度黏性土取低值,对高灵敏黏性土取高值;

L——竖井深度(cm);

q_w——竖井纵向通水量(cm^3/s),为单位水力梯度下单位时间的排水量,当采用袋装砂井时,$q_w=k_w\times A$;k_w 为砂料渗透系数(cm/s),A 为砂井截面面积(cm^2)。

5)一级或多级等速加荷条件下,考虑涂抹和井阻影响时竖井穿透受压土层地基之平均固结度可按式(E.0.3-5)计算,其中 α 和 β 分别按下式计算:

$$\alpha=\frac{8}{\pi^2} \quad (E.0.3\text{-}11)$$

$$\beta=\frac{\pi^2 c_v}{4H^2}+\frac{8c_h}{Fd_e^2} \quad (E.0.3\text{-}12)$$

4 对排水竖井未穿透受压土层的地基,应分别计算竖井范围土层的平均固结度和竖井底面以下受压土层的平均固结度。

本规范用词说明

执行本规范条文时,对于要求严格程度的用词说明如下,以便在执行中区别对待。

1 表示很严格,非这样做不可的用词:
正面词采用"必须",反面词采用"严禁"。
2 表示严格,在正常情况均应这样做的用词:
正面词采用"应",反面词采用"不应"或"不得"。
3 表示允许稍有选择,在条件许可时首先应这样做的用词:
正面词采用"宜",反面词采用"不宜"。
4 表示允许有选择,在一定条件下可以这样做的用词,采用"可"。

引用标准名录

1 《建筑地基基础设计规范》GB 50007
2 《建筑地基基础工程施工质量验收标准》GB 50202
3 《建筑施工场界环境噪声排放标准》GB 12523
4 《铁路路基设计规范》TB 10001
5 《铁路混凝土结构耐久性设计规范》TB 10005
6 《铁路路基支挡结构设计规范》TB 10025
7 《铁路特殊路基设计规范》TB 10035
8 《铁路桥涵混凝土结构设计规范》TB 10092
9 《铁路桥涵地基和基础设计规范》TB 10093
10 《铁路工程地基处理技术规程》TB 10106
11 《铁路工程基桩检测技术规程》TB 10218
12 《铁路路基工程施工质量验收标准》TB 10414
13 《铁路混凝土工程施工质量验收标准》TB 10424
14 《市域(郊)铁路设计规范》TB 10624
15 《高速铁路路基工程施工质量验收标准》TB 10751
16 《建筑地基处理技术规范》JGJ 79
17 《建筑桩基技术规范》JGJ 94
18 《建筑地基检测技术规范》JGJ 340
19 《地基处理技术规范》DG/TJ 08—40
20 《地基基础设计标准》DGJ 08—11
21 《上海市域铁路设计规范(试行)》T/SHJX 002
22 《上海市域铁路路基工程施工技术规程(试行)》T/SHJX 007
23 《上海市域铁路路基施工质量验收标准(试行)》T/SHJX 008
24 《上海市域铁路岩土工程勘察规范(试行)》T/SHJX 0014
25 《上海市域铁路水文地质勘察规范(试行)》T/SHJX 0016

上海市交通运输行业协会团体标准

上海市域铁路工程地基处理技术规范

T/SHJX 066—2024

条 文 说 明

2024　上海

目 次

- 1 总 则 ……………………………………………… 141
- 3 基本规定 ………………………………………… 142
  - 3.1 一般规定 …………………………………… 142
  - 3.2 稳定检算 …………………………………… 144
  - 3.3 地基承载力验算 …………………………… 147
  - 3.4 沉降计算 …………………………………… 148
- 4 浅层处理 ………………………………………… 154
  - 4.1 一般规定 …………………………………… 154
  - 4.2 设 计 ……………………………………… 156
  - 4.3 施 工 ……………………………………… 161
  - 4.4 质量检验 …………………………………… 162
- 5 强 夯 …………………………………………… 164
  - 5.1 一般规定 …………………………………… 164
  - 5.2 设 计 ……………………………………… 165
  - 5.3 施 工 ……………………………………… 169
  - 5.4 质量检验 …………………………………… 173
- 6 排水固结 ………………………………………… 174
  - 6.1 一般规定 …………………………………… 174
  - 6.2 设 计 ……………………………………… 176
  - 6.3 施 工 ……………………………………… 181
  - 6.4 质量检验 …………………………………… 182
- 7 水泥土搅拌桩 …………………………………… 183
  - 7.1 一般规定 …………………………………… 183
  - 7.2 设 计 ……………………………………… 185

7.3 施 工 ………………………………………… 187
　　7.4 质量检验 ……………………………………… 188
8 旋喷桩 ………………………………………………… 189
　　8.1 一般规定 ……………………………………… 189
　　8.2 设 计 ………………………………………… 190
　　8.3 施 工 ………………………………………… 191
　　8.4 质量检验 ……………………………………… 194
9 布袋注浆桩 …………………………………………… 196
　　9.1 一般规定 ……………………………………… 196
　　9.2 设 计 ………………………………………… 198
　　9.3 施 工 ………………………………………… 200
　　9.4 质量检验 ……………………………………… 203
10 灌注桩 ……………………………………………… 205
　　10.1 一般规定 …………………………………… 205
　　10.2 设 计 ……………………………………… 206
　　10.3 施 工 ……………………………………… 208
　　10.4 质量检验 …………………………………… 216
11 预制桩 ……………………………………………… 218
　　11.1 一般规定 …………………………………… 218
　　11.2 设 计 ……………………………………… 218
　　11.3 施 工 ……………………………………… 219
　　11.4 质量检验 …………………………………… 221
12 多桩型复合地基 …………………………………… 222
　　12.1 一般规定 …………………………………… 222
　　12.2 设 计 ……………………………………… 222
　　12.3 施 工 ……………………………………… 225
　　12.4 质量检验 …………………………………… 225
13 桩网(桩筏)结构 …………………………………… 226
　　13.1 一般规定 …………………………………… 226

13.2　设　计 …………………………………………… 227
　　13.3　施　工 …………………………………………… 231
　　13.4　质量检验 ………………………………………… 232
14　桩板结构 ………………………………………………… 233
　　14.1　一般规定 ………………………………………… 233
　　14.2　设　计 …………………………………………… 233
　　14.3　施　工 …………………………………………… 237
　　14.4　质量检验 ………………………………………… 238
15　注　浆 …………………………………………………… 239
　　15.1　一般规定 ………………………………………… 239
　　15.2　设　计 …………………………………………… 242
　　15.3　施　工 …………………………………………… 245
　　15.4　质量检验 ………………………………………… 248
16　变形观测与评估 ………………………………………… 250
　　16.1　一般规定 ………………………………………… 250
　　16.2　变形观测 ………………………………………… 250
　　16.3　沉降评估 ………………………………………… 251
17　环境保护与控制 ………………………………………… 252
　　17.1　一般规定 ………………………………………… 252
　　17.2　环境保护 ………………………………………… 253
　　17.3　周边环境影响控制 ……………………………… 254
　　17.4　特殊环境施工 …………………………………… 254
附录C　复合地基载荷试验要点 …………………………… 255
附录D　室内水泥土抗压强度试验 ………………………… 256
附录E　地基沉降计算 ……………………………………… 259

本条文说明系对重点条文的编制依据、存在的问题以及在执行过程中应注意的事项等予以说明，不具备与正文同等的法律效力，仅供使用者作为理解和把握规范规定的参考。为减少篇幅，只列条文号，未抄录原条文。

1 总 则

1.0.1 随着上海市域铁路建设规模日益扩大，地基处理难度及要求越来越高，地基沉降控制已成为确保轨道平顺性的关键环节。地基处理的恰当与否，不仅影响工程的投资，而且将直接影响市域铁路工程构筑物的使用性能和工程质量，影响行车的安全性及舒适性。因此，有必要针对上海市域铁路工程特点编制本规范，使市域铁路工程地基处理符合安全适用、技术先进、经济合理、绿色环保的要求。

1.0.2 本规范主要适用于上海市域铁路路基、涵洞、场坪等工程的地基处理，桥梁等地基处理还需要结合现行行业标准《铁路桥涵地基和基础设计规范》TB 10093 进行设计，市域铁路站房等建（构）筑物地基需要参照现行行业标准《建筑地基处理技术规范》JGJ 79 进行设计。

1.0.3 地基处理工程与线路种类、轨道类型、路基结构型式、荷载大小、沉降控制标准、工程地质、水文地质条件等多种因素密切相关，同时受周边环境、施工设备、工程投资及施工工期的制约，地基工程措施的选择需要综合多种因素合理确定。

3 基本规定

3.1 一般规定

3.1.1 为了保证线路的平顺与运营安全，路基作为承托轨道的基础需保持稳定，且工后沉降需控制在一定范围之内。路基稳定通过滑弧稳定(以下称"稳定性")和承载力进行验算。目前，我国铁路部门的相关规范对路堤稳定性、工后沉降都有明确要求，但对路基的承载力则不甚明确，对刚性基础如桥涵、挡墙及填高小于基床厚度的低矮路堤的地基承载力有要求，但对填高大于基床高度的路堤的地基承载力则没有给出具体规定。

3.1.2 近年来在铁路工程建设中，个别地段由于施工便道未考虑对地基加固影响，造成软土路堤下沉、坍塌。铁路竣工后由于在铁路周边取土、抽取地下水或者路基浸水造成铁路路基坍滑、塌陷，后续改扩建工程导致地基沉降增大的案例也时有发生。因此，为了确保工程安全，地基处理需考虑地形地貌、水文等周边环境变化及施工便道等临时工程对市域铁路工程稳定及沉降的影响，同时需加强运营期间地基处理工程防护，对软土等路基周边一定范围内取、弃土或抽取地下水作出限制。

3.1.3 本条规定了在选择地基处理方案前需完成的工作，其中强调要进行现场调查研究，了解当地地基处理经验和施工条件，调查邻近建筑、地下工程、管线和环境情况等。

3.1.5 本条规定了在确定地基处理方法时需遵循的步骤。着重指出在选择地基处理方案时，根据各种因素进行综合分析，初步选出几种可供考虑的地基处理方案，其中强调包括选择两种或多种地基处理措施组成的综合处理方案。因为许多工程实践证明，当岩土工程条件较为复杂或建(构)筑物对地基要求较高时，采用单一的地基处理方法，往往满足不了设计要求或造价较高，而由两种或多种地基处理措施组成的综合处理方法很可能是最佳选择。本规范附录A给出了市域铁路工程常用地基处理方法适用条件表，地基处理设计时根据地基处理目的、地基条件、环境影响及最大处理深度等因素，参考此表进行选择。

斜坡及斜基底地基具有倾斜的地面或基底，在路堤荷载作用下易产生侧向变形和滑动，对斜坡软弱地基需采取侧向约束桩限制地基侧向变形、结合地基处理的综合措施。

3.1.6 路基与桥、涵、隧道等构筑物连接处，不同地层、不同地基处理措施之间容易出现差异沉降，过大的差异沉降会引起路基面不均匀沉降，影响列车平稳运行，因此需采取地基处理过渡措施，减小不均匀沉降。

3.1.7 地基处理工序多，沉降稳定需要一定时间，部分工点还需进行堆载预压处理，因此地基处理需作为控制工程优先安排施工。不同地基处理方法有其不同的适用条件和适用范围，一般需进行现场试验施工确定地基处理措施的适用性及合理的施工参数。

如工艺性试验及结果不满足技术要求，需查明原因，调整设计参数或改用其他地基处理方法。

3.1.15 受地形地质条件、物理力学参数等因素的影响，沉降计算值与实测值往往有一定差异。因此，为了确保工程安全，对于沉降控制要求严格的铁路工程，需根据相关标准的要求开展沉降变形观测及评估工作，根据实际沉降观测资料指导施工，确定铺轨时间。

3.1.16 地下水有腐蚀性或地基位于腐蚀性地层时，需考虑侵蚀性对桩体强度和耐久性的影响。

3.2 稳定检算

3.2.1～3.2.4 地基土的天然抗剪强度指标,是稳定性分析计算中常用的重要指标,试验时一般根据地基土的应力状态、应力变化速率、排水条件和应变条件等选用相应的方法。本条规定的地基稳定性验算中的抗剪强度指标还与采取的地基处理方法、实际施工速度、施工阶段、岩土工程性质有关,试验方法一般按相应实际情况,参照表3.2.2选用。

市域铁路路堤在施工期和运营期所承受的荷载不同,地基强度不同,相应的两个阶段的稳定性也不相同。因此,为了确保铁路的施工及运营安全,本规范规定市域铁路路基、场坪地基的稳定性一般对两个阶段分别进行验算,即施工期和运营期的稳定性。

考虑到市域铁路路基工程建设周期较短,对于未经过地基处理的天然地基土,其抗剪强度参数采用天然快剪或三轴不固结不排水剪试验指标。采用排水措施处理后,地基强度随固结增长较快,因此当采用塑料排水带、袋装砂井等排水固结法进行地基处理时,施工期地基土的强度参数 c、φ 值采用天然快剪或三轴不固结不排水剪试验获得;运营期的强度参数,则一般根据工期及填土速率考虑随固结度增加而引起的地基土强度的增长,按固结快剪或固结不排水剪试验确定,也可按欠固结土、正常固结土、超固结土,分别计算在预压荷载作用下,软土地基中某点任意时间的抗剪强度。对于复合地基,施工期桩间土的强度参数采用快剪或不固结不排水剪试验指标;运营期的强度参数,考虑到地基土强度增长缓慢,亦可按快剪或不固结不排水剪试验确定。

对于复合地基土的强度参数 c、φ 值,按复合地基抗剪强度进行计算,根据滑弧切割地层及范围分别采用加固土(复合)或天然地基土抗剪强度指标,并综合考虑复合地基面积置换率、桩土应力比和应力折减系数等因素确定。当分析路堤沿斜坡地基或软弱层带滑动的稳定性时,需结合场地条件,选择软弱层面的土层根据施工速度、岩土工程性质和运营环境,并结合原位测试、室内土工试验、地区经验和类似工程土工参数综合确定强度参数 c、φ 值,采用直剪(快剪)或三轴不固结不排水剪试验。当受地下水或地表浸水影响较大时,如受地形地貌影响易汇集地下水或地表水使软弱层面的土层强度显著降低,需采用饱和强度指标。

水泥类土柔性桩的抗剪强度指标,可参照第 3.2.3 条的相关规定进行取值;对于散体材料桩,不考虑桩身黏聚力,而内摩擦角则可根据桩体材料、施工方法等,结合当地工程经验取值。

对于复合地基,当滑动面沿桩底部剪切时,稳定性计算的抗剪强度同天然地基土的指标选取原则。

3.2.6~3.2.8 规定了路基稳定性分析一般包括的分析内容。理论分析和工程实践都表明,一般情况下,路堤的堤身、路堤与地基的整体破坏滑动面较接近圆弧。工程中一般采用的圆弧稳定分析法有瑞典条分法和简化 Bishop 法。对于圆弧滑动面,简化 Bishop 法被认为是目前相对比较精确而又可实际普遍采用的稳定性分析方法,但考虑到铁路部门相关设计规范均推荐使用瑞典条分法分析路基的稳定性,因此本规范也推荐采用瑞典条分法。

如果地基土的天然抗剪强度不能满足抗滑稳定性要求,可以利用土体因固结而增长的强度。上海市工程建设规范《地基处理技术规范》DG/TJ 08—40—2010 给出了欠固结土、正常固结土和超固结土在预压荷载作用下,软土地基中某点任意时间的抗剪强度的计算方法,可参考。

当地基中存在软弱土层,且软弱土层较薄时,滑动面将不是一个连续圆弧,其底部往往沿着硬层的顶面滑动,呈复式滑面,如图 3.2.7 所示,其稳定系数采用复式滑面法检算。

3.2.9 根据国内外研究成果及工程实践,刚性桩复合地基的失稳破坏模式归纳为桩体滑移破坏、桩体倾覆破坏、桩体弯拉破坏、桩体弯压破坏以及桩间土绕流破坏。当地基土体为硬塑及以上土体时，复合地基破坏模式为弯压破坏；对于较软的地基土体而言，复合地基的主导破坏模式为弯拉破坏；地基土若为极软土，如流塑土，复合地基的破坏模式主要为桩间土绕流破坏。刚性桩桩体材料具有很高的刚度及抗剪强度，不易发生剪切破坏，因此破坏模式中未包含剪切破坏。

基于桩体破坏模式的稳定性分析方法借鉴了陈祖煜院士提出的抗滑桩加固边坡的稳定分析思路：把加固桩当作一个悬臂梁，在边坡失稳破坏时，桩周围土体对桩的下滑合力为 P'，反过来桩将提供给边坡一个 $P=P'$ 的抗滑力。桩体能够提供的抗滑力与刚性桩复合地基破坏模式紧密相关，因此应用该方法的关键是如何确定不同破坏模式下的桩体抗滑力。具体计算参考现行行业标准《铁路工程地基处理技术规程》TB 10106。

3.2.10 本条规定中对稳定安全系数按施工期和运营期分别列出，运营期一般考虑路基竣工铺轨后的最不利工况条件。

如本规范条文说明第 3.2.1 条～第 3.2.4 条中指出，铁路路堤在施工期和运期所承受的荷载不同，地基强度不同，因此相应的稳定安全系数取值也一般不同。基于这一思路，本规范规定了施工期和运营期分别需满足的稳定安全系数。规范中施工荷载主要考虑了架运梁机荷载。相关研究成果表明，在相同条件下，考虑运营荷载求得的稳定系数大于考虑架运梁机荷载求得的稳定系数，前者约为后者的 1.07 倍。

表 3.2.10-1 中推荐的稳定安全数是根据瑞典条分法确定的，当采用简化 Bishop 法或不平衡推力法计算分析时，稳定系数相应比表 3.2.10-1 规定的稳定安全系数增大 0.1。

另外，据相关研究成果，对于斜坡软弱地基按圆弧滑动法分析稳定性时，稳定安全系数一般增大 0.05～0.15，软弱地基横坡较大时取大值。对于不同横向坡度的软弱地基，参照表 3.2.10-2 所列的稳定安全系数取值。

3.3 地基承载力验算

3.3.3 路基是否进行承载力验算，不仅关系市域铁路工程的造价，更关系线路的运营安全。目前对散体材料桩和柔性桩主要采用复合抗剪强度法进行圆弧稳定检算，刚性桩采用考虑桩体破坏模式的稳定性计算方法，但上述方法均无法考虑桩体的刺入破坏、鼓胀破坏等破坏形式，而地基承载力检算主要关注复合结构局部伤损、鼓胀等破坏形式，尤其在地基土较软、填方较高、桩呈压屈风险等不利因素时，进行复合地基承载力检算，是确保能形成复合地基协同承载条件的关键。

鉴于此，对于刚性基础，经复合地基处理的地基需要进行承载力验算；对于高填方软土路堤复合地基需要进行承载能力验算，一般软土地段填方高度大于 8 m 时，建议加强承载力验算。流塑状淤泥质土等特殊复杂地段，为确保工程安全，根据工点具体情况分析是否需要承载力验算。

理论上，地基容许承载力随着基础沉降允许值的增加而增大，因为随着基础沉降允许值的增加，产生允许沉降所需要的压力就越大，从而表现为地基容许承载力越大。一般工业与民用建（构）筑物除对地基不均匀沉降有要求外，对地基总沉降也有严格限制，而市域铁路路基主要控制工后沉降，对总沉降则没有严格要求，因此对承载力的要求可适当放宽。

在综合考虑铁路等级、轨道类型、工程环境及桩型类别等因素的基础上，选取铁路路基工程的地基容许承载力提高系数，见说明表 3.3.3。对于桩身可能分担较大荷载的端承桩复合地基，若取较高 k 值，桩体产生压剪破坏的风险会增大；对于摩擦型桩，由于桩体可发生较大刺入下沉，桩土荷载的调节能力较强，k 值可以适当提高。

说明表 3.3.3　铁路路基工程地基容许承载力提高系数建议值

列车设计行车速度 v(km/h)	稳定安全系数 $[F_s]$	容许承载力提高系数 k	备　注
$120<v\leqslant160$	1.25	$\leqslant 1.6$	端承桩 $k\leqslant 1.6$
$v\leqslant 120$	1.20	$\leqslant 1.7$	
场坪及其他	1.10	$\leqslant 1.8$	

3.3.6　处理后的地基土承载力一般采用载荷试验确定,当试验条件如深度、载荷板大小无法完全与建(构)筑物基础埋深、大小相符合时,如何对地基容许承载力进行修正,目前尚无统一的意见。以往基本上是采用修正的方法,但不修正大多数情况下偏安全,部分情况不安全,如处理深度范围内存在地基承载力随深度增加而降低(如采用排水固结法、强夯法处理)的情况。因此,本条要求在工作中根据实际情况进行修正。

3.4　沉降计算

3.4.1　地基压缩层深度 Z 的取值是直接影响沉降计算准确性的关键,也是确定勘探钻孔深度的基本依据。合理选用 Z 则与地基中的应力分布、土的性质以及沉降计算的精度要求有关。国内外常用的确定 Z 的方法有应变比法和应力比法。

应力比法是指地基压缩层深度自基础底面算起,算到附加应力与自重应力的比值小于某一数值,作为沉降计算深度的限界。例如,算到附加应力与自重应力的比值为 0.1 处,即 $\sigma_z/\sigma_t\leqslant 0.1$ 处,其中,σ_z 为沉降计算深度 Z 处的地基垂直附加应力(kPa);σ_t 为沉降计算深度 Z 处的地基自重应力(kPa)。

应变比法是指地基压缩层厚度自基础底面算起,算到某一厚度土层的压缩量满足一定条件作为沉降计算的终止条件。地基变形计算深度 Z 需符合下式的要求:

$$\Delta S'_n \leqslant 0.025 \sum_{i=1}^{n} \Delta S'_i \qquad \text{(说明 3.4.1-1)}$$

式中 $\Delta S'_i$——在计算深度范围内,第 i 层土的计算变形值;

$\Delta S'_n$——在由计算深度向上取厚度为 Δz 的土层计算变形值。

中铁第四勘察设计院集团有限公司等单位完成的某铁路工程试验工点各断面中心实测压缩层厚度与不同控制标准下计算深度的对比值,如说明表 3.4.1-1 及说明图 3.4.1 所示。

说明表 3.4.1-1 各断面中心实测压缩层深度与不同控制标准下计算深度对比值

断面里程	地基类型	压缩层深度 Z(m)			
		应变比法	应力比 0.1 法	应力比 0.2 法	实测值
0+042	浆喷桩	18.2	39.6	28.1	28.4
0+180	粉喷桩	13.8	40.1	28.1	29.9
0+240		16.4	40.5	28.5	31.4
0+342	真空联合堆载预压	18.2	43.9	30.9	36.8
0+535	超载预压,塑料排水带间距 1.8 m,超载 1.8 m	19.6	45.0	32.0	32.2
0+573		20.6	45.2	31.7	34.0
0+628	超载预压,塑料排水带间距 1.2 m,超载 1.2 m	22.9	43.4	30.4	34.8
0+681		23.1	43.6	31.1	34.3
0+735	砂桩等载预压	16.2	41.8	29.3	32.7
0+785		16.8	41.8	29.3	36.1
0+825	砂桩超载预压	17.2	43.0	30.5	35.3

注:实测压缩层深度由实测深层沉降推算最终沉降,然后线性回归外推得到。

说明表 3.4.1-2 所示为不同的压缩层计算深度控制标准下的计算误差。

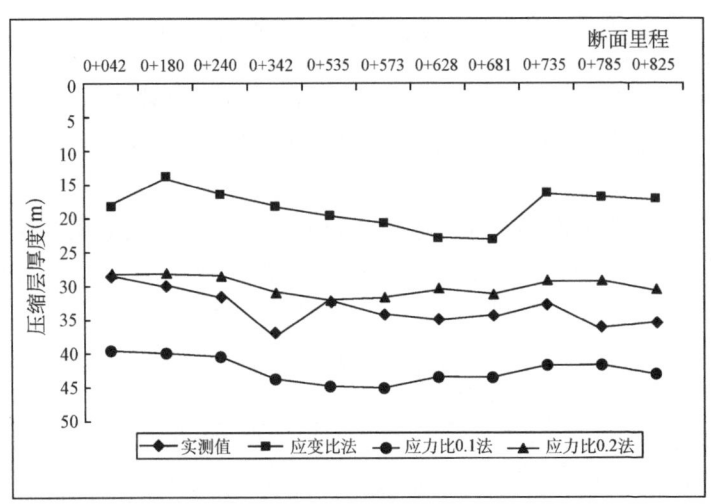

说明图 3.4.1　各断面中心实测压缩层厚度与计算厚度对比

说明表 3.4.1-2　各断面中心实测压缩层厚度与计算厚度的差异

断面里程	压缩层深度实测值－计算值 (m)			（压缩层深度实测值－计算值）/实测值（%）		
	应变比法	应力比0.1法	应力比0.2法	应变比法	应力比0.1法	应力比0.2法
0+042	10.2	－11.2	0.3	35.9	－39.4	1.1
0+180	17.1	－10.2	1.8	53.8	－34.1	6.0
0+240	15.0	－9.1	2.9	47.8	－29.0	9.2
0+342	19.6	－7.1	5.9	50.5	－20.3	17.0
0+535	12.6	－12.8	0.2	39.1	－39.8	0.6
0+573	13.4	－11.2	2.3	39.4	－32.9	6.8
0+628	11.9	－8.6	4.4	34.2	－24.7	12.6
0+681	11.2	－9.3	3.2	32.7	－27.1	9.3
0+735	17.5	－9.1	3.4	50.5	－27.8	10.4
0+785	20.3	－5.7	6.8	53.5	－15.8	19.8
0+825	19.1	－7.7	4.8	51.3	－22.8	13.6

由以上对比分析可见,采用应变比法控制压缩层深度时,计算值比实测值偏小,最大差异为 20.3 m,最小差异也达到 10.2 m 之多,误差范围在 32.7%～53.8%。显然,应变比法对于铁路路基工程不适用。

当采用应力比 $\sigma_z/\sigma_t \leqslant 0.1$ 控制时,计算深度均大于实测值,偏于安全。考虑到无砟轨道地基严格的工后沉降标准,本规范基于相关研究的实测数据,明确对无砟轨道地基压缩层计算深度按 0.1 倍自重应力比计算,有砟轨道地基按 0.2 倍自重应力比计算;当该深度以下还有软土时,需继续向下计算。

3.4.4 地基沉降计算一般采用基础中点下的附加应力(它大于任何其他点下的附加应力)作为计算依据,沉降计算值会比实际偏大;另外,由于假设基础底面以下土层完全处于侧限状态,只产生一维(竖向)压缩,不发生侧向变形,这又会使沉降计算值比实际偏小;再加上许多其他因素造成的误差,如采用的压缩性指标值由于土样扰动或土质不均匀而不能准确代表地基土层的实际性状,计算的基础沉降量与铁路基础的实测沉降量往往并不相符,而有一定差异。这种差异的大小与地基土的种类、基底设计压力的大小以及土的压缩性有关,目前要从理论上确定由于各种因素造成的这种差异量尚有困难,只能根据实际观测资料与计算沉降量的比较,统计得出可用于各种不同情况下的沉降经验修正系数 m_s。

3.4.6 地基不仅需有足够的强度来保证路堤的稳定,同时还要有一定的刚度,以保证路基竣工后不致产生过量下沉,影响线路轨道的稳定平顺。

路基建成后发生的变形、沉降主要有路堤(主要是基床)在列车荷载作用下发生的变形、路堤本体在自重作用下的压密沉降、支撑路基的地基压密沉降。在路堤填料的材质与施工质量有保证的前提下,前两部分的数值是有限的,因此控制路堤沉降主要是指控制地基的工后沉降。由于软土具有压缩性大、渗透系数小、固结时间长等特性,路堤建成后,不仅沉降量大,而且需延续较长时间才能完成。

路基工后沉降量的规定和取值,将直接影响工程造价和线路的使用性能。不同铁路等级、不同的列车运行速度对线路轨道的平顺度和运营养护维修对路基工后沉降量控制都有相应的技术标准和要求。

计算路基的工后沉降,需先弄清楚地基变形与时间的关系。对于饱和软黏土,一般按照饱和土的渗透固结理论,计算不同时期地基土的固结度,进而计算地基土在铺轨时的残余沉降量,加上轨道与列车荷载产生的沉降量,即为工后沉降。对于没有排水通道的地基土,按饱和土的渗透固结理论,其固结将非常缓慢,反映在沉降曲线上,荷载稳定后,其沉降收敛趋势非常缓慢;根据相关研究中的沉降曲线来看,荷载稳定后,地基土的沉降收敛较快,与饱和黏土的固结状态明显不同。因此,对于超固结状态的中低压缩性土采用饱和黏土的渗透固结理论进行工后沉降分析是不合适的。

根据相关研究成果,施工期沉降完成比例按说明表 3.4.6 取值。

说明表 3.4.6 施工期沉降完成比例取值

地基土类型	荷载稳定 3 个月	荷载稳定 6 个月	荷载稳定 12 个月
饱和软土(排水固结法处理)	按固结理论计算		
中高压缩性土(未加固)	70%~85%	80%~90%	85%~95%
中低压缩性土(未加固)	80%~85%	85%~90%	90%~95%
膨胀土地基(未加固)	90%	—	—

注:中低压缩性土是指压缩系数为 0.1 MPa^{-1}~0.3 MPa^{-1} 的土;
  中高压缩性土是指压缩系数为 0.3 MPa^{-1}~0.5 MPa^{-1} 的土。

(1) 对于中低压缩性土,施工期沉降量完成比例系数可取 0.80~0.95,预压 3 个月一般为 0.80~0.85,预压 6 个月一般为 0.85~0.90,预压 12 个月一般为 0.90~0.95,具体视地基土软硬程度、路堤荷载大小及下卧层厚度决定取值。

（2）对于中高压缩性土，施工期沉降量完成比例系数 η 在路基荷载稳定 3 个月后，总沉降完成比例一般为 70%～85%，6 个月后一般为 80%～90%，12 个月后一般为 85%～95%。

（3）对于高压缩性土，采用排水固结法为主进行地基处理时，可以采用饱和土的渗透固结理论计算施工期固结沉降，进而计算工后沉降；采用柔性桩、刚性桩为主进行地基处理时，可以根据施工期沉降完成比例，估算工后沉降。荷载稳定 3 个月后复合地基加固区沉降完成比例一般为 85%～95%。

4 浅层处理

4.1 一般规定

4.1.1 换填法适用于处理各类浅层软弱地基。若工程范围内上层软弱土较薄,则采用全部换填处理。对于较深厚的软弱土层,通过技术经济比较,采用只换填上部部分厚度的软弱土层或采用换填与其他地基处理措施相结合的综合方法。

对于工程范围内局部存在松填土、暗沟、暗塘、古井、古墓或拆除旧基础后的坑穴,采用换填法进行地基处理。在这种局部的换填处理中,保持地基整体变形均匀是换填需遵循的最基本的原则。

固化法是通过注入或拌入水泥等固化剂在表层形成承载力较高的硬壳层,从而改善地基的稳定性。固化法具有工程废弃土的零排运、减少砂石用量、无需开挖工作及施工速度快的优点,尤其适用于软弱土、鱼塘、池塘、河道、明暗浜等需清淤区域和江河滩涂、围海造陆吹填土区域的浅层处理。

冲击碾压法采用冲击式压实机(一种高振低频率的新型压实设备),配备压实轮,压实轮在牵引拖动行驶滚动中将高位势能转化为动能对地面进行冲击从而对土体的深层产生较强的冲击能量,同时辅以滚压、揉压的综合作用,使土石颗粒之间发生位移、变形和剪切,随着土石密实度增加,其影响深度也逐渐增加,从而使土体深层随着冲击波的传播得到压实。该方法有效减少路基的工后沉降量,大大改善不均匀沉降而形成的道路病害,提高路基的整体强度和均匀性,对于暴露地基或路基的内部缺陷、避免隐患、提高施工质量等具有显著的效果。由于冲击碾压具有加固效果显著、适用土类广、设备简单、施工方便、节省劳力、施工期短、节约材料、施工文明和施工费用低等优点,我国20世纪90年代引进此法后在高速公路施工中迅速得到推广应用。大量工程实例证明,它可对碎石土、砂土、低饱和度的粉土与黏性土、湿陷性黄土、素填土和杂填土等天然地面进行地基处理。

振动碾压是采用振动压路机,利用压路机滚筒内装置旋转偏心轮产生的惯性力使压路机撞击、压实路面(振动力比压路机自重大几倍)。在20世纪40年代欧洲开发出振动压路机后,该方法得到迅速推广,70年代后随着液压控制技术和计算机技术不断发展,逐步实现了振动频率与振动幅度的无级连续调节,进一步改善了压实效果。

4.1.2 采用换填垫层全部置换厚度不大的软弱土层,能取得良好的效果。对于铁路路基、站场场坪等工程,采用换填垫层处理上层部分软弱土,当填高不高、传递到下卧层顶面的附加应力较小时,也能取得较好的效果。但对于结构刚度差、体型复杂、荷重较大的建筑物,由于附加荷载对下卧层的影响较大,如仅换填软弱土层的上部,地基仍将产生较大的变形及不均匀变形,仍有可能对建筑物造成破坏。针对不同特点的工程,还需分别考虑换填材料的强度、稳定性、压力扩散能力、密度、渗透性、耐久性、对环境的影响、价格、来源与消耗等。当换填量大时,需首先考虑当地材料的性能及使用条件。此外,还需考虑所能获得的施工机械设备类型、适用条件等综合因素,从而合理地进行换填垫层设计及施工方法选择。

4.1.3 不同垫层种类的适用范围参见说明表4.1.3。

说明表4.1.3 不同垫层种类的适用范围

垫层种类	适用范围
砂石垫层	多用于市域铁路工程滨、塘、沟、水田等地段基底的局部处理,适用于一般饱和、非饱和的软弱土地基处理,不适用于密集基础和动力基础的软土地基处理。砂石垫层不适用于地下水流速快、流量大的地层

续说明表4.1.3

垫层种类	适用范围
灰土垫层	适用于含水率较高的软弱地基处理
水泥土垫层	适用于含水率较低的软弱地基处理
干渣垫层	适用于地坪、堆场等工程大面积地基处理和场坪整平；对易受酸性或碱性废水影响的地基不得用干渣作垫层
加筋垫层	对靠近岸、边坡边缘的市域铁路基底，存在路堤滑动稳定时，优先采用

4.2 设 计

4.2.1 垫层设计需满足地基的承载力和沉降要求。首先垫层能换除基础下直接承受上部荷载的软弱土层，代之能满足承载力要求的垫层；其次荷载通过垫层的应力扩散，使下卧层顶面受到的压力满足小于或等于下卧层承载能力的条件；再者基础持力层被低压缩性的垫层代换，能大大减少地基的沉降量。因此，合理确定垫层厚度是垫层设计的主要内容。通常，根据土层的情况确定需要换填的深度，对于浅层软弱土厚度不大的工程，需置换掉全部软弱土。对需换填的软弱土层，首先根据垫层的承载力确定基础的宽度和基底压力，再根据垫层下卧层的承载力确定垫层的厚度。

压力扩散角需随垫层材料及下卧土层的力学特性差异而定，可按双层地基的条件来考虑。本规范参照现行行业标准《建筑地基处理技术规范》JGJ 79给出垫层材料的压力扩散角参考值。

当换填深度过大时，常因换填方大、弃土多、施工中易受地下水影响、存在边坡稳定问题等因素，导致处理费用较高、工期较长、对环境影响较大等问题。因此，换填法的处理深度通常控制在3 m以内较为合理。

4.2.3 确定垫层宽度时,除需满足应力扩散的要求外,还需考虑垫层应有足够的宽度及侧面土的强度条件,防止垫层材料向侧边挤出而增大垫层的竖向变形量。最常用的方法依然是按扩散角法计算垫层宽度,或根据当地经验取值。当 $z/b>0.5$ 时,垫层厚度较大,按扩散角确定垫层的底宽较宽,而按垫层底面应力计算值分布的应力等值线在垫层底面处的实际分布则较窄;当二者差别较大时,根据应力等值线的形状将垫层剖面做成倒梯形,以节省换填的工程量。当基础荷载较大、对沉降要求较高或垫层侧边土的承载力较差时,垫层宽度适当加大。

4.2.4 结合现行行业标准《铁路路基工程施工质量验收标准》TB 10414、《高速铁路路基工程施工质量验收标准》TB 10751 等对路基基底换填垫层压实标准的相关要求,本规范补充了本条款。对挡土墙等刚性基础垫层压实标准,按现行行业标准《建筑地基处理技术规范》JGJ 79 的有关要求选用,采用重型击实试验时,压实系数不小于 0.94。

路基基底换填垫层一般较厚,其压实标准依据现行行业标准《市域(郊)铁路设计规范》TB 10624,按垫层所处铁路路基对应部位的压实标准确定。

对于软土未完全挖除的基底换填垫层和复合地基、桩网结构加筋垫层,往往由于下伏软弱地基等因素,现场测试垫层的压实质量,尤其是 K_{30} 难以达到设计指标。根据多年的工程实践经验,采用级配良好的碎石等粗粒填料时,经静压、上部填土荷载等作用后,其密实度可以得到保证,垫层本身后期压缩变形量较小,一般不影响路基工程的变形控制。当变形要求极其严格时,参考现行行业标准《建筑地基处理技术规范》JGJ 79 对水泥土搅拌桩、旋喷桩等复合地基桩顶垫层要求夯填度(夯实后的厚度与虚铺厚度的比值)不大于 0.9 或压实系数不小于 0.9,作为现场施工质量控制的参考指标。

4.2.6 根据现行行业标准《铁路路基设计规范》TB 10001、《铁路路基工程施工质量验收标准》TB 10414、《高速铁路路基工程施工质量验收标准》TB 10751 等的相关条款,对砂(碎石)垫层的细粒含量进行了统一规定。细粒含量指细粒(粒径<0.075 mm)的质量占总质量的百分数。工程要求垫层具有排水功能时,垫层材料需具有良好的透水性,一般建议渗透系数不小于 5×10^{-3} cm/s。

4.2.7 灰土中石灰的掺和量在一定范围内,其强度随石灰量的增大而提高,但超过一定限量后,则强度增加很小,并有逐渐减小的趋势,最佳含灰率与土的性质及石灰品质都有一定关系,通常采用 5%~8%。水泥土中水泥的含量可参照改良土,掺和量可采用 3%~5%。

4.2.8 本章所称干渣,也叫高炉重矿渣(简称"矿渣"),是高炉炼生铁过程中所生成的固体废渣经自然冷却而成的。

干渣垫层在冶金系统已广泛应用,且已积累了丰富的实践经验。上海地区缺乏天然的砂石材料,干渣用于回填不仅增加了其应用途径,而且可缓解上海砂石紧缺的矛盾,具有显著的社会效益和经济效益。

干渣的稳定性是其是否适用于作换填垫层材料的最主要性能指标,冶金系统试验结果证明,当干渣中 CaO 的含量小于 45%及 FeS 与 MnS 的含量接近 1%时,干渣不会产生硅酸盐分解和铁锰分解,排渣时不浇石灰水,干渣就不会产生石灰分解,则该类干渣性能稳定,可用于换填。对于中、小型垫层可选用 8 mm~40 mm 与 40 mm~60 mm 的分级干渣或 0 mm~60 mm 的混合干渣;较大面积换填时,干渣最大粒径不宜大于 200 mm 或大于分层铺填厚度的 2/3。对用于换填垫层的干渣,同样要考虑放射性对地下水、环境的影响及对金属管网、构件的影响。

宝钢总厂从 20 世纪 80 年代开始,成功地在大量工程中采用了干渣地基。

4.2.9 加筋垫层土工合成材料的变形与地基的变形相协调,需结合填料的类型,根据工程特性、加固措施和地基土条件,按照现行国家及行业标准综合选用。特殊情况时以设计工况下的应变和模量作为土工合成材料的设计指标,确定材料的类型、设计强度。

土工合成材料单独用于地基垫层加筋补强时,一般受稳定性控制,需有相对较高的抗拉强度。结合目前路基工程的应用情况,土工格栅的极限抗拉强度一般不小于 50 kN/m,对应的双向经编涤纶土工格栅断裂伸长率一般不大于 13%,单向拉伸塑料土工格栅断裂伸长率不大于 10%,双向焊接聚酯土工格栅断裂伸长率不大于 8%。设计时,视需要选择合适的土工合成材料类型。

垫层加筋单独应用时,土工格栅或土工布极限抗拉强度不小于 50 kN/m。用于排水固结地基垫层中的土工布,垂直渗透系数不小于 5×10^{-3} cm/s。土工格室高度不低于 100 mm,结点间距不大于 200 mm,格室片厚度不小于 1.1 mm,格室片抗拉屈服强度不小于 20 MPa,结点剥离强度不小于 10 kN/m。

拉筋的抗拔能力由筋材与填料间的摩擦系数决定,不仅与拉筋表面的粗糙度、填料性质及颗粒大小有关,而且与填土压实度及填筑高度有关。

4.2.10 由于固化施工工艺、固化剂材料与配比对设计参数影响较大,因此固化设计需明确这些内容。固化法施工工艺有注浆法、水泥土搅拌法和强力搅拌就地固化法。设计前,需进行室内配合比试验,确定固化剂材料、掺量以及不同龄期和配合比的强度指标。对于有经验地区,需根据经验提出配合比设计,并进行现场试验后再行推广。

4.2.11 强力搅拌就地固化法采用强力搅拌设备将固化剂与软弱土就地搅拌固化处理,快速形成承载力较高的硬壳层。强力搅拌就地固化设备包含强力搅拌头、挖掘机、固化剂供料设备、储料设备和控制系统等,其单点处理形式为方形,区别于传统水泥搅拌桩和旋喷桩等圆形搭接形式,使得搭接更加简单且节约材料。上海市桃浦中央绿地工程，山体等高线 8 m 范围内采用该方法进行全断面固化处理，固化深度 3 m，固化剂采用 5% 水泥＋2% 粉煤灰＋1% 稳定剂（质量比），28 d 设计极限承载力为 300 kPa，经检测均能达到设计要求，荷载达到 300 kPa 时的累计沉降小于 20 mm。后经与建设单位、检测单位协商，要求测 4 个点的极限承载力，其中暗浜区域检测点的极限承载力为 360 kPa，其余 3 个点为正常土层，极限承载力均超过了 420 kPa，最大为 490 kPa。

4.2.12 在目前冲击压路机产品介绍里一般都注明影响深度为 4 m～5 m，但无据可查。

在河北宣大高速公路和浙江嘉兴路段进行冲击碾压检测时，分别得到了影响深度在 4 m 以上、2.5 m 以上，冲击压路机的冲击力在 2 000 kN 左右，介于现有超重吨位拖式振动压路机（YZTY 25）最大激振力（600 kN）和强夯机夯击力（10 000 kN 以上）之间。

兰新铁路第二双线对戈壁圆砾土地基进行了振动碾压、冲击碾压的对比试验，通过动力触探试验表明，影响深度均在 1.5 m 左右，但是冲击碾压地表下沉量约为 64 mm，振动碾压地表下沉量约为 41 mm，冲击碾压地表下沉量相对较大。

鉴于目前振动碾压法和冲击碾压法还没有一套成熟的理论和设计计算方法，因此有效压实深度和加固效果应根据现场试验确定。

冲击压路机多为双轮式，两冲击轮外边缘宽度为 296 cm，冲压时需错轮才能压满场地。由于冲击压路机行驶速度快（一般为 9 km/h～12 km/h），为安全起见，路基越高则距路基边缘的距离（一般为 1 m）需越大，故一般情况路基的宽度不小于 6 m，对于原地面则可适当放宽。冲击效果与速度密切相关，为了保证一定的行驶速度，需要一定的工作面积[排除了需避让的建（构）筑物之后能够冲压的净面积]，牵引式冲击压路机长度超过 10 m，转弯半径较大,故其工作面面积要求略大。

4.2.14 粗粒换填材料的垫层或固化层在施工期间自身的压缩变形已基本完成,且量值很小。因此,对于碎石、卵石、砾石及砂垫层,在地基变形计算时,可以忽略垫层或固化层自身部分的变形值。但对于细粒材料或固化土层处理厚度较大时,需计入垫层或固化土层自身的变形。

4.3 施 工

4.3.1 垫层施工前除需核对开挖范围和深度外,还需加强基底地质条件的核查。

4.3.11 冲击碾压遍数即冲击轮通过工作面的次数。由于每一工点采用的冲击压路机的型号、土质类型、填料密实度等不同,故冲击碾压施工的遍数需根据设计要求的压实度和沉降量控制值通过现场试验确定,或现场施工时以冲击轮轮迹高差小于 15 mm 来控制。

4.3.12 冲击压路机是 3 瓣～5 瓣的凸轮构成的轮式压路机,由配套的重型工业拖车在前面牵引。功率大于 300 kW 的履带牵引车,因其运行速度大于 9 km/h,速度稳定,满足冲击压路机的使用条件;其冲击碾压效果好,压实度提高快,影响深度大,运行平稳,驾驶员不易疲劳;但行驶速度过快时会使冲击轮蹦离地面,与地面的接触时间短,不利于冲击力的传播与土体压实,也容易损坏机器。功率大于 160 kW 的拖拉机或装载机牵引车,因其运行速度为 6 km/h～9 km/h,不太满足冲击压路机的使用要求,冲击能量太小,压实效果不好,降低压实效率,影响压实深度。因此,冲击碾压速度建议为 10 km/h～12 km/h。冲击压路机的自重、压实力与碾压速度关系如说明表 4.3.12 所示。

说明表 4.3.12 冲击压路机的自重、压实力与碾压速度关系

机型	碾压速度(km/h)						
	12	10	9	8	7	6	5
	压实力(t)						
YCT 20(自重 12 t)	320	220	180	140	110	80	55
YCT 25(自重 16 t)	500	350	280	220	170	125	87

4.4 质量检验

4.4.2～4.4.4 根据现行行业标准《铁路路基工程施工质量验收标准》TB 10414、《高速铁路路基工程施工质量验收标准》TB 10751 的相关条款,垫层压实质量需符合设计要求,灰土垫层、水泥土垫层分层压实质量需满足垫层所在路基相应部位的压实质量标准。依据上述两部验收标准和现行行业标准《铁路路基设计规范》TB 10001,压实质量检验一般采用双控:普通填料、物理改良土检测压实系数和地基系数,化学改良土检测压实系数和无侧限抗压强度,位于基床或过渡段部位的 A 组填料、级配碎石(含水泥级配碎石)检测压实系数、地基系数和动态变形模量。

根据铁路路基工程验收标准,增加了地基系数检验要求。刚性基础的基底换填质量检验参考现行行业标准《建筑地基处理技术规范》JGJ 79 相关条款进行确定。

加筋垫层质量检验需含土工合成材料的材料质量检验(如外观质量、必要的技术性能指标检验)和实体工程质量检验。实体质量检验是指对涉及土工合成材料的实体工程进行质量检验,如土工合成材料的铺设、搭接、间距等要求。换填垫层的压实质量检验,普通填料和物理改良土垫层应检测压实系数和地基系数;灰土垫层和水泥土垫层需检测压实系数和无侧限抗压强度,位于过渡段或基床部位时,还需根据填料类型检测动态变形模量。换

填垫层的质量检验数量和方法按现行行业标准《铁路路基工程施工质量验收标准》TB 10414 和《高速铁路路基工程施工质量验收标准》TB 10751 执行。

挡土墙、涵洞等单体工程刚性构筑物对地基承载力有严格要求,采用换填垫层法处理其基础时,对处理段内地基条件相似的挡墙或涵洞基础需通过载荷试验进行承载力检验,检验点不少于2个。

5 强 夯

5.1 一般规定

5.1.1 强夯法又名动力固结法或动力压实法。这种方法是反复将夯锤提到一定高度使其自由落下,通过冲击和振动能量使地基密实,从而提高地基的承载力并降低其压缩性,改善地基性能。大量工程实例证明,强夯法用于处理碎石土、砂土、低饱和度的粉土与黏性土、湿陷性黄土、素填土和杂填土等地基,一般能取得较好的效果。

以上海地区而论,强夯法适用于砂土、杂填土地基,黏性土和粉性土地基也可采用。对淤泥质土地基,经试验证明施工有效时方可采用。该方法可用于市域铁路车辆基地、场坪等空旷场地工程的地基处理。

5.1.2 强夯法已在工程中得到广泛应用,有关强夯机理的研究也在不断深入,并取得了一批研究成果,但还没有一套成熟的设计计算方法。因此,规定在强夯前根据初步确定的强夯参数,提出强夯试验方案,进行现场试夯,并通过测试,与夯前测试数据进行对比,检验强夯效果,以确定工程采用的各项强夯参数;若不符合使用要求,则应改变设计参数。在进行试夯时,也可采用不同设计参数的方案进行比较,择优选用。

强夯法具有加固效果显著、施工期短、施工费用低等优点。但个别工程因设计、施工不当,出现施工中碎石消耗量大幅度增加及加固后下沉较大或墩体与墩间土下沉不等的情况,因此,采用强夯法前,必须通过现场试验确定其适用性和处理效果,否则不得采用。

5.1.4 强夯施工过程中,建议通过有效的监测和检测手段了解地基土层变化情况,结合场地具体情况(夯沉量、隆起量等)调整施工工艺。对于饱和软土地基,通过监测孔压的消散情况,控制强夯的施工工艺。因此,在强夯法地基处理过程中强调必须结合施工监测,做到动态化设计和信息化施工。

5.2 设 计

5.2.2 由于基础的应力扩散作用,强夯处理范围需大于铁路路基及建(构)筑物基础范围,具体放大范围根据路基技术标准及填高、建筑结构类型和重要性等因素考虑确定。对于一般建(构)筑物,每边超出基础外缘的宽度为基底下设计处理深度的 $1/2 \sim 2/3$,且不小于 3 m;对于可液化地基,根据现行国家标准《建筑抗震设计规范》GB 50011 的规定,扩大范围需超过基础底面下处理深度的 $1/2$,且不小于 5 m。

5.2.4 夯击点布置是否合理与夯实效果有直接的关系。夯击点位置需根据基底平面形状进行布置,同时还要考虑上部荷载情况和施工等因素,按正三角形或正方形布置。

夯击点间距的确定,一般根据地基土的性质和要求处理的深度而定。对于细颗粒土,为便于超静水压力的消散,夯击间距不建议过小。当要求处理深度较大时,第一遍的夯击间距不建议过小,以免夯击时在浅层形成密实层而影响夯击能往深层传递。

为了使深层土得以加固,第一遍夯击点的间距要大,这样才能使夯击能量传递到深处(称为"主夯");第二遍夯点往往布置在第一遍夯点的中间;最后一遍是以较低的夯击能进行夯击,彼此重叠搭接,用以确保地表土的均匀性和达到较高的密实度(也称"满夯或搭夯")。如果夯击点间距太小,相邻夯击点的加固效应将在浅层处叠加而形成硬层,则将影响夯击能向深处传递;另外,夯击点间距太小,在夯击时上部土体易向侧向已夯成的夯坑中挤出,从而造成坑壁拥塌,夯锤歪斜或倾斜;夯击点间距过小,不利于超静孔隙水压力的消散。

5.2.5 强夯法的有效加固深度既是反映处理效果的重要参数,又是选择地基处理方案的重要依据。强夯法创始人梅那(Menard)曾提出下式来估算影响深度 H:

$$H = \sqrt{Mh} \qquad (说明 5.2.5-1)$$

式中　M——夯锤质量(t);
　　　h——落距(m)。

国内外大量试验研究和工程实测资料表明,采用上述梅那公式估算有效加固深度将会得出偏大的结果。从梅那公式中可以看出,其影响深度仅与夯锤质量和落距有关。而实际上影响有效加固深度的因素很多,除了夯锤质量和落距以外,夯击次数、锤底单位压力、地基土性质、不同土层的厚度和埋藏顺序以及地下水位等都与有效加固深度有着密切的关系,目前尚无适用的计算式,所以本条规定有效加固深度应根据现场试夯或当地经验确定。考虑到设计人员选择地基处理方法的需要,有必要提出有效加固深度的预估方法。

现行上海市工程建设规范《地基处理技术规范》DG/TJ 08—40 规定,有效加固深度根据现场试夯或当地经验确定,初步设计时,按下式估算:

$$h = \alpha\sqrt{WH} \qquad (说明 5.2.5-2)$$

式中　h——有效加固深度(m);
　　　W——锤的质量(t);
　　　H——有效落距(起吊后锤底至起夯面的高度)(m);
　　　α——有效加固深度修正系数,可取 0.4~0.6。

有效加固深度修正系数 $\alpha = 0.4 \sim 0.6$,是由于上海地区地下水位较高,地基加固土层一般为饱和土,强夯法的有效加固深度受地下水位的影响较大。因此，对 α 的选取，提出如下建议：①当土结构性能差能级低时取高值，结构性能好能级高时取低值；②当土的透水性好能级低时取高值，透水性差能级高时取低值，当地基中设置竖向排水通道时取高值，反之取低值；③高填土深水位时取高值，水位浅时取低值，各指标在水位处有突变。

本规范表 5.2.5 数据源于行业标准《铁路工程地基处理技术规程》TB 10106—2023，系根据大量工程实测资料的归纳和工程经验的总结制定的。

强夯法的有效加固深度是地基土经强夯处理后，地基承载力、变形指标、密实度及其他物理力学指标满足设计要求的深度。对于一些特殊性岩土地基需满足特定的要求。

1）存在液化土层的地基

（1）全部消除液化沉陷时，采用强夯密实法处理液化土层地基，有效加固深度需处理至液化深度下界。

（2）部分消除液化沉陷时，处理深度需使处理后的液化指数减小。当判别深度为 15 m 时，其液化指数不大于 4；当判别深度为 20 m 时，其液化指数不大于 5。

2）填土地基

（1）填土地基在有效加固深度内需满足压实度、强度和变形指标要求。

（2）易风化、软化、泥化岩块石填土地基有效加固深度内架空大孔隙结构应消除，其特征指标采用加固后地基的固体体积率表示，固体体积率大于 82%。

（3）硬岩块石填土地基，地基有效加固深度内固体体积率大于 78%。

有效加固深度的确定方法有试夯法、经验法、估算法、查表法等。试夯法最为可靠，但需要一定的时间和经济投入，对重大工程需通过强夯试验来确定；当在同一类型地基有较丰富的工程实践经验时，也可用当地经验确定有效加固深度。

5.2.7 夯点的夯击次数是强夯设计中的一个重要参数,对于不同地基土来说夯击次数也不同。夯击次数需通过现场试夯确定,常以夯坑的压缩量最大、夯坑周围隆起量最小为确定的原则,可从现场试夯得到的夯击次数和有效夯沉量关系曲线确定。有效夯沉量是指夯沉量与隆起量的差值,其与夯沉量的比值为有效夯实系数。通常,有效夯实系数不小于 0.75,但要满足最后两击的平均夯沉量不大于本条的有关规定,同时夯坑周围地面不发生过大的隆起。因为隆起量太大,有效夯实系数变小,夯击效率降低,则夯击次数要适当减少,不能为了达到最后两击平均夯沉量控制值,而在夯坑周围 1/2 夯点间距内出现太大隆起量的情况下,继续夯击。此外,还要考虑施工方便,不能因夯坑过深而发生起锤困难的情况。

当粗粒土含量多、表层土较硬或使用荷载较大时,可取 8 击～12 击;上覆粗粒料的软弱地基,可取 5 击～8 击;联合降排水措施处理软土时,可取 2 击～5 击。

5.2.8 夯击遍数根据地基土的性质确定,压缩层厚度大、渗透系数小、含水量高时取大值,反之取小值。一般来说,由粗颗粒土组成的渗透性强的地基,夯击遍数可少些;反之,由细颗粒土组成的渗透性弱的地基,夯击遍数要求多些。根据工程经验,对于大多数工程采用夯击遍数 2 遍～4 遍,最后再以低能量满夯 2 遍,一般均能取得较好的夯击效果。对于渗透性差的细颗粒土地基,必要时夯击遍数可适当增加。上海地区通常采用 2 遍点夯加 1 遍满夯。

由于表层土是基础的主要持力层,如处理均匀性不好,将会增加上部结构的沉降和不均匀沉降。因此,必须重视满夯的夯实效果。

5.2.9 两遍夯击之间须有一定的时间间隔,目的是等待土中超静孔隙水压力的消散。因此,间隔时间取决于超静孔隙水压力的消散时间,但土中超静孔隙水压力的消散速率与土的类别、夯点间距等因素有关。对黏性土,由于超静孔隙水压力消散较慢,故当夯击能逐渐增长时,超静孔隙水压力亦相应叠加,间歇时间一般为2周～4周;对砂土,超静孔隙水压力的峰值出现在夯完后的瞬间,消散时间只有2 min～4 min,因此,不考虑间歇时间而连续夯击。

目前国内有的工程对黏性土地基的强劳现场埋设了塑料排水带、砂井等竖向排水体,以便加速超静孔隙水压力的消散,用以缩短间歇时间,但埋设的塑料排水带、砂井等竖向排水体会对工后沉降产生一定影响。

必要时可在试夯前在地基土中埋设孔隙水压力计,通过试夯后超静孔隙水压力的消散监测资料来确定两遍夯击之间的间隔时间。当缺少实测资料时,间隔时间可根据地基土的渗透性按本条规定采用。

5.2.11 强夯地基变形计算一直是困扰地基处理设计人员的一个课题,至今没有一套完整的计算方法,考虑到工程建设需要,本条建议对于软土地基强夯处理后的变形计算参照现行国家、行业及上海市相关标准中天然地基沉降计算方法,需要注意的是地基土的压缩模量应该根据强夯后的现场原位测试或土工试验确定。对于"上硬下软"型的地基,当硬壳层与下卧软土层的压缩模量比大于或等于3.0时,建议考虑硬壳层的应力扩散效应,参照垫层地基的变形计算方法进行计算;对于强夯置换地基,其加固机理类似于复合地基,因此,需根据复合地基的计算方法计算地基变形。

5.3 施 工

5.3.2 强夯时地基中会产生强大的冲击波和动应力,对邻近建(构)筑物安全和人居环境可能带来不利影响。强夯施工时产生的振动影响的安全距离的确定,历来是强夯施工中的难题,涉及安全标准的确定、地基土的特性、强夯能级的大小、夯锤的面积大小等诸多因素。如果不进行现场振动测试很难给出确切的依据，但现场振动测试也并不是每项工程都有条件做到，特别是在地基处理方案初步确定阶段就进行现场振动测试也不现实。

根据目前所积累的施工经验和所掌握的一些资料，这里提供一些意见，供广大设计和施工人员参考。

1）强夯振动有以下一些普遍规律：

（1）强夯振动主频率一般在 50 Hz 以下，且随着距离的增大而减小。

（2）强夯振动的振波在短距离内主要以面波的形式向周围扩散。振动强度随着距振源点距离的增大而衰减。振动强度的衰减速率和地基土的特性有关。当地基土层软弱、松散、密实度低、厚度大时，振动强度衰减迅速；当地基土层坚硬密实或土层软弱厚度薄、下卧土层坚硬时，振动强度衰减较慢。

（3）强夯振源点位于相对标高低处时，在相对标高较高处的振动效应是放大；强夯振源点位于相对标高较高处时，在相对标高较低处的振动效应是衰减。

（4）强夯振动强度随着能级的增大而增大，随着夯锤面积的减小而减小。

了解了强夯振动的这些特点和规律，在确定强夯施工方案时，就可以根据地基土的特点，对强夯振动影响做一些初步评估。

2）目前，国内还没有专门的强夯振动安全标准，工程界一般采用现行国家标准《爆破安全规程》GB 6722 的相关规定。

3）根据国内大量的工程实践，强夯所产生的振动，对一般建（构）筑物来说，只要有一定的间隔距离（如 10 m～15 m），一般不会产生有害的影响。对抗震性能极差的民房或对振动有特殊要求的建（构）筑物及精密仪器设备等，当强夯振动有可能对其产生有害影响时，需采取防振或隔振措施。当强夯施工邻近在建工程时，需错开在建工程混凝土浇筑时间，避免强夯振动对混凝土强度的影响。施工时,在作业区一定范围设置安全警戒,防止非作业人员、车辆误入作业区而受到伤害。

强夯施工时的振动对周围建(构)筑物的影响程度与土质条件、夯击能量和建(构)筑物的特性等因素有关。因此,在强夯时有时需沿不同距离测试地表面的水平振动加速度,绘成加速度与距离的关系曲线,以地表的最大振动加速度 0.98 m/s^2 处(即认为是相当于 7 度地震烈度)作为设计时振动影响安全距离。目前国内外强夯引起的振动影响都参照地震资料进行分析,但强夯的振动和地震的振动有不同之处,强夯振动的周期比地震短得多,产生振动作用的时间短,1 s 完成全过程,而地震 6 度以上的平均振动时间为 30 s;另外,强夯产生振动作用的范围也远小于地震的作用范围。因此,强夯的振动影响比地震的振动影响小得多,但国内外目前还沿用相当于地震烈度的设计标准规定作为安全的影响距离的规定。

根据国内目前的强夯所采用的能量级,强夯振动的主要影响范围一般为 10 m～15 m。在此范围内的建(构)筑物应采取防振或隔振措施,通常在夯区周围设置隔振沟[指一般在建(构)筑物邻近开挖深度约 3 m 的隔振沟]。

5.3.3 根据要求处理的深度和起重机的起重能力选择强夯锤质量。夯锤底面形式是否合理,在一定程度上会影响夯击效果。正方形锤起吊时由于夯锤旋转,不能保证前后几次夯击的夯坑重合,故常出现锤角与夯坑侧壁相接触的现象,使一部分夯击能消耗在坑壁上,影响了夯击效果,而圆形锤或多边形锤不存在此缺点,效果较好。

强夯主要施工机具设备的选用需符合下列规定:

1 起重机:国内用于强夯法地基处理施工的起重机械以改装后的履带式起重机为主,施工时一般在臂杆端部设置门字形或三角形支架,以提高起重能力和稳定性,降低起落夯锤时机架倾覆的安全事故发生的风险。实践证明,这是一种行之有效的办法,但同时也出现改装后的起重机实际起重量超过设备出厂额定最大起重量的情况,这种情况不利于施工安全,因此,需予以限制。

2 夯锤:国内外的夯锤大多采用铸钢锤。目前也有为运输方便和根据工程需要,采用两锤叠合的组合锤,这样可一锤多用,减少投资。为了满足日益增加的锤重需求,锤的材料已趋向于由钢材铸成。我国目前采用的最大夯锤质量已超过60 t,常用的夯锤质量为15 t~40 t。夯锤底面形式是否合理,在一定程度上也会影响夯击效果。国内夯锤的底面一般为带排气孔圆形锤,它可克服方形锤由于上、下两次夯击着地不完全重合而造成夯击能量损失和锤着地时易倾斜的缺点,气孔能减小起吊夯锤时的吸力(上海金山石化厂的试验中测出,夯锤的吸力达3倍锤重),又能减少夯锤着地前的瞬时气垫的上托力,从而减少能量损失。强夯置换夯锤建议选用圆柱形。

3 脱钩:自动脱钩装置有足够强度和施工灵活性,施工期间吊钩应经常涂抹润滑油,防止夯锤吊环过度磨损造成落锤倾斜或安全事故。

5.3.4 对于场地表土软弱或地下水位高的情况,宜采用人工降低地下水位,或在表层铺填一定厚度的松散性材料。这样做的目的,一是在地表形成硬层,用以支承起重设备,确保机械设备通行和施工,二是加大地下水和地表面的距离,防止夯击时夯坑积水。当砂土、湿陷性黄土的含水量低时,表层松散层较厚,夯击时形成的夯坑很浅,以致影响有效加固深度,需采取表面洒水、钻孔注水等人工增湿措施。

5.3.7 施工过程中需有专人负责监测工作。首先,需检查夯锤质量和落距,因为若夯锤使用过久,往往因底面磨损而使质量减少,落距未达设计要求,也将影响单击夯击能;其次,夯点放线错误情况常有发生,因此,在每遍夯击前,均需对夯点放线进行认真复核;此外,在施工过程中还必须认真检查每个夯点的夯击次数,量测每击的夯沉量,检查每个夯点的夯击起止时间,防止出现少夯或漏夯,对强夯置换尚需检查置换墩长度。

5.3.8 由于强夯施工的特殊性,施工中所采用的各项参数和施工步骤是否符合设计要求,在施工结束后往往很难进行检查。因此,在施工过程中需对各项参数和施工情况进行详细记录。

5.4 质量检验

5.4.2 经强夯处理后的地基,其强度是随着时间增长而逐步恢复和提高的,因此,质量检验需在施工结束间隔一定时间后方能进行。其间隔时间需根据土的性质而定,间隔时间越长,则强度时效性越明显。

5.4.3 对强夯加固地基的质量检验,目前国内外基本上都用原位测试方法进行。对于软土地基,可选择下列几种方法:静力触探、标准贯入、十字板剪切试验、旁压试验等。设计需要时,可增加室内土工试验,以了解强夯后地基土性变化情况。对于填土地基,也可采用圆锥动力触探试验、多道瞬态面波法等综合确定地基加固效果。通常,根据工程地质和结构设计要求,对一般工程需采用2种或2种以上的方法进行检验,对重要工程需增加检验项目。

强夯地基静载荷试验和其他原位测试、室内土工试验检验点的数量,主要根据场地复杂程度和建(构)筑物的重要性确定。考虑到场地土的不均匀性和测试方法可能出现的误差,本条规定了检验点数。对强夯地基,需考虑夯间土和夯击点土的差异。

强夯的质量检验方法和数量按现行行业标准《铁路路基工程施工质量验收标准》TB 10414 和《高速铁路路基工程施工质量验收标准》TB 10751 执行。

6 排水固结

6.1 一般规定

6.1.1 排水固结法是对天然地基或先在地基中设置竖向排水体,然后利用结构物本身重量分级逐渐加载预压,或在结构物建造前在场地上先行加载预压,使土体中的孔隙水排出逐渐固结,地基发生沉降,同时强度逐步提高的方法。该方法主要可以解决以下问题:①沉降问题:地基的沉降在加载预压期间大部分或基本完成,使建(构)筑物在使用期间不产生有害的沉降和沉降差;②稳定问题:加速地基土抗剪强度的增长,从而提高地基的承载力和稳定性。

排水固结法一般用于堆载预压和真空预压。对于在持续荷载下体积会发生很大压缩和强度会明显增长的土,且有足够时间进行预压时,这种方法特别适用。对于超固结土,只有当土层的有效上覆压力与预压荷载所产生的应力水平明显大于土的先期固结压力时,土层才会发生明显的压缩;对于泥炭土、有机质土和其他次固结变形占很大比例的土效果较差,只有当主固结变形与次固结变形相比所占比例较大时才有明显效果。

排水固结结合填土堆载、真空预压处理地基是一种传统的地基处理措施,处理饱和黏性土具有造价低廉等特点,但由于这种方法沉降大、沉降稳定时间长且质量不易控制,使用时需加强对周边建(构)筑物、道路及地下管线等变形监测及评估。若用于正线及到发线地基处理,需进行现场试验及专项工后沉降评估。

通常,当软土层厚度小于 4.0 m 时,采用天然地基堆载预压处理;当软土层厚度超过 4.0 m 时,为加速预压过程,需采用塑料排水带、袋装砂井等竖向排水预压处理地基。对含较多薄粉砂夹层的软土层(上海地区较多区域属此类情况),其本身具有较好的透水性,一般不设置竖向排水体,通常仅进行堆载预压即可取得良好的效果。真空预压处理地基时,必须设置砂井或塑料排水带等竖向排水体,因为砂井或塑料排水带能将真空度从砂垫层中传至土体中,并将土体中的水通过其抽至砂垫层后排出,若不设置,起不到上述作用就达不到加固目的。

6.1.2 排水固结法按预压处理工艺可分为堆载预压和真空预压两类。真空和堆载联合预压其实质为堆载预压和真空预压同时在同一加固项目中使用的一种方法。降水预压和电渗排水预压在工程上应用甚少,本规范暂不纳入。

当建(构)筑物的荷载超过真空压力且建(构)筑物对地基的承载力和变形有严格要求时,需采用超载预压或真空和堆载联合预压。超载预压能缩短处理工期,减少工后沉降量;工程应用时需进行试验性施工,在保证整体稳定条件下实施。工程实践证明,真空预压和堆载预压效果可以叠加,条件是两种预压必须同时进行。

6.1.5 对于采用填土超载预压或真空预压工程,什么条件下可以卸载,这是工程上很关心的问题。设计时,需根据所估算的总沉降量和容许工后沉降值,确定预压期间需达到的固结度;按照工期要求,选择袋装砂井或塑料排水带的直径、间距、深度和排列方式,确定预压荷载大小和预压时间,使在预定工期内通过预压完成设计所要求的变形量,卸载后的工后沉降满足要求。

6.1.6 由于排水加固法加固地基的范围一般较大,其沉降对周边有一定影响,需有一定安全距离。尤其是真空预压,受真空预压抽真空影响可能会产生较大的侧向位移,对周边环境影响较大。当距离较近时,施工期间对邻近建(构)筑物、地下管线等需加强监测,并采取挖隔离沟、打隔离桩等防护措施。

6.2 设 计

6.2.1 对于路基工程,真空预压区边缘至路堤坡脚即可;对于要求沉降均匀的工程,其真空预压区边缘真空度会向外部扩散从而导致加固效果不如中部。为了使预压区加固效果比较均匀,预压区需大于建(构)筑物基础轮廓线且不小于3.0m。

6.2.2 袋装砂井及塑料排水带处理地基时需设置水平向排水通道,目前已有排水固结法不采用垫层排水,如直排式真空预压排水方式。当采用水平排水垫层时,一般采用砂垫层、碎石垫层、土工合成材料排水系统或组合形式。采用砂料作为水平排水垫层时,一般采用含泥量不大于5%的中砂或粗砂,其渗透系数一般不小于5×10^{-3} cm/s,干密度一般不小于15 kN/m³。

预压法处理地基如何保证加固全过程中排水系统的排水有效性是工程成功的关键。排水系统由竖向排水体和水平排水垫层组成,水平排水垫层往往采用柔性的散体材料中粗砂,其抵抗不均匀变形的能力差,在预压荷载作用下若地基的不均匀变形过大,则水平排水垫层很有可能断开而不连续,其排水性能也就失效,导致地基中的孔隙水无法顺利排出。因此,可以通过增加垫层厚度或采用加筋垫层及提高上部荷载刚度减小不均匀变形等措施来解决。

当大面积堆载场预压时,砂垫层的排水距离长,并且存在中间沉降大边缘沉降小的情况,砂垫层排水效果较差,建议设置与砂垫层相连的排水盲沟,加快排水速度,必要时增设集水井抽排水。

6.2.4 对于塑料排水带的当量换算直径,虽然许多文献都提供了不同的建议值,但至今还没有结论性的研究成果。塑料排水带的当量换算直径计算式中的α值需通过试验求得。塑料排水带的排水能力与其受到的侧向土压力、挠度及排水体内的水头损失等有关。完全不考虑排水体内的水头损失时,α 取 1。有关文献提供的 α 值见说明表 6.2.4。

说明表 6.2.4 α 值

α 值	资料来源	备注
0.60~0.90,一般 0.75	松尾新一郎	《土质方法加固手册》
0.75	卡尔斯坦尼	福冈正已
0.75	福冈正已	《最新软弱地基处理方法》
1.00	Hansbo, Jamiolkowski and Kok	Consolidation by Vertical Drains
1.00	Mitchell and Katti	第十届国际土力学及基础工程会议水平报告
1.00	曾锡庭	《塑料板排水法在加固工程中的应用》
0.60~0.90	赵九斋	《几种软基加固方法的效果对比》
1.00	叶柏荣	《超软地基的加固技术》
1.00	Runesson Tagnfors and Wiberg	有限元计算
1.43	上海铁路局科研所	《SVD塑料排水板在软基处理中的应用》

近年来国内外的工程实践和试验研究表明,标准型塑料排水带加固软基的效果与直径 7 cm 的袋装砂井至少相当。1990 年7月,在安徽省黄山市召开的塑料排水法加固软基技术研讨会上,专家们建议 α 值取 1.00。国外 Holtz 等也认为换算系数采用Hansbo(1979、1981)的取值,即 $\alpha=1.00$ 推算当量换算直径 d_p是合适的。

6.2.6 工程实践表明,为了加速土层的固结,缩小井距要比增加井径效果好。对于不考虑井阻和涂抹作用的理想井情况,采用小直径密排列的竖向排水体地基,固结效果较好,即工程上所称的"细而密"的布置原则。但实际上,对于同样深度的竖向排水体,砂料渗透系数相同时,直径越小,其井阻影响越显著。根据我国的工程经验,普通砂井井径比取 6～10,袋装砂井或塑料排水带井径比取 15～25,均取得良好的处理效果,故建议按以上井径比选取竖向排水体间距。

6.2.7 采用真空预压处理地基时,为了保证真空预压范围内具有良好的气密性,竖向排水体不应进入下卧透水层,同时需确保竖向排水体与下卧透水层之间有一定安全距离,具体通过抗渗流稳定性验算来确定。

6.2.10 预压荷载大小需根据预压时间内要求完成的变形量通过计算确定,并使预压荷载下受压土层各点的有效竖向应力大于荷载引起的相应点的附加应力。

填筑速率及分级高度需根据地基土的强度确定。当天然地基土的强度满足地基稳定性要求时,可以一次性加载,否则需分级逐渐加载,待前期填土荷载下地基土强度增长满足下一级荷载下地基的稳定性要求时方可加载,必要时在垫层内设置土工布、土工格栅、土工格室等土工合成材料加筋补强以提高稳定性。

6.2.12 当地基表层存在良好透气层或在袋装砂井、塑料排水带处理范围内有充足水源补给的透水层时,抽真空将会产生漏气、透水,影响真空预压加固效果。当透水、透气地层较薄时,一般在加固区周界打设隔离桩隔断透气、透水通道;当透水、透气地层较厚,隔离较为困难时,则需评估真空预压措施的适用性。

采用真空预压处理地基,成功的关键在于要有良好的气密性,使预压区与大气层隔离。当需加固的土层有粉性土、粉细砂或中粗砂等透水、透气层时,对加固区采取的密封措施一般有打设密封墙、开挖换填和垂直铺设密封膜穿过透水、透气层等。若采用密封墙,宜设置双排水泥(或泥浆)搅拌桩,搅拌桩直径不建议小于 700 mm;当搅拌桩深度小于 15 m 时,搭接宽度不小于

200 mm；当搅拌桩深度大于 15 m 时,搭接宽度不小于 300 mm。搅拌桩成桩搅拌需均匀,密封墙的渗透系数需满足设计要求。

6.2.13 真空预压真空度越高,等效荷载越大,加固效果就越好。工程实践表明,加固面积以及加固面积与周边长度之比越大,气密性就越好,真空度就越高,故要求每块真空预压的面积尽可能大且呈方形,分块面积建议为 20 000 m^2～40 000 m^2。

6.2.14 真空预压的效果和膜内真空度大小关系很大,真空度越大,预压效果越好。根据国内许多工程经验,膜下真空度一般都能达到 80 kPa～85 kPa。

6.2.16 抽真空初期,由于膜下砂垫层与袋装砂井或塑料排水带、地基土中真空度差值较大,真空泵不仅要克服阻力排除加固区地基土中的水、气,还要排除加固区以外进入的水、气,故所需能量较大,工程经验表明,初期按面积 1 000 m^2～1 500 m^2 配备一台真空泵是合理的。抽真空一段时间后,随着袋装砂井或塑料排水及地基土中真空度增长至基本稳定值,真空泵的作用主要是排除加固区周界进入加固区的水、气,维持加固区地基土中真空度,所需能量大为减少,真空泵的数量也可相应减少,与抽真空初期相比,一台真空泵能维持更大的加固面积。武汉新区梅子路真空-堆载联合预压试验工程资料表明,抽真空 2 个月～3 个月后,一台 7.5 kW 真空泵维持 4 300 m^2～4 700 m^2 的加固面积,膜下真空度仍保持在 90 kPa 左右。

加固区透气性较大时,即便采取一定密封措施处理后仍有可能对真空预压有一定影响,故建议考虑适当增加设备。增加设备数量可以通过试验根据抽真空效果确定或按每 600 m^2～800 m^2 配备一套设备考虑。

6.2.18 真空度在地基土中的影响深度及传递规律与堆载所产生附加应力影响深度及传递规律存在明显不同,地基沉降计算时不能简单地将真空荷载等效于堆载荷载。

真空预压有效加固范围取决于真空度沿竖向在地基土中的

有效传递。一般认为,真空预压的有效加固范围为袋装砂井或塑料排水带底部以下 2 m～3 m。

真空度在地基土中传递规律与堆载预压附加应力传递也有较大区别,武汉新区梅子路真空-堆载联合预压试验工程对膜下、塑料排水带及加固区地基土中真空度测试资料(见说明图 6.2.18)表明,在膜下真空度保持在 85 kPa～90 kPa 的条件下,塑料排水带及地基土中真空度在 30 d～40 d 后能达 70 kPa～80 kPa 的稳定值,沿深度方向基本无衰减。

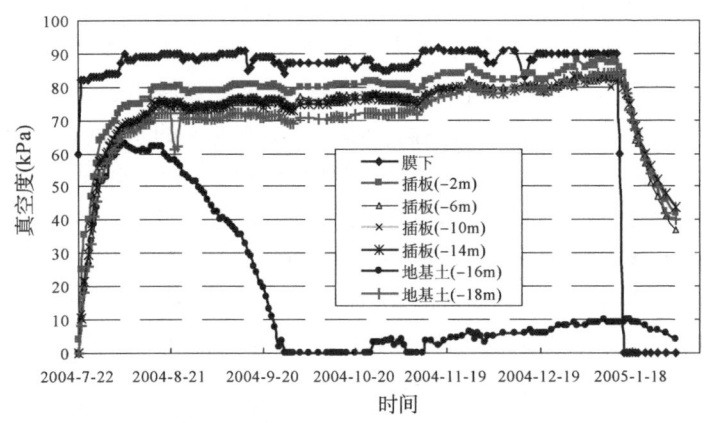

说明图 6.2.18 膜下、塑料排水带及加固区地基土中真空度随时间变化曲线

6.2.19 排水固结法的设计,实际上在于合理安排排水系统和加压系统的关系,使地基在受压过程中排水固结,增加强度以满足逐渐加荷条件下地基的稳定性,并加速地基的沉降以满足工程对沉降的要求。由于土层的复杂性、土质的不均匀性和取样、运输时对土体的扰动,以及现有土工试验的条件和设计计算方法不足的原因,故理论计算获得的加固效果和所需要的时间往往不能很好地反映实际工程的情况。为此,要求合理设计监测系统,通过监测数据修正设计、指导施工,做到动态设计和信息化施工,以确保工程质量。

6.3 施 工

6.3.1

4 由于砂袋中的干砂放入井孔被水浸泡等原因,体积缩小产生下沉,因此需进行补砂。

5 袋装砂井施工时,由于套管截面往往比排水体截面大,因此会对周围地基土产生施工扰动,引起较大的地基强度降低和附加沉降。为了减小施工过程中对地基土的扰动,袋装砂井施工时所用套管内径建议略大于砂井直径。

6.3.2

3 塑料排水带的纵向通水量除与侧压力大小有关外,还与排水带的平直、扭曲程度有关,扭曲的排水带将使纵向通水量减小。因此,塑料排水带施工所用套管应采用菱形断面或出口段扁矩形断面,不应采用圆形断面,以保证插入地基中的带子平直、不扭曲。

6 当打设深度过大时,需防止套管在打设中产生大变形,从而影响塑料排水带的打设位置和垂直度。根据国内外施工经验,为防止打设时泥土进入套管,并使塑料排水带底端较好地锚固于地基中,从而确保塑料排水带的打设质量与进度,打设时需使用管靴。

6.3.5 塑料排水带打设后,常在垫层形成孔洞。此孔洞必须及时用垫层砂土回填,否则可能造成如下危害:①在塑料排水带和垫层间混入黏性土,隔断排水板与砂垫层的联系,影响排水效果;②孔洞长期存在,影响加固地基表层的加固质量。回填时最好先将孔洞中充水,用水中倒砂法慢慢填满,切忌一次大量干填。

6.3.9 对堆载预压工程,当荷载较大时,需严格控制堆载速率,防止地基发生整体剪切破坏或产生过大塑性变形。工程上,一般通过沉降、边桩位移及孔隙水压力等观测资料按一定标准进行控制。控制指标取决于多种因素,如地基土的性质、地基处理方法、荷载大小以及加荷速率等。本条规定的控制指标均依照大量工程实例提出,当有充分依据时,可以根据实际情况参照类似工程调整上述控制值。

6.3.10 由于各种原因,射流真空泵全部停止工作,膜内真空度随之全部卸除,这将直接影响地基预压效果,并延长预压时间。为避免膜内真空度在停泵后很快降低,在真空管路中需设置止回阀和截门。当预计停泵时间超过 24 h 时,则需关闭截门。所用止回阀及截门都需符合密封要求。

6.3.12 工程实践中,出于安全考虑,密封膜不少于 2 层,膜上下设置土工布保护,防止被刺破。膜的密封有多种方法,就效果而言,以膜上全面覆水最好。

6.3.13 当相邻分区不能同步抽真空时,在一分区进行抽真空而相邻分区未抽真空或提前停抽真空后,两分区交界处未进行抽真空分区的竖向排水体及砂垫层可能与加固区形成空气流通通道,造成漏气,故必要时分区间需采取隔离措施。

6.4 质量检验

6.4.1~6.4.5 袋装砂井、塑料排水带、堆载预压、真空预压及预压后的质量检验数量按现行行业标准《铁路路基工程施工质量验收标准》TB 10414 和《高速铁路路基工程施工质量验收标准》TB 10751 执行。

7 水泥土搅拌桩

7.1 一般规定

7.1.1～7.1.3 水泥土搅拌法是利用水泥(或水泥砂浆)等材料作为固化剂通过特制的搅拌机械,就地将地基土和固化剂强制搅拌,使地基土硬结成具有整体性、水稳性和一定强度的水泥加固土,从而提高地基土强度和增大变形模量。根据固化剂掺入状态的不同,分为浆体(水泥浆或水泥砂浆)搅拌和粉体喷射搅拌两种。前者是用浆液和地基土搅拌,后者是用粉体和地基土搅拌。

水泥固化剂一般适用于正常固结的淤泥与淤泥质土(避免产生负摩擦力)、黏性土、粉土、素填土(包括冲填土)、饱和黄土、粉砂以及中粗砂、砂砾(当加固粗粒土时,需注意有无明显的流动地下水,以防固化剂尚未硬结而遭地下水冲洗掉)等地基加固。

根据室内试验,一般认为用水泥作加固料,对含有高岭石、多水高岭石、蒙脱石等黏土矿物的软土加固效果较好;而对含有伊利石、氯化物和水铝石英等矿物的黏性土以及有机质含量高、pH值较低的黏性土加固效果较差。

在黏粒含量不足的情况下,可以添加粉煤灰。当黏土的塑性指数较大时,容易在搅拌头叶片上形成泥团,无法完成水泥土的拌和。当pH值小于4时,掺入百分之几的石灰,通常pH值就会大于12。当地基土的天然含水量小于30%时,由于不能保证水泥充分水化,故不建议采用粉体喷射搅拌法。地基土天然含水量大于70%以上,不建议采用浆喷,推荐采用双向粉喷施工工艺。

近年来,针对水泥土搅拌桩存在的不足,研究改进提出了双向水泥土搅拌桩、多向水泥土搅拌桩、钉形水泥土双向搅拌桩和水泥砂浆搅拌桩。双向水泥土搅拌桩以水泥浆液为掺和料,通过对设备的改进,在常规搅拌桩机水平搅拌叶片上增加竖向搅拌叶片(或在常规搅拌桩机单向搅拌的基础上,增加双向搅拌功能),以实现对水泥土多向全方位的立体搅拌,从而提高搅拌桩成桩强度及均匀性。钉形水泥土双向搅拌桩,由动力系统分别带动安装在同心钻杆上的内、外两组搅拌叶片同时正、反向旋转搅拌,通过搅拌叶片的伸缩使桩身上部截面扩大而形成类似钉子形状的水泥土搅拌桩。水泥砂浆搅拌桩采用水泥砂浆作固化剂,起到了增加地基土中的粗颗粒含量、降低地基土的塑性指数的物理改良效果,同时还起到构筑桩体骨架、均布固化剂、挤密地基和辅助切削搅拌土体防止包钻等作用,充分发挥了物理改良和化学改良以及搅拌力学过程的综合作用,从而达到提高桩体强度的目的。

上海市工程建设规范《地基处理技术规范》DG/TJ 08—40—2010 第 10.1.3 条中规定"在建筑工程不应采用干法",考虑到上海城区对环保要求严格,同时结合上海地区软土性质,本规范提出"城区或其他环境要求较高的地段地基加固不宜采用粉体搅拌桩"。

上海市已建成的城市轨道交通车辆段(停车场)地基处理中,采用的双轴搅拌桩较多,故本规范增加了双轴搅拌桩的相关说明。

7.1.5 上海地区表层填土中多分布有混凝土块、砖块等建筑垃圾,造成搅拌桩施工困难,同时上海地区明暗浜较多,内多含建筑、生活垃圾,对搅拌桩施工及成桩均造成较大影响。因此,增加本条强调在搅拌桩施工前需予以处理。

7.1.6 施工前的工艺性试验主要目的是确定工艺的各项最佳参数,确保成桩质量及桩身强度、承载力等满足设计要求,并优化机械配置,确定质量、安全等控制措施。通常,选取沿线地质条件、周边环境、施工场地等具有代表性的地段进行工艺试验,验证设计方案,确定施工工艺及参数。

7.2 设 计

7.2.3 上海地区地基处理搅拌桩多采用单轴、双轴,桩径一般不小于 500 mm。

7.2.4 水泥土搅拌桩的桩长主要受施工机械设备能力控制,近年来随着新装备的研发和设备能力的提高,水泥土搅拌桩的施工桩长已得到了较大幅度提升,设计桩长可根据工程条件和施工设备能力综合考虑确定。

7.2.5 采用水泥作为固化剂材料,当其他条件相同,在同一土层中水泥掺入比不同时,水泥土强度将不同。由于块状加固属于大体积处理,对于水泥土的强度要求不高,因此为了节约水泥、降低成本,可选用 7%~12% 的水泥掺量。水泥掺入比大于 10% 时,水泥土强度可达 0.3 MPa~2.0 MPa。通常,水泥掺入比采用 12%~20%。水泥土的抗压强度随其相应的水泥掺入比的增加而增大,但因场地土质与施工条件的差异,掺入比的提高与水泥土强度增加的百分比是不完全一致的。

行业标准《铁路工程地基处理技术规程》TB 10106—2023 推荐的水灰比为 0.45~0.55,本规范结合上海工程经验,确定为 0.45~0.60。

外掺剂对水泥土强度有着不同的影响。木质素磺酸钙对水泥土强度的增长影响不大,主要起减水作用;三乙醇胺、氯化钙、碳酸钠、水玻璃和石膏等材料对水泥土强度有增强作用,其效果对不同土质和不同水泥掺入比又有所不同。当掺入与水泥等量的粉煤灰后,水泥土强度可提高 10% 左右。故在加固软土时掺入粉煤灰不仅能消耗工业废料,还能提高水泥土强度。

7.2.6 在桩顶设置一定厚度的加筋垫层后,可以保证通过垫层把一部分上部荷载传到桩间土上,调整桩和土荷载的分担作用。

7.2.8 影响桩间土承载力折减系数 β 的因素很多,根据水泥土搅拌桩承载机理的分析,折减系数 β 的取值受褥垫层厚度、桩长、面积置换率、桩体强度以及其他各种因素的影响。

关于桩间土承载力折减系数 β 的取值,各规范差异较大。如国家标准《复合地基技术规范》GB/T 50783—2012 中对 β 的确定方法:"当桩端土未经修正的承载力特征值大于桩周土的特征值的平均值时,取 0.1~0.4;当桩端土未经修正的承载力特征值小于或等于桩周土的承载力特征值的平均值时,取 0.5~0.9。"行业标准《建筑地基处理技术规范》JGJ 79—2012 中对 β 的确定方法:"对于淤泥、淤泥质土和流塑状软土,取 0.1~0.4;对其他土层取 0.4~0.8。"

黄春霞等(2002)列举了广西、河南、河北及浙江等地建筑工程的一系列比较具有代表性的水泥土搅拌桩工程的单桩和复合地基静荷载试验数据,通过公式(7.2.8-1)反算出折减系数 β,如说明表 7.2.8 所示。

说明表 7.2.8　典型水泥土搅拌桩工程反算出的 β 值

工程编号	桩截面积 (m^2)	桩长 (m)	复合地基承载力特征值 (kPa)	单桩承载力特征值 (kN)	置换率 (%)	桩间土承载力标准值 (kPa)	桩端土层及状态	桩间土承载力折减系数 β
1	0.196	4.9	223.7	115.4	36.3	100	硬塑红黏土	0.16
2	0.196	7.5	237.5	136.8	30.6	115	可塑~硬塑黏土	0.30
3	0.196	6.3	225.3	167.3	21.8	119	可塑黏土	0.42
4	0.196	9.6	250.1	142.5	30.0	90	硬塑黏土	0.51
5	0.196	7.5	85.0	151.1	24.2	90	较硬土层	0.60
6	0.196	8.0	175.0	110.0	24.0	91	较硬土层	0.62
7	0.196	11.5	250.0	175.9	21.8	113	粉砂质泥岩	0.62
8	0.196	8.0	155.0	100.0	19.6	100	中密~密实粉土	0.68
9	0.196	14.5	91.0	77.0	17.5	45	淤泥	0.60
10	0.196	6.2	193.0	140.0	20.0	85	较软土层	0.78
11	0.196	12.5	126.8	95.5	20.0	45	淤泥	0.81
12	0.196	6.0	175.0	110.0	19.0	85	较软土层	0.96

由说明图 7.2.8 可以看出,桩间土承载力折减系数 β 随桩端土层及状态的变化规律:一定范围内,桩端土层越软,土层强度越低,桩间土承载力折减系数 β 取值越大;反之,一定范围内,桩端土层越硬,土层强度越高,桩间土承载力折减系数 β 取值越小。

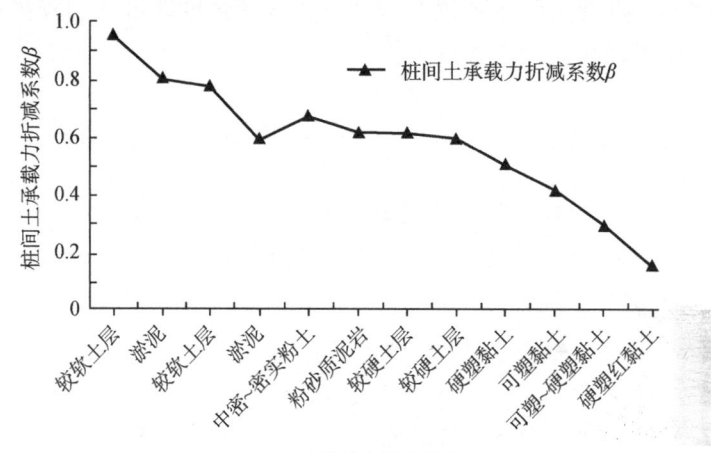

说明图 7.2.8 桩间土承载力折减系数 β 随桩端土层及状态变化曲线

综合说明表 7.2.8 相关数据分析,对桩间土承载力折减系数 β 的取值情况做以下规定:刚性基础桩间土为淤泥、淤泥质土和流塑状软土等固结程度差时,可取 0.1～0.4;路基工程或刚性基础桩间土为其他土层时,可取 0.4～1.0;加固土层强度较高时取高值,桩端土层强度较高时取低值。

7.3 施 工

7.3.1 上海地层中暗浜分布较多,且往往在勘察阶段难以完全勘察清楚,故需加强施工前对暗浜的地质核查工作。

7.3.2 上海表层填土中混凝土块、砖块等障碍物较多,对搅拌桩影响较大,施工前需予以清除。

7.3.3 在上海城区施工搅拌桩受既有铁路、桥梁等既有构筑物影响较大,本规范增加了采用低塔架搅拌桩设备的相关要求。

水泥土搅拌机施工时,搅拌次数越多,则拌合越为均匀,水泥土强度也越高,但施工效率就降低。试验证明,当加固范围内土体任一点的水泥土经过 20 次的拌合,其强度即可达到较高值。搅拌次数 N 由下式计算:

$$N = \frac{h \times \cos\beta \sum Z}{V} n \qquad (说明 7.3.3)$$

式中 h——搅拌叶片的宽度(m);

β——搅拌叶片与搅拌轴的垂直夹角(°);

$\sum Z$——搅拌叶片的总枚数;

n——搅拌头的回转数(r/min);

V——搅拌头的提升速度(m/min)。

7.3.7 根据实际施工经验,搅拌法在施工到桩顶端 0.2 m~0.5 m 范围时,因上覆土压力较小,搅拌质量较差。因此,场地整平标高需比设计确定的桩顶标高再高出 200 mm~500 mm,桩制作时仍施工到地面。桩间土开挖最好采用人工开挖,避免影响桩身完整性。

7.4 质量检验

7.4.1 按水泥土搅拌法的特点,对水泥用量、桩长、搅拌头转数和提升速度、复搅次数和复搅深度、停浆处理等的控制必须在施工过程中进行。施工全过程的质量控制能有效控制水泥土搅拌法的施工质量。对每根制成的水泥土桩须随时进行检查,对不合格的桩需根据其位置和数量等具体情况,分别采取补桩或加强附近工程桩等措施。

7.4.3~7.4.5 水泥土搅拌桩的质量检验方法和数量按现行行业标准《铁路路基工程施工质量验收标准》TB 10414 和《高速铁路路基工程施工质量验收标准》TB 10751 执行。

8 旋喷桩

8.1 一般规定

8.1.1 旋喷桩又称高压喷射注浆法(Jet Grouting),于20世纪70年代始创于日本,是一种在化学注浆法的基础上,采用水力采煤技术发展起来的新型地基加固技术。它利用钻机把带有喷嘴的注浆管钻入(或置入)至土层预定深度,以 20 MPa~40 MPa 的压力把浆液或水喷射出来,形成喷射流冲击破坏土层,浆液与土以半置换或全置换凝固为固结体,大大改善了地基土的工程性状,从而达到加固地基的目的。

工程实践表明,旋喷桩对淤泥、淤泥质土、黏性土(软塑或流塑)、粉土、砂土、黄土、素填土和碎石土都有良好的加固效果。但对于硬黏性土或土中含有较多的块石、大量的植物根茎时,高压喷射流可能受到阻挡或削弱,冲击破碎力急剧下降,影响加固效果;对于含有过多有机质的土层,其处理效果取决于固结体的化学稳定性。鉴于上述几种土的组成复杂、差异悬殊,高压喷射注浆的处理效果差别较大,故需根据现场试验结果确定其适用程度。而对地下水流速过大或已涌水的工程,高压喷射注浆时,浆液易被水流带走,影响注浆效果,因此需慎重使用。

8.1.2 市域铁路为线路工程,横跨区域范围广,所经地区地层条件变化大,高压喷射注浆对不同土层的加固效果也不同,因此为了保证工程质量,当确定设计方案后,需根据工程需要进行现场试验或试验性施工,以确定施工参数及工艺。通常,选取沿线地质条件、周边环境、施工场地等具有代表性的地段进行工艺试验,试验数量结合工艺工法、试验目的及设计和验收标准综合确定。

8.2 设 计

8.2.2 旋喷桩用于承受竖向荷载时,需按复合地基考虑桩体的强度和基础的变形进行设计。用于挡土结构时,由于水泥土强度不够,对非重力式挡土结构可通过插入型钢等高强材料提高抗弯强度。

8.2.3 旋喷桩固结体直径的大小与土的物理力学性能密切相关,与喷射工艺也有关,工程中很难确定。除了表层可以用开挖的方法确定外,其他段只能用半经验的方法加以判断、确定。施工中调整旋喷速度和提升速度、增减喷射压力、改变喷射介质、调整喷射持续时间、更换喷嘴孔径、改变流量等参数后,可以获得不同桩径的固结体。综合国内外的施工经验,旋喷桩的设计直径参考说明表8.2.3选用。

说明表8.2.3 旋喷桩的设计直径(m)

土 质		方 法		
		单管法	双管法	三管法
黏性土	0<N<5	0.5～0.8	0.8～1.2	1.2～1.8
	6<N<10	0.4～0.7	0.7～1.1	1.0～1.6
砂 土	0<N<10	0.6～1.0	1.0～1.4	1.5～2.0
	11<N<20	0.5～0.9	0.9～1.3	1.2～1.8
	21<N<30	0.4～0.8	0.8～1.2	0.9～1.5

注:N为标准贯入击数。

8.2.4 旋喷桩一般通过单管法、双管法、三管法、多管法和搅拌喷射法等方法实现,工程中常用前三种方法。

单管法:用单层注浆管,只喷射水泥浆液一种介质。

双管法:用双层注浆管,喷射水泥浆液和压缩空气两种介质。

三管法:用3层或3根喷射管喷射高压水流、压缩空气及水泥浆液等三种介质。

8.2.3，8.2.8 旋喷桩复合地基承载力通过现场载荷试验方法确定误差较小。由于通过公式计算在确定折减系数 β 和单桩承载力方面均可能有较大的变化幅度，因此只能用作估算。

8.2.6 市域铁路路基工程地基处理时，一般在垫层中设置 1 层～2 层土工格栅，土工格栅在复合地基垫层中主要有如下作用：

（1）调整桩土应力比，土工格栅的拉伸强度越大，对桩土应力比的提高越大。

（2）使用土工格栅能减小路堤顶面的沉降及差异沉降。

8.2.7 水泥浆液的水灰比越小，旋喷桩高压喷注浆处理地基的强度越高，凝固时间也越短。但在实际工程中，由于注浆设备的原因，水灰比太小时，喷射有困难，因此水灰比通常取 0.8～1.5，工程中常用 1.0，本规范依据上海工程经验取 0.8～1.2。水泥掺量需按设计要求的桩体立方体强度通过试验确定，一般不小于被加固湿土质量的 40%。

8.3 施 工

8.3.1 施工前，需对照设计图纸核实设计孔位处有无妨碍施工和影响安全的障碍物。如遇有上水管、下水管、电缆线、煤气管、人防工程、旧建筑基础和其他地下埋设物等障碍物影响施工时，需与有关单位协商清除、搬移障碍物或更改设计孔位。

8.3.2 旋喷桩喷射注浆的主要材料为水泥。对于无特殊要求的工程，建议采用强度等级为 32.5 级及以上的水泥。根据需要，可以在水泥浆中分别加入适量的外加剂和掺合料，以改善水泥浆液的性能，如早强剂、悬浮剂等。所用外加剂或掺合剂的数量，需根据水泥土的特点通过室内配比试验或现场试验确定。当有足够实践经验时，也可以按经验确定。

8.3.3 水泥浆液的水灰比越小，高压喷射注浆处理地基的强度越高。在生产中因注浆设备的原因,水灰比太小时,喷射有困难,故水灰比通常取 0.8~1.5,生产实践中常取 1.0,本规范按上海工程经验取 0.8~1.2。

由于生产、运输和保存等原因,有些水泥厂的水泥成分不够稳定,质量波动较大,导致高压喷射水泥浆液凝固时间过长,固结强度降低。因此,事先需对各批水泥进行检验,鉴定合格后才能使用。对拌制水泥浆的用水,只要符合混凝土拌合标准即可使用。

8.3.4 旋喷桩的全过程为钻机就位、钻孔、置入注浆管、高压喷射注浆和拔出注浆管等基本工序。施工结束后需立即对机具和孔口进行清洗。钻孔的目的是置入注浆管到预定的土层深度,如能直接把注浆管钻入土层预定深度,则钻孔和置入注浆管的两道工序合并为一道工序。

8.3.5 钻孔的目的是置入注浆管到设计深度。对于单管法和双管法,由于喷射管较细,因此,可以借助喷射管本身的喷射或振动贯入,只有在遇到比较坚硬的地层时,才在地基中预先成孔,然后放入喷射管进行喷射加固。采用三管法时,由于喷射注浆管较粗,且管体结构复杂,因此有时有必要预先钻一个孔,然后置入三重喷射管进行加固。

8.3.6 旋喷桩高压喷射注浆的压力越大,加固体的范围越大,处理地基效果也越好。根据国内的工程实例,单管法、双管法及三管法的高压水泥浆液流或高压水流的压力大于 20 MPa,气流的压力以空气压缩机的最大压力为限,通常在 0.7 MPa 左右,低压水泥浆的灌注压力通常在 1.0 MPa~2.0 MPa,提升速度为 0.05 m/min~0.25 m/min,旋转速度取 10 r/min~20 r/min。

8.3.7 高压喷射泵是高压喷流的能量来源。施工中高压泵通过高压橡胶软管输送高压浆至钻机上的注浆管,进行喷射注浆。钻机和高压水泵的距离越远,高压橡胶软管的长度就越大,相应高压喷射流的沿程损失就越大。因此,为了保证注浆效果,施工中钻机与高压水泵的距离不建议太大,在大面积场地施工时,为了减少沿程损失,则需搬动高压泵保持与钻机的距离。实际施工孔位与设计孔位偏差过大时,会影响加固效果,故规定孔位偏差值小于 50 mm,并且保持钻孔的垂直度。土层的结构和土质种类对加固质量关系更为密切,只有通过钻孔过程详细记录地质情况并了解地下情况后,施工时才能因地制宜及时调整工艺和喷射参数,达到处理效果良好的目的。

8.3.8 旋喷桩各种形式的高压喷射注浆都要自下而上进行。当注浆不能一次连续完成而需要分两次或多次分段完成时,则重新喷射注浆的搭接长度不小于 100 mm,以防止发生漏喷、搭接薄弱等现象,保证固结体的完成性。

在不改变喷射参数的条件下,对同一土层进行重复喷射时,能有效加大加固范围和提高固结体强度。在工程中,旋喷桩一般在底部和顶部进行复喷,以增大承载力,确保处理质量。

8.3.9 在旋喷过程中,往往有一定数量浆液随着注浆管管壁冒出地面。通过对冒浆的观测,能及时了解地层状况,判断旋喷桩的大致效果和拟定旋喷参数的合理性等。但当施工中出以下现象时,需及时查明原因并采取相应处理措施:

(1) 流量不变而压力突然下降时,需检查各部位的泄漏情况,必要时拔出注浆管,检查密封性能。

(2) 注浆压力急剧上升、流量微小、停机后压力仍不变动时,则可能是喷嘴堵塞,需拔管疏通;压力稍有下降时,可能是注浆管被击穿或有孔洞,使喷射能力降低,此时需拔出注浆管进行检查。

(3) 出现不返浆或返浆较少时,若系地基土松软,则适当进行复喷;若系附近有空洞、通道,则需不提升注浆管继续注浆直至冒浆为止,或拔出注浆管待浆液凝固后重新注浆直到冒浆为止,或采用速凝浆液。

(4) 若返浆过多,可能是地基土密实度较大,需提高喷射压力,加大切削地基土的力度。

8.3.10 当旋喷桩高压喷射注浆完毕后,或在喷射注浆过程中因故中断,短时间(大于或等于浆液初凝时间)内不能继续喷射时,均需立即拔出注浆管清洗备用,以防浆液凝固后拔不出管来。

为防止因浆液凝固收缩,产生加固地基与建筑基础不密贴或脱空现象,一般采用超高喷射(旋喷处理地基的顶面超过建筑基础底面,其超高量大于收缩高度)、回灌冒浆或第二次注浆等措施。

8.3.11 旋喷桩处理地基时,在浆液未硬化前,有效喷射范围内的地基因受到扰动而强度降低,容易产生附加变形。因此,在处理既有建筑地基或在邻近既有建筑旁施工时,需防止施工过程中,在浆液凝固硬化前导致建(构)筑物的附加下沉。通常,采用控制施工速度、顺序和加快浆液凝固时间等方法防止或减少附加变形。

8.3.12 施工中需加强对相邻管线、道路、建(构)筑物、地铁等的保护,要防止施工过程土体变形对其产生不利影响,必须严格进行变形观测,并在必要时采用调整施工顺序、施打应力释放孔等措施保证相邻管线和结构安全。

8.3.13 需在专门的记录表格上做好自检,如实记录施工的各项参数和详细描述喷射注浆时的各种现象,以便判断加固效果并为质量检验提供资料。

8.3.14 在城市施工中,泥浆管理直接影响文明施工,必须在开工前做好规划,做到有计划地堆放或废浆及时排出现场,保持场地整洁。

8.4 质量检验

8.4.1 旋喷桩在地层中直接形成加固体,属隐蔽工程,施工中必须适时检查加固体质量,以确保加固效果。检验点的位置需重点放在建(构)筑物荷载较大及正线部位。对于高压喷射过程中出现异常现象和地质条件复杂的地段也需适当布置检验点,对加固体质量进行检验。

8.4.2 旋喷桩的质量检验数量按现行行业标准《铁路路基工程施工质量验收标准》TB 10414 和《高速铁路路基工程施工质量验收标准》TB 10751 执行。

根据现行行业标准《铁路工程基桩检测技术规程》TB 10218 的相关规定,当采用低应变反射波法或声波透射法检测时,受检桩桩身混凝土强度不低于设计强度的 70% 且不低于 15 MPa,或桩身混凝土龄期不小于 14 d;同时为与现行行业标准《铁路路基工程施工质量验收标准》TB 10414、《高速铁路路基工程施工质量验收标准》TB 10751 保持一致,本规范删除了旋喷桩低应变检测方法。

旋喷桩效果检测和检验手段,需视工程的目的与要求而定。开挖检查法简单易行,但通常只能在浅层进行,难以对整个固结体的质量进行全面检查。钻孔取芯是检验单孔固结体质量的常用方法,选用时要以不破坏固结体和有代表性为前提,一般在 28 d 后取芯,并注意不同地层芯样的差异性。

8.4.3 旋喷桩处理地基的强度离散性大,在软弱黏性土中强度增长较慢。根据工程经验,确定检验高压喷射注浆质量效果的时间选在喷射注浆后 28 d 进行,以防由于固结体强度不高时,因检验而受到破坏,影响检验的可靠性。载荷试验是地基处理后检验地基承载力的良好方法,标准贯入和静力触探在有经验的情况下也可以采用。检验数量和方法参考现行行业标准《铁路路基工程施工质量验收标准》TB 10414 和《高速铁路路基工程施工质量验收标准》TB 10751。

9 布袋注浆桩

9.1 一般规定

9.1.1 布袋注浆桩是注浆技术与土工织物综合应用形成的软基处理新技术。布袋注浆桩适用于加固淤泥、淤泥质土、软黏土、饱和粉土等软弱地基,也可用于含硬夹层的软弱地基及净空受限或邻近既有线软弱地基的地基处理,其他地基需通过现场试验确定其适用性。

布袋注浆桩通过压力注浆膨胀布袋,挤压周围土体产生一定挤密作用;土工管袋具有排水、隔浆、加筋作用,同时约束浆液,控制了浆液对桩周土体的扰动变形影响程度;浆液析水硬化后的桩体与桩间土形成人工复合地基。其适用于加固软土等软弱地基,同时机械成孔可穿透硬夹层,加固下部软土,因此也适用于带硬夹层的深厚软土地基。布袋注浆桩不适用于含大孤石或障碍物较多且不易清除的杂填土、密实的砂类土。施工前,需通过工艺试验确定其适应性。对高速铁路无砟轨道深厚层软土的加固,目前还没有相应的工程实例,需进行专项论证,评估通过后方可使用。对于桩头未出露地表、埋藏深部的桩,工程实际应用中,在质量检验时对桩的定位和检测存在一定困难,一般通过钻孔取芯、施工过程控制(注浆量、孔深)等进行质量控制,应用时需结合工程需要选用。

布袋注浆桩是在布袋中注浆,对周边环境扰动小,施工期间能够确保既有铁路的安全运营,并避免对既有构筑物造成损坏;同时,布袋要求能泌水但不漏浆,在约束浆液的同时也能确保桩体成桩质量;布袋注浆桩施工机具高度较低,占地范围较小,对施工场地及净空要求较低,可利用钻机成孔、穿过硬夹层较方便;对于环境受限(如邻近既有线或净空受限等)地段的软土地基以及夹硬层软土或硬地层下卧软土层的地基处理具有独特的优势。软土地段注浆浆液能较好地撑开布袋,在硬夹层地段,也能部分撑开布袋,形成葫芦桩桩体,如说明图 9.1.1 所示。布袋注浆桩具有成桩质量可靠、施工设备小(高度 3 m 左右,机座占地 3 m² ~ 4 m²)、低噪声、加固深度较大、对软土地基扰动小等优点。

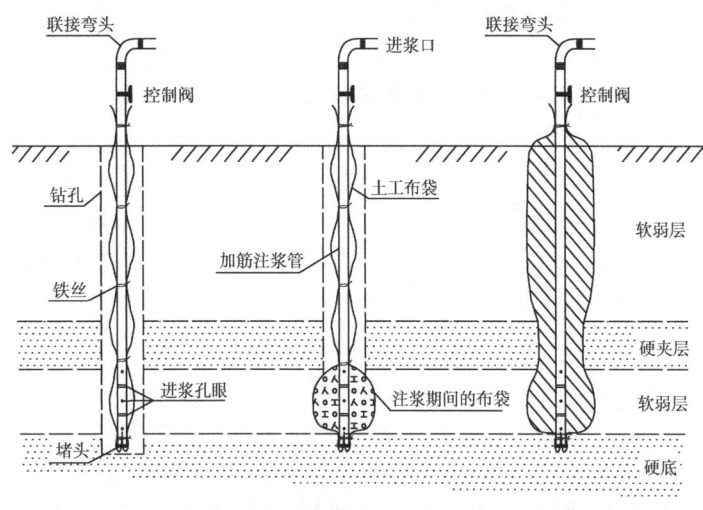

说明图 9.1.1 布袋注浆桩加固成桩示意图

基于布袋注浆桩改进后的布袋加筋注浆桩技术,注浆管不再拔出,利用注浆聚丙烯管(PP-R 管)(或钢管)形成加筋体,解决了对施工净空高度限制的问题;加筋管体进一步提高了桩体抗剪强度,施工工艺更加简便可靠,大大提高了施工效率。布袋注浆桩技术早期应用于广深四线、甬台温等铁路,基于布袋注浆桩改进后的布袋加筋注浆桩技术,应用于上海金山支线既有线改建工程、商合杭铁路湖州站帮宽路基加固工程,均取得了良好的加固效果和经济效益。

9.1.3 施工前的工艺性试验主要目的:确定工艺的各项最佳参数,如浆液配合比、注浆压力、注浆速度等工艺参数;优化机械配置,如确定适宜的钻头大小、成孔工艺;确定重点质量控制工序和控制措施,如布袋下放、补浆时机和数量、次数等。通常,选取沿线地质条件、与既有线关系、施工场地具有代表性的地段进行工艺试验,试验数量结合工艺工法和试验目的决定,一般根据地层(或桩长)变化、注浆方式、钻头大小、浆液配合比的组合数量,结合设计及相关验收标准确定。

9.2 设 计

9.2.2 桩顶设桩帽时,一般采用现浇不低于C35钢筋混凝土,桩顶嵌入桩帽,桩帽面积和厚度一般根据桩间距及荷载水平确定。桩顶设扩大桩头时,设底部和桩体直径一致、上部直径适当加大的变截面桩头,施工时将桩头范围的桩体挖除,现场浇注不低于C25混凝土。扩大桩头的混凝土强度等级需符合设计要求。

9.2.3 布袋注浆桩处理深度与注浆压力和地层条件有关,桩长越长越需要更大的注浆压力才能平衡桩周土体被动土压力和地下水压力等,但过大的注浆压力容易导致布袋胀破、漏浆;另外,桩长较长时,钻孔垂直度控制也难以保证,质量检验存在困难。已施工完成的工点,设计采用的桩长如下:广州至深圳Ⅳ线铁路为7.3 m～20.7 m;甬台温铁路台州南站为10 m～26 m;上海金山铁路为18 m;宁杭铁路湖州站为12 m～24 m;商合杭铁路为5 m～12.5 m;乐清湾铁路绅坊站为14 m;沪通铁路联络线为9 m～20 m。因此,推荐布袋注浆桩地基处理深度一般不大于30 m,以20 m以内为宜。

9.2.5 布袋注浆桩注浆材料一般选用42.5级普通硅酸盐水泥和不低于Ⅱ级粉煤灰,其配比需根据试验确定,并满足设计强度要求。水泥需符合现行国家标准《通用硅酸盐水泥》GB 175的相关规定,粉煤灰需符合现行国家标准《用于水泥和混凝土中的粉煤灰》GB/T 1596 的相关规定。

沪杭客专春申线路所至上海南联络线采用浆液配合比(水:水泥:粉煤灰)为 1:0.8:0.65,7 d 实测水泥结石无侧限抗压强度不小于 2.4 MPa;甬台温铁路采用 1:0.55:0.45 浆液配合比,7 d 现场实测强度为 2.6 MPa～3.6 MPa;湖州站到发线路基沉降加固浆液配合比采用 0.7:0.6:0.4、0.7:0.65:0.35、0.7:0.65:0.45 三种试桩,实测 16 d～28 d 龄期强度不小于 6.3 MPa。根据工程经验,为防止浆液过早分离及沉淀,搅拌时可以加入适量膨润土,其加入量不大于主料(水泥+粉煤灰)的 5%。在邻近既有线施工时,可以加入适量早强剂(如氯化钙、三乙醇胺等)提高桩体早期强度。

9.2.6 在邻近既有工程的地段,注浆管拔管常受施工净空和运营安全的限制,尤其是钢管,存在触电风险,因此布袋加筋注浆桩适用于净空受限地段的地基加固。PP-R 管具有一定的柔软性,可以适当弯曲,可以事先预拼接,插管时也可以弯曲避开上方障碍物,工效较高,造价相对低廉。注浆管根据使用条件级别和设计压力,采用 $\phi 40$ mm～$\phi 50$ mm 的 PP-R 管,注浆管下部为带孔眼的注浆花管,其性能指标需符合现行国家标准《冷热水用聚丙烯管道系统 第 2 部分:管材》GB/T 18742.2 的相关规定,长度需根据引孔深度和桩顶高程确定。

9.2.7 土工管袋性能指标需满足在桩周地层约束条件下承受的注浆压力,管袋直径等于桩设计直径,选用长丝有纺土工布。根据工程经验,径向抗拉断裂强度不小于 65 kN/m,CBR 顶破强度不小于 6.0 kN,渗透系数 1×10^{-2} cm/s～1×10^{-3} cm/s,等效孔径 O_{95} 为 0.07 mm～0.15 mm。由于土工管袋在压力膨胀后易被带棱角的碎石扎破,施工中需严格控制注浆压力,必要时采用双层布袋,或在填料等含砾石地层采用套管、PVC 管等进行保护,降低布袋破裂的可能性。

9.2.8 布袋注浆桩的单桩承载力影响因素包括地层、桩长、桩径、桩身形状和布袋等。由于成孔直径小于设计桩径,布袋在小压力下膨胀,对桩周土体有一定挤密作用;同时,布袋注浆桩在软硬程度不同的地层中桩径略有差别。上述因素对桩周摩阻力贡献均为有利因素,无证据表明土工布袋对桩身承载力有不利影响。目前工程设计中参考采用建筑桩基相关标准对摩阻力取值,按设计桩径计算,并进行现场载荷试验验证,均能达到单桩承载力设计要求。

9.3 施 工

9.3.1 成孔钻头大小需综合考虑成桩质量、水泥用量、单桩承载力、泥浆排出量、周围土体挤密效果等因素确定,一般小于设计桩径 50 mm～100 mm。在地层较好时采用较大钻头直径,软土层成孔不建议过大。

9.3.3 施工设备建议根据场地条件选择,采用配备电磁流量和压力计的注浆设备,选用高强输浆管路,降低注浆安全风险。

9.3.4

1) 施工准备:包括场地平整,管线调查,涉及营业线工程的安全防护措施和既有线观测准备,原材料、设备进场及环境保护措施等。

2) 成孔:建议采用地质钻机或者潜孔钻机成孔,垂直度偏差不大于1‰。钻进时一般清水循环,对于易坍孔地层改用泥浆或加入粉煤灰等循环。

3) 土工管袋制作、绑扎:加筋注浆管通过热熔器连接,底部用堵头封住,通过电钻制作下部花管段孔眼。将布袋套于注浆管外,布袋的底端用细铁丝牢牢绑扎 2 道,以免泄浆。布袋在塑料管上每间隔 1 m 用铅丝绑扎 1 道～2 道(不要绑扎太死,以便于布袋能顺利膨胀)。布袋上口用铅丝将其扎牢在注浆管上,上口绑扎位置在设计桩顶500 mm以上。

4) 布袋随注浆管下放：成孔后将钻机移位,将绑扎好的布袋随注浆管人工下放到孔底。由于软土层极易缩孔,成孔后需及时下放布袋,以保证桩长、桩径满足设计要求,间隔时间过长或缩孔时应重新扫孔。为避免布袋受孔内泥浆浮力过大难以置于孔底或上浮,需排尽袋内空气或静置数分钟后再注浆。

5) 注浆：按设计和工艺试验确定的浆液配合比进行注浆,浆液在孔口充分溢出后,停止注浆,注浆过程中保持配浆搅拌机不停地搅拌浆液。

6) 补浆：注浆首次注满后,待浆液回落,再补注一定量的浆液,直至浆液面再次溢出孔口。补浆需在浆液初凝前进行,一般在首次注浆完成后1 h～2 h内实施,根据现场实际情况确定补浆量和补浆次数。补浆结束以孔口浆面下降速度很慢或几乎不再下降时桩顶能达到设计标高为准,补浆次数一般不少于2次。补浆一般采用小流量、低压力孔底返浆。注浆完毕后,拆卸注浆管前打开回流阀,以释放注浆系统的压力,清管移机,准备下一孔施工。

7) 切桩头：桩头切割需采用截桩机等专用设备,切除桩头需不影响桩的完整性。

9.3.5 当邻近既有线或构筑物地段时,先施工靠近既有工程的桩,可对外侧桩的施工干扰形成隔离作用,减小对既有工程的扰动。当两侧均受限时,则按"先周边,后中间"的顺序施工。

广深铁路Ⅳ线是在既有Ⅰ、Ⅱ线(准高速线)与Ⅲ线之间5 m～15 m宽的场地修建第Ⅳ线,技术标准为Ⅰ级铁路。经检算,该段软土路堤工后沉降不满足要求,地基必须加固处理。因上有接触网、两边有准高速线桥和Ⅲ线路基,无法采用搅拌桩[旋喷桩压力过大危及Ⅰ、Ⅱ线(Ⅰ、Ⅱ为准高速线桥)与Ⅲ线的安全],曾有建桥通过的想法。布袋桩具有加固效果好、可控性好、灵活性好、施工方便、安全性高等优点,后经研究决定采用布袋桩加固,以路堤通过。

路基基底软土地基采用布袋加筋注浆桩加固,加固深度穿过软土到底部硬层1.0m,加固深度为7.3m～20.7m,桩间距为0.8m～1.2m,为保证运营线安全,设计采用直径0.2m的小桩径,正三角形布置,代表性横断面设计图见说明图9.3.5。

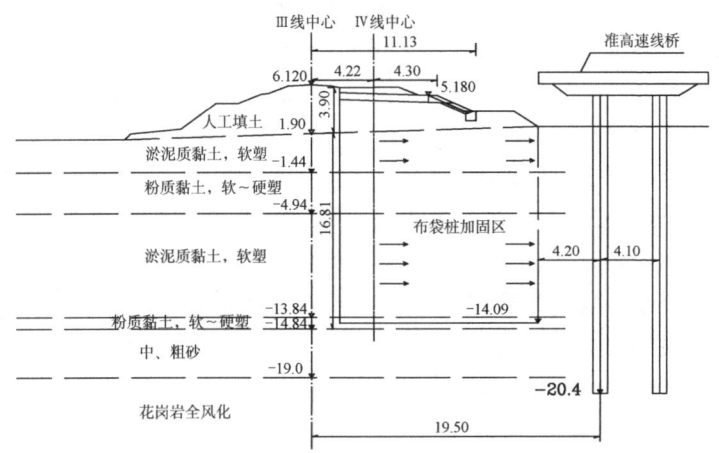

说明图9.3.5 广深铁路Ⅳ软土地基加固设计代表横断面

此工程由中铁第四勘察设计院集团有限公司设计,并作现场试验与指导,中铁三局集团有限公司施工,于2006年3月至8月完成。经广东省监督检测总站进行载荷试验,所抽样的桩均达到设计强度,成桩质量优良。

9.3.6 布袋注浆的注浆压力需大于地层的被动土压力和孔内液体压力,否则达不到膨胀布袋的目的。由于不同土层的土压力不同,注浆压力的大小对桩的形状、质量和对桩间土体的挤密效应影响不同,且与布袋在地层约束条件下能承受的最大膨胀压力有关,因此,注浆压力需根据设计桩长、地层条件、土工管袋性能等参数,通过试验综合确定。

布袋注浆桩的注浆量需不小于设计值,设计注浆量按下式计算：

$$Q = \eta \times \pi \times R^2 \times L \qquad (说明 9.3.6)$$

式中 　Q——设计注浆量(m^3)；

　　　η——浆液充盈系数，一般采用 1.15～1.25；

　　　R——成桩桩径(m)；

　　　L——设计桩长(m)。

湖州站布袋注浆桩设计直径 35 cm，按桩径计算理论注浆量为 0.096 m^3/延长米，开孔孔径为 30 cm，设计直径为 35 cm 水泥浆液的充盈系数，实测为 1.06～1.42，平均为 1.25。

边注浆边拔管工艺对拔管速度和注浆压力、流量控制的配合度要求高，易导致某些部位因浆液不足造成缩颈等质量缺陷，因此不推荐采用。

9.3.8 施工过程中泥浆处理非常困难，需事先规划弃浆场地和循环通道，避免泥浆溢流，确保施工现场的整洁。

9.4　质量检验

9.4.2～9.4.3　行业标准《铁路工程基桩检测技术规程》TB 10218—2019 规定："当采用低应变反射波法或声波透射法检测时，受检桩桩身混凝土强度不应低于设计强度的 70% 且不应低于 15 MPa，或桩身混凝土龄期不小于 14 d。"布袋注浆桩的桩体为均匀的水泥结石，28 d 龄期桩身强度较高，工程应用经验表明，采用低应变反射波法能有效检验桩身缩颈、扩颈和完整性缺陷，可作为桩身完整性检测手段之一。如上海金山铁路工程桩(浆液配合比水：水泥：粉煤灰＝1：0.785：0.642) 28 d 龄期桩身取芯无侧限抗压强度达 16.2 MPa～19.6 MPa，采用了低应变反射波法进行桩身完整性检测，应用效果较好。但也有部分工点应用效果较差，如湖州站加固工程试验桩 16 d～28 d 龄期桩身取芯无侧限抗压强度达 6.3 MPa～14.7 MPa,采用了低应变反射波法进行桩身完整性检测,但应用效果较差。考虑到布袋注浆桩采用低应变检测效果的不确定,本规范暂未纳入该方法。如采用低应变法补充检验布袋注浆桩的桩身完整性,推荐桩身混凝土龄期大于 14 d,或结合钻孔取芯工作在 28 d 后进行。

钻孔取芯法能直观观测桩身水泥结石外观质量,并能制作芯样进行强度试验,是可靠的检测方法之一。布袋注浆桩直径较小,采用中心取芯或避开加筋芯材取芯,同时需注意取芯钻孔和成桩垂直度的控制,以免二者垂直度误差叠加,导致无法取芯到达桩底。湖州站直径 0.35 m 布袋加筋注浆桩取芯钻孔一般在 12 m～15 m 深度偏出桩外,少量钻至 20 m。

本规范布袋注浆桩桩身质量检验方法和检验数量参考现行行业标准《高速铁路路基工程施工质量验收标准》TB 10751 和《铁路路基工程施工质量验收标准》TB 10414 中其他具有黏结强度桩体(如水泥粉煤灰碎石桩及素混凝土灌注桩)的相关规定制定。由于两部验收标准部分检验数量不同,如载荷试验检验数量:《高速铁路路基工程施工质量验收标准》TB 10751 为桩总数的 1‰,且每个工点不少于 3 根;《铁路路基工程施工质量验收标准》TB 10414 规定为桩总数的 2‰,且每个工点不少于 3 根。考虑到未纳入低应变检测方法,本规范进行了综合处理,取总桩数的 2‰且每个工点不少于 3 根,设计时需根据具体项目确定。

10 灌注桩

10.1 一般规定

10.1.2 素混凝土灌注桩复合地基具有承载力提高幅度大、地基变形小等特点,并具有较大的适用范围,既能适用于市域铁路路基,也能用于各种结构物基础。而在地基的适宜性方面,目前已成功应用于黏土、粉土、砂土、碎石土、残积土和正常固结的素填土等地基,不适用于淤泥、流塑状泥炭质土地基。对淤泥质土、泥炭质土以及当地基中夹有块石和较大粒径的碎石、卵石层时,需按地区经验或通过现场试验确定其适用性。

钢筋混凝土灌注桩适用于各类土层、岩层,具有承载力大、适用性广等特点,在铁路工程中主要用于基础变形控制严格的深厚软弱地基、斜坡软弱地基、基岩面起伏较大的地基、邻近既有铁路变形敏感地段等复杂条件下的地基处理。深厚软弱地基处理深度大,沉降控制困难,采用钢筋混凝土灌注桩穿透软土层,桩端进入硬土持力层或基岩,可解决深厚软基变形控制的难题;斜坡软弱地基上的路基易产生滑动失稳破坏和过大的竖向、横向变形,采用钢筋混凝土灌注桩进行地基处理,可同时起到控制路基沉降和稳定的作用;基岩面起伏较大的地基,预制桩打入(压入)桩施工中容易出现桩断裂、歪斜等情况,而钢筋混凝土灌注桩则能嵌入基岩一定深度,具有较好的适用性。另外,钢筋混凝土灌注桩具有较好的抗拉拔能力,施工过程中对桩周扰动小,适用于邻近既有铁路等变形敏感地段的地基处理。

混凝土灌注桩作为桩身轴向变形很小的增强体,与桩间土及褥垫层共同作用可构成刚性桩复合地基,用于处理变形控制较严格的软弱地基。当变形控制更严格时,也可以采用桩网、桩板组合的形式进行地基处理。

10.1.3 素混凝土灌注桩桩体本身具有较高的强度,设计时将桩端落在相对好的地层上,可以很好地发挥桩的端阻力,提高单桩承载力,同时可有效控制沉降。对于深厚软土层,当难以打穿时,除进行检算外,还需进行现场试验验证。

10.1.5 素混凝土灌注桩包含长螺旋、振冲、静压等多种施工方式,对于不同地层有不同的施工要求,故需先进行工艺性试验以保证成桩效果。

10.2 设 计

10.2.2 桩径选择与施工工艺有关。对于长螺旋、振动沉管成桩的素混凝土桩,桩径一般取 400 mm～600 mm;对于泥浆护壁钻孔灌注素混凝土成桩,桩径一般取 600 mm～800 mm。

10.2.3 桩间距需根据设计要求的复合地基承载力、变形、土性及施工工艺综合确定。

设计的桩间距首先要满足承载力、变形的要求。从施工角度考虑,选用较大的桩间距,能减少新打桩对已打桩的不良影响。

就土的挤(振)密性而言,可将土分为:
(1) 挤(振)密效果好的土,如松散粉细砂、粉土、人工填土等。
(2) 可挤(振)密土,如软塑～硬塑的粉质黏土、稍密的粉细砂等。
(3) 不可挤(振)密土,如饱和软黏土或坚硬的黏土、密实的砂土等。

就施工工艺而言,分为两类:
(1) 挤土成桩工艺:对桩间土产生扰动或挤密的施工工艺,如振动沉管打桩机施工桩等。

（2）非挤土（或部分挤土）成桩工艺：对桩间土不产生扰动或挤密的施工工艺，如长螺旋钻灌注成桩、泥浆护壁钻孔成孔等。

对不可挤密土和挤土成桩工艺宜采用较大的桩间距。

在满足承载力和变形要求的前提下，可以通过改变桩长来调整桩间距。采用非挤土、部分挤土成桩工艺施工，桩间距一般取3倍~5倍桩径；采用挤土成桩工艺施工，桩间距可适当加大，一般取3倍~6倍桩径。对饱和粉土、粉细砂、淤泥、淤泥质土层，为防止施工发生窜孔、缩颈、断桩，减少新打桩对已打桩的不良影响，采用较大桩间距。

10.2.4 当地下水有侵蚀性时，需满足耐久性设计的有关要求。

10.2.5 扩大桩头或桩帽在铁路复合地基中具有以下的作用：

（1）减小桩顶上刺量。

（2）使桩顶应力分布更均匀。

（3）充分发挥素混凝土灌注桩单桩承载力较高的优势，有效增大桩间距。

10.2.6 本条增加了桩端地基土容许承载力折减系数 α，主要考虑桩端端阻力的发挥与桩体的荷载传递性质、桩长及桩土相对刚度密切相关。一般情况下可取1.0，桩长过长影响桩端承载力发挥时可以适当降低。

设计时，根据土的物理指标与承载力参数之间的经验关系确定单桩容许承载力。现浇混凝土灌注桩单桩竖向容许承载力主要由侧阻力和端阻力组成，一般按下式计算：

$$[P] = u_p \sum_{i=1}^{n} q_i l_i + \alpha A_p q_p \qquad （说明10.2.6）$$

10.2.10 相关研究针对素混凝土桩桩网复合地基采用传统法、$L/3$ 法、铁路桥规法和建筑地基基础设计规范法计算的理论沉降值和现场试验实测值进行了对比，结果显示：采用传统法和 $L/3$ 法计算的沉降值大于实测沉降值;采用铁路桥规法计算的沉降值与建筑地基规范法计算的沉降值小于实测沉降值,且两种方法计算的结果非常接近。

针对复合地基的沉降变形预测,相关研究针对素混凝土桩的研究均表明,采用双曲线法对沉降进行预测时,曲线回归相关系数均大于0.95,预测方法具有较高的精度。

10.2.11 采用较小的桩径,相同的用料可以有较大的桩周摩擦面积,同时,充分利用桩周摩阻力,也能避免基础下过大的应力集中,实现较为经济的目的。适当加大桩间距能减少桩侧土中剪应力的重叠。

10.2.15 对于斜坡软基上的基桩以及桩板结构的基桩,桩身会承受一定的水平荷载作用,桩基的受力分析应考虑桩周土体对桩基的水平约束作用。桩周土体对桩基的水平约束作用大小由土的性质、桩长、桩的截面形状和尺寸、桩的材料等决定,参照现行行业标准《铁路路基支挡结构设计规范》TB 10025进行计算分析。

10.2.16 当桩周土层产生的沉降超过基桩的沉降时,符合下列条件的桩基,在计算桩基承载力时需计入桩侧负摩阻力:①桩穿越较厚松散填土、欠固结土、液化土层进入相对较硬土层时;②桩周存在软弱土层,邻近桩侧地面承受局部较大的长期荷载,或地面大面积堆载(包括填土)时;③由于降低地下水位,使桩周土有效应力增大,并产生显著压缩沉降时。对于摩擦型基桩,取桩身计算中性点以上侧阻力为0;对于端承型基桩,尚需考虑负摩阻力引起基桩的下拉荷载;当不均匀沉降较敏感时,尚需将负摩阻力引起的下拉荷载计入附加荷载验算桩基沉降。

10.3 施 工

10.3.2 素混凝土灌注桩的施工,需根据设计要求和现场地基土的性质、地下水埋深、场地周边是否有居民、有无对振动反应敏感的设备等多种因素选择施工工艺。这里结合工民建、公路等岩土工程施工经验，给出三种常用的施工工艺：

（1）长螺旋钻孔管内泵压材料灌注成桩，可分为两种类型：

①长螺旋钻干成孔灌注成桩，适用于地下水位以上的黏性土、粉土、素填土、中等密实以上的砂土以及对噪声或泥浆污染要求严格的场地。②长螺旋钻中心压灌灌注成桩，适用于黏性土、粉土、砂土。对含有卵石夹层场地，需通过现场试验确定其适用性。目前城区施工对噪声或泥浆污染要求严格，优先选用该工艺。

（2）振动沉管灌注成桩，适用于粉土、黏性土及素填土地基及对振动和噪声污染要求不严格的场地。

（3）泥浆护壁成孔灌注成桩，适用于地下水位以下的黏性土、粉土、砂土、填土、碎石土及风化岩层。

长螺旋钻干成孔灌注成桩和长螺旋钻中心压灌灌注成桩工艺，在城市居民区施工，对周围居民和环境的影响较小，近年来得到了较为广泛地应用。

若地基土是松散的饱和粉细砂、粉土，以消除液化和提高地基承载力为目的时，选择振动沉管灌注成桩。振动沉管灌注成桩属挤土成桩工艺，对桩间土具有挤（振）密效应。但振动沉管灌注成桩工艺难以穿透厚的硬土层、砂层和卵石层等。在饱和黏性土中成桩，会造成地表隆起，挤断已打桩，且振动和噪声污染严重，在城市居民区施工受到限制。当夹有硬的黏性土时，可采用长螺旋钻机引孔，再用振动沉管打桩机制桩。

对桩长范围和桩端有承压水的土层，选用泥浆护壁成孔灌注成桩工艺。当桩端具有高水头承压水采用长螺旋钻压灌成桩或振动沉管灌注成桩，承压水沿着桩体渗流，把水泥和细骨料带走，桩体强度严重降低，易发生施工质量事故。而泥浆护壁成孔灌注成桩的成孔过程消除了发生渗流的水力条件，成桩质量容易保证。

10.3.3 长螺旋钻孔管内泵压桩体材料成桩和振动沉管灌注成桩施工一般要求如下：

（1）长螺旋钻孔管内泵压桩体材料成桩施工时，坍落度需控制在160 mm～200 mm，这主要是考虑保证施工中桩体材料的顺利输送。坍落度太大，易产生泌水、离析，泵压作用下，骨料与砂浆分离，导致堵管；坍落度太小，桩体材料流动性差，也容易造成堵管。振动沉管灌注成桩若桩体材料坍落度过大，桩顶浮浆过多，桩体强度会降低。

（2）长螺旋钻孔管内泵压桩体材料成桩施工，需准确掌握提拔钻杆时间，钻孔进入土层确定标高后，开始泵送桩体材料，管内空气从排气阀排出，待钻杆内管及输送管内桩体材料连续时提钻。若提钻时间较晚，在泵送压力下钻头处的水泥浆液被挤出，容易造成管路堵塞。杜绝在泵送桩体材料前提拔钻杆，以免造成桩端处存在虚土或桩端桩体材料离析、端阻力减小。提拔钻杆中需连续泵料，特别是在饱和砂土、饱和粉土层中不能停泵待料，避免造成桩体材料离析、桩身缩颈和断桩，目前施工多采用2台0.5 m³的强制式搅拌机，能满足施工要求。振动沉管灌注桩成桩施工需控制拔管速度，拔管速度太快易造成桩径偏小或缩颈断桩。南京浦镇车辆厂进行的三种拔管速度试验显示：拔管速度为1.2 m/min时，成桩后桩径为380 mm（沉管直径377 mm）；拔管速度为2.5 m/min时，拔管后约0.2 m³混合料被带到地表，成桩后桩径为360 mm；拔管速度为0.8 m/min时，成桩后桩顶浮浆较多。经大量工程实践认为，拔管速率控制在1.2 m/min～1.5 m/min是适宜的。

（3）当桩间距较小时，新打桩钻进时长螺旋叶片对已打桩周边土剪切扰动，使土结构强度破坏，桩周土侧向约束力降低，处于流动状态的桩体侧向溢出、桩顶下沉，亦即发生所谓窜孔现象。施工时，须对已打桩桩顶标高进行监控。发现已打桩桩顶下沉时,正在施工的桩提钻至窜孔土部位停止提钻继续压料,待已打桩混合料上升至桩顶时,再施桩继续泵料提钻至设计标高。为防止窜孔发生,除设计采用大桩、长大桩距外,一般采用隔桩跳打措施。

10.3.4 对于素混凝土灌注桩,设计时一般有桩长控制和进入持力层深度控制两种要求。当采用进入持力层深度控制时,结合工艺性试验,采取适宜措施保证桩端进入持力层深度的要求,如电机在进入持力层后的电流变化等。

10.3.6 桩头切割、弃土清运时,需采用小型机具配合人工进行,避免机械设备超挖,并预留至少 200 mm 弃土用人工清除,防止造成桩头断裂和扰动桩间土层。对软土地区,为防止发生断桩,也可根据地区经验在桩顶一定范围配置适量钢筋。

前截法施工工艺是在桩身灌注后即将钻渣和桩头超灌混凝土清除,对桩头采用振捣棒振捣,控制桩顶标高与设计标高一致,随后进行人工收面、养护。前截法施工较传统工艺减少了桩间土开挖、桩头处理、桩帽钢筋、模板安装、桩间土回填压实等工序,简化了施工程序。相对传统后截法施工,降低了浅层断桩率、桩间土压实度低、工序繁琐、功效低、周期长等潜在问题,在近年来的施工中被推广使用。

桩帽的土模法施工是近年来随着机械化施工的应用总结形成的一种施工方法。先行对作业区表层挖除换填 0.3 m 厚 AB 组填料进行场地硬化层预处理,再进场施工桩,成桩后采用专门的桩帽开挖设备,对桩帽范围进行开挖,利用桩帽周围土体作为土模基坑,进行桩帽的现浇施工,待养护合格后再进行桩顶褥垫层的施工。桩帽的土模法施工,避免了成桩后挖除桩间土、桩帽立模、小型机械分层回填夯实桩间土的工效低、干扰多、交叉作业、施工不便的问题,近年来得到了广泛使用。

10.3.9 增加施工组织要求,以对成品桩进行保护。

10.3.10 旋挖钻孔灌注桩一般用于各种土质地层、砂性土、砂卵砾石层和中等硬度以下基岩;冲击成孔灌注桩除用于上述地质情况外，还能穿透旧基础、人工弃土、岩堆或大孤石等障碍物，但在淤泥及淤泥质土需慎重使用。旋挖成孔及冲击成孔均能适用多种地层。旋挖成孔具有移动方便、定位速度快、准确度较高、成孔速度快等优点；冲击成孔具有适用能力强，可用于其他钻机无法钻进的卵石土层和易塌孔地层。套管成孔灌注桩一般适用于黏性土、淤泥、淤泥质土、稍密砂土以及杂填土等地层。在地下水位较高，有承压水的砂土层、滞水层、厚度较大的流塑状淤泥、淤泥质土层中不建议选用人工挖孔灌注桩。

保证成孔质量是确保成桩质量的关键之一，如测得的孔径、垂直度、孔壁稳定和沉渣厚度等现场实测指标不符合设计要求，需及时采取技术措施或重新考虑施工工艺。试成孔需选取非工程桩位置进行。在钻进成孔至设计桩底标高并完成一清后开始，静置一段时间（模拟成孔至成桩施工历时时段，通常取 12 h～24 h 或按设计要求）考察孔壁稳定性。每间隔 3 h～4 h 测定 1 次孔径曲线（含孔深、桩身扩径缩径等数据信息）、垂直度、沉渣厚度、泥浆指标等，以核对地质资料及检验施工设备、施工工艺是否适宜，以便在正式施工前调整好施工参数。试成孔完毕后，孔位需以砂浆或其他材料有效封填。

当成孔施工紧邻地铁区间、重要管线及其他重要保护对象时，需采用非原位的试成孔工艺性试验，并加强环境监测，采集并分析监测数据，调整施工工艺。非原位试成孔的桩孔，在检测完成后采用低标号素混凝土回填。

10.3.12 回转钻机成孔采用原土造浆护壁，地层以粉砂性土为主时，一般辅助采用制备泥浆。旋挖钻机成孔需采用制备泥浆。上海地区较多用的是原土造浆、正循环（钻杆管进浆、孔口溢浆）钻进成孔工艺。通常，黏性土适宜原土造浆，随着灌注桩逐渐加深，桩端穿透第⑦层土进入第⑨层土，这些土层含砂量高，造浆能力弱，尤其在缺失第⑧层土情况下，必要时采用或部分采用人工配制泥浆,增强护壁稳定性能,同时也可以结合部分采用泵吸泥浆反循环(孔口进浆、钻杆管抽浆出浆)方式,更有利于在这些土层钻进中提高排渣效率和保证清孔效果。

成孔质量技术要求如说明表 10.3.12 所示。

说明表 10.3.12 成孔质量技术要求

项次	项目		允许偏差(mm)	检测方法
1	孔径		0 +50	用井径仪或超声波测井仪
2	垂直度		≤1/100	用测斜仪或超声波测井仪
3	孔深		0 +300	核定钻头和钻杆长度,或用测绳
4	桩位	$D<1\ 000$ mm	$≤70+0.01H$	开挖前量护筒,开挖后量桩中心
		$D>1\ 000$ mm	$≤100+0.01H$	

注:1 H 为桩基施工面至设计桩顶的距离(mm)。
    2 D 为设计桩径(mm)。

10.3.15 本规范明确规定清孔需采用二次清孔。其原因,一是成孔的护壁泥浆一般采用原土自然造浆,泥浆的稳定性较低,因此,当孔内泥浆一旦停止循环,泥浆中悬浮颗粒会在短时间内下沉造成沉淀。而根据成孔成桩的工艺流程,在成孔完毕第一次清孔结束至灌注混凝土前,中间还要进行钻具提拆、安放钢筋笼和下导管等数道工序,其所需时间少则 2 h～3 h,多则 4 h,甚至更长。在这么长的时间内泥浆中悬浮的颗粒势必会下沉而使孔底沉淤厚度增大。二是在提拆钻具下放钢筋笼和下导管的过程中,难免会碰擦孔壁,使孔壁上的泥皮刮落至孔底,因此,在灌注混凝土前需再进一次清孔。

二清后孔底 0.5 m 范围内的泥浆指标需符合说明表 10.3.15 的规定。

说明表 10.3.15 清孔后泥浆指标和孔底允许沉渣厚度及检测方法

项次	项目		技术指标	检测方法
1	泥浆指标	比重 孔深<60 m	≤1.15	泥浆比重仪
		比重 孔深≥60 m	≤1.20	
		含砂率	≤8%	洗砂瓶
		黏度	18 s~22 s	漏斗黏度计,距孔底 0.5 m 处取样
2	沉渣厚度		≤100 mm	沉渣仪或测锤

注:1 表列孔深系指自然地面标高至桩端标高的深度。
    2 孔深<60 m,但桩端标高已进入第⑨层土或进入第⑦层土较多时,泥浆比重可按孔深≥60 m 时的指标控制。
    3 清孔时应同时检测泥浆比重和黏度。当泥浆黏度已接近下限,泥浆比重仍不达标时,应检测泥浆含砂率;当含砂率>8%时,应采取除砂设备除砂,以保证泥浆达标。

10.3.16 本条是对钢筋笼制作安放的施工要点说明。为避免钢筋笼布筋过密,造成混凝土流动不畅,使混凝土难以进入钢筋笼外围,进而影响保护层的灌注质量,因此对钢筋笼主筋最小净距做出了规定,如说明表 10.3.16 所示。

说明表 10.3.16 钢筋笼制作技术指标

项次	项目	技术指标	检测方法
1	主筋间距	±10 mm	尺量
2	箍筋间距	±20 mm	
3	钢筋笼直径	±100 mm	
4	钢筋笼全长	±10 mm	
5	混凝土保护层	±20 mm	

10.3.17

    1 由于水下灌注的混凝土实际桩身强度会比混凝土标准试块强度等级低,为使桩身实际强度达到设计要求,一般采用提高一级混凝土强度等级进行配制。对于桩身强度等级较高的混凝土,按提高一级配制仍显不足,所以在无试验条件下,水下混凝土配制的标准试块强度等级需比设计桩身强度等级提高,提高等级可参照说明表10.3.17。

说明表10.3.17 水下混凝土强度等级对照

混凝土设计强度等级	C25	C30	C35	C40	C45	C50
水下灌注的混凝土配制强度等级	C30	C35	C40	C50	C55	C60

3 成孔过程和成孔后后道工序间隔时间过长会影响孔壁稳定或导致泥皮过厚对成桩质量产生不利影响。成孔后与下道工序间隔时间的定量值,是根据孔壁静态稳定测试结果而确定的。对于大直径或后道工序作业时间较长的钻孔灌注桩,若时间间隔超过24 h,需进行孔壁静态稳定测试,并根据测试结果,确定其时间间隔。

10.3.19 由于钻孔灌注桩桩顶处有浮浆,很难保证桩头质量,通常将桩顶浮浆凿除。一般情况下,混凝土浇筑到桩顶时,需适当超过桩顶设计标高一定厚度,以保证在凿除桩顶浮浆后桩顶标高符合设计要求。为避免桩顶受力不均匀,钢筋混凝土灌注桩(群)桩顶高程差需严格控制,一般不大于±2 cm。

10.3.22 桩端后注浆是钻孔灌注桩的辅助工法,旨在通过桩底后注浆固化桩底沉淤,加固桩底周围的土体,以提高桩的承载力,减小桩基沉降,增强桩基质量稳定性。

根据注浆位置不同,后注浆灌注桩分为桩端后注浆、桩侧后注浆和桩端桩侧联合后注浆。桩端后注浆分为封闭式和开放式两种。封闭式注浆是对桩端下面设置的注浆室进行注浆,注浆加固有相对明确的边界;开放式注浆是通过注浆管对桩端土体直接注浆,注浆加固范围比较模糊,但注浆工艺、设备简单,便于操作。目前,上海地区工程应用主要是开放式桩端后注浆灌注桩。

桩端后注浆技术对提高灌注桩的竖向承载力和减小离散性效果显著,尤其是对桩端进入密实粉土层和粉细砂层较深的桩。

桩端后注浆桩灌注桩虽然使沉渣问题得到一定程度的解决,但对桩端后注浆桩仍需按照常规灌注桩要求严格控制沉渣厚度。此外,桩端后注浆灌注桩的地基土极限承载力的确定,必须以静载荷试验结果为依据,而不直接以预估方法得到的结果作为最终设计依据。

桩端后注浆技术通过固化桩底沉淤、加固桩底附近土体、部分上泛浆液置换固化桩周泥皮来增加桩侧摩阻力,对提高灌注桩的竖向承载力和减少桩基施工质量离散性有显著效果。后注浆成败关键之一是确保注浆管路的畅通。清水开塞操作与时机把握至关重要,太早对桩身混凝土有一定破坏作用,太迟开塞成功率低。对注浆失败的桩,一般采取在桩外侧钻孔至桩底以下0.5 m,然后下放注浆管补注设计浆量的补救措施。后注浆灌注桩需保证注浆量满足设计要求。若注浆量不能满足设计要求的100%时,注浆量需不少于设计要求的80%,且注浆压力不小于2 MPa。

10.3.23 随着市域铁路建设的不断发展,市域铁路网密度逐步提高,邻近既有线或下穿低净空桥梁等复杂环境下的桩基施工越来越多。既有铁路允许变形量一般很小,常规钻孔灌注桩施工,对桩周土体产生一定的扰动,泥浆护壁方式容易造成塌孔。另外由于桩机较高,存在桩机倾倒侵限影响行车安全的问题,采用传统工艺难以满足既有铁路变形或施工净空等要求,一般采用低净空全套管灌注桩施工工艺,设备占地面积约为 2.2 m× 5.5 m,施工净空高度为 3.6 m~4.1 m,管径为 0.5 m~1.1 m,最深钻孔深度为 60 m。

10.4 质量检验

10.4.2,10.4.3 素混凝土灌注桩的质量检验方法和数量按现行行业标准《铁路路基工程施工质量验收标准》TB 10414 和《高速铁路路基工程施工质量验收标准》TB 10751 执行。

10.4.5 钢筋混凝土灌注桩检验方法和数量按现行行业标准《铁路路基工程施工质量验收标准》TB 10414 和《高速铁路路基工程施工质量验收标准》TB 10751 执行。

声波透射法检测准确可靠,不受桩长和长径比的限制,可准确评价长大桩的完整性。本条规定桩长大于 40 m 或复杂地质条件的桩,应采用声波透射法,确保检测的准确性以及经济合理性。当现场组织试验时,其桩长标准可根据试验数据确定。

10.4.6 本条中"特殊条件"指桩板结构用于处理长大段落的深厚软弱地基或对施工质量有怀疑或争议时。

11 预制桩

11.1 一般规定

11.1.1 预制桩桩身强度高,可穿越各类软土、填土、可塑状黏性土、粉土、松散或稍密的砂土,进入硬塑或坚硬状黏性土、密实的砂土、碎石土、强风化岩层及中风化极软岩层一定深度。

地基土夹块石、漂石,打入或压入预制桩,容易出现施工受阻的情况;岩溶地区,则由于基岩面存在溶槽、溶沟,打入(压入)桩施工中容易出现桩断裂、歪斜等情况。需结合地质条件及通过现场沉桩工艺试验确定其适用性。

11.1.2 预应力混凝土管桩为铁路路基地基处理采用较多的预制桩类型,其包括预应力高强混凝土管桩(代号 PHC)、预应力混凝土管桩(代号 PC)和混合配筋管桩(代号 PRC)。预制管桩具体桩型号及设计、施工要求参见现行行业标准《预应力混凝土管桩技术标准》JGJ/T 406。

11.2 设 计

11.2.7 根据工程经验,对于单一无硬壳层的流塑状淤泥或淤泥质土地层,容易出现桩基的横向失稳,故需采取加强结构横向稳定性的措施,如增长桩嵌固段、增强桩顶联系构造或与其他地基加固措施联合使用等。当缺乏工程经验时,需通过现场试验确定其适用性。

11.3 施 工

11.3.1 目前预制桩的施工方法主要有锤击法、静压法等。

锤击法具有低成本、穿透土层能力强、施工方便等优点。但锤击贯入成桩时存在桩身较易损伤且对环境有噪声、振动、油烟污染等问题,它的应用在城市中受到了一定的限制。

静压法适用于浅层土易穿越、桩端持力层较致密、坚硬的场地。桩端持力层可选择硬塑、坚硬黏土,中密-密实的粉土和砂土、碎石土、全风化岩层和强风化岩层。表面土质软弱且压机作业面承载力低的场地需预先处理,以免发生静压桩机陷机、桩位偏移过大、周边环境隆沉而对邻近道路、管线、建(构)筑物产生危害等事故。当采用抱压方式沉桩时,由于抱压力过大而发生桩身破损的现象也时有发生。

11.3.3 管桩施工配合引孔辅助沉桩法是减轻挤土效应常用的一种有效方法,也可以采用引孔法穿越坚硬夹层增加桩的入土深度。

11.3.4 对于坚硬薄夹层或较厚的稍密-中密砂土层的场地,常常出现桩端难以进入持力层的情况,从而导致桩基承载力和沉降不能满足设计要求;另外,沉桩困难容易损坏桩身和压桩机。对于管桩,选择合适的桩尖不但可以增强桩的穿透能力,而且可以减少压桩对原状土的扰动,保证单桩竖向承载力的正常发挥。桩端持力层为强(全)风化岩时,不设桩尖不易保证桩端进入持力层的深度,桩的稳定性不能保证。一般优先选择开口桩尖,其压桩阻力及挤土效应更小,对桩侧土损伤也小。需增加沉桩穿透能力时可采用锥形桩尖,其他情况可选用平底型或十字型。

对于管桩桩端为易软化的风化岩层或膨胀岩土层的场地,有时压桩或静荷载试验时显示承载力均能够达到设计要求,但时间长后再做静荷载试验,承载力降低很多。究其原因是桩尖附近有水,或有水渗到桩尖。对遇水易软化的风化岩层或膨胀岩土层,管桩桩端岩土层遇水易发生崩解软化,导致桩端阻力大大降低。

有的地区采用闭口桩尖,为保证桩尖的耐久性,及时灌入灌注高度不小于1.2m的补偿收缩混凝土或中粗砂拌制的水泥砂浆进行封底,能较好地解决软化问题。

11.3.5 预制桩连接需要的时间较长,停歇在接近硬土层的管桩再进行沉桩时,易造成沉桩困难。

管桩接头处的连接强度不应低于桩身,以保证力的传递并可使接头的位置不受限制。接头质量受现场施工环境、施工工人技术等影响较大,接头数量过多,施工风险加大,且接头超过3个时,通常桩长超过50m,沉桩难度加大且沉桩过程的垂直度控制要求更高,可能由于接桩的施工误差造成桩身的竖向力作用下的偏心受压或弯曲破坏。

11.3.8 终压标准类同于打桩的收锤标准,主要的定量控制指标是终压力值、终压次数和稳压时间。终压次数一般不超过3次。靠增加终压次数来提高静压桩的承载力,是一种得不偿失的一种做法,终压次数太多,承载力并没有太多的增长,反而容易引起桩身和压桩机的破损。稳压时间是指终压时每次用终压值持续稳压的时间,不宜太长,一般控制在3s~5s。稳压时间太长,压桩机上高压油泵和油管会很快破损。另外,增加稳压时间,对单桩承载力的增加并起不到多大的效果,因为这些都是瞬间压力,倒不如增大终压力值,反而能起到一点增载的效果,但终压力值受桩身抱桩允许压桩力的限制,不能无限增加。

11.3.9 对每根桩的总锤击数及最后1m沉桩锤击数进行限制,目的是防止桩身混凝土产生疲劳破坏。有统计资料表明,大多数预制管桩工程的桩的总锤击数在300击~1500击之间,少数超过2000击,个别达到3000击甚至4000击;超过3000击时,桩身容易被打坏或产生严重的"内伤"。当现场为数不少的桩总锤击数超过该值时,需从锤型、持力层和收锤贯入度等方面去反复调整。

11.3.10 收锤标准与桩的入土深度、每米沉桩锤击数、最后 1 m 沉桩锤击数、总锤击数、最后贯入度、桩尖进入持力层深度等有关。一般情况下,桩端持力层、最后贯入度或最后 1 m 沉桩锤击数为主要控制指标,其中桩端持力层为定性控制指标,最后 1 m 贯入度或最后 1 m 锤击数为定量控制指标。定量指标中用的最多的是最后贯入度,一般以最后 3 阵(每阵 10 击)的贯入度来判断该桩能否收锤。

确定最后贯入度的控制指标,主要是解决好"度"的问题。贯入度过大桩基达不到设计承载力;贯入度过小,桩基易被打坏。常规情况下,标准要求所确定的贯入度指标不小于每阵(10 击)30 mm。

11.3.12 沉桩过程中应注意桩的垂直度控制,桩插入时的垂直度偏差不超过 0.5%;成桩过程中,当桩身垂直度偏差超过 0.8%时,需查找原因并做纠正处理。管桩施工完成后,邻近的桥涵基坑开挖,常常会造成管桩整体偏移,需加强基坑横向支撑,保证管桩的垂直度。"假极限"是桩在饱和的细、中、粗砂连续锤击下沉时,使流动的砂紧密夹实于桩的周围,妨碍土中水分沿桩上升,在桩尖下形成很大的"水垫",使桩产生暂时的极大贯入阻力。"吸入"是桩在黏性土中连续锤击时,由于土的渗透系数小,桩周围水不能渗透扩散,而沿桩身向上挤出,在桩周围形成润滑套,使桩周围的摩擦力大为减少。桩的上浮、下沉均会影响土对桩的阻力。出现以上情况时,在休止一定时间后均需进行复打或复压,以确定桩的实际承载力。

11.4 质量检验

11.4.3,11.4.4 预制桩的质量检验数量和方法按现行行业标准《铁路路基工程施工质量验收标准》TB 10414 和《高速铁路路基工程施工质量验收标准》TB 10751 执行。

12 多桩型复合地基

12.1 一般规定

12.1.1 本章涉及的多桩型复合地基内容主要指由2种桩型处理形成的复合地基,或采用不同长度的同一桩型加固形成的复合地基。2种以上桩型的复合地基,因工程经验较少,计算理论复杂,其设计、施工与检测需通过试验确定其适用性和设计、施工参数。

12.1.2 多桩型复合地基采用2种材料、工艺或桩型,能够充分发挥各自优势,取长补短,解决了单一材料、工艺或桩型无法克服的难点,提高了工程经济效益和工程处理效果。设计时,需针对各自不同的处理目的,针对性地选择处理深度。

12.1.3 将勘察资料进行充分分析,对桩型的选择与方案的制定具有重要的指导作用。

12.1.4 多桩型复合地基的工作特性是在等变形条件下的桩和地基土共同承担荷载,需通过现场试验确定设计参数和施工工艺。

12.2 设 计

12.2.1 不同地层、不同桩型需考虑超出基础的宽度不同,故本条未对扩大处理的宽度做强制性要求,设计时需结合地层、桩型合理选用。处理特殊土,原则上需扩大处理面积,保证处理地基的长期稳定性。

12.2.2 采用多桩型复合地基处理,一般情况下场地土具有特殊性,采用单一的桩处理后工程投资巨大,或达不到设计要求的承载力或变形的要求,故采用一种桩处理特殊性土,减少其特殊性的工程危害,再采用另一种桩处理使之达到设计要求。

12.2.3 多桩型复合地基处理,需根据处理目的不同,针对性选择适宜的桩型与桩长。

（1）对复合地基承载力贡献较大或用于控制复合土层变形的长桩,一般选择相对较好的持力层。

（2）对浅部存在较好持力层的正常固结土,一般采用长桩与短桩组合的方案。

（3）对浅部存在软土或欠固结土,一般先采用预压、压实、夯实、挤密方法或低强度桩复合地基等处理浅层地基,再采用桩身强度相对较高的长桩进行地基处理。

（4）对可液化地基,一般采用碎石桩等方法处理液化土层,再采用有黏结强度桩进行地基处理。

12.2.4 选择合理的施工顺序对成桩效果具有重要的影响。工程中曾出现采用水泥粉煤灰碎石桩和静压高强预应力管桩组合的多桩型复合地基,采用了先施工挤土的静压高强预应力管桩,后施工排土的水泥粉煤灰碎石桩的施工方案,但通过检测发现预制桩单桩承载力与理论计算值存在较大差异。分析原因,系桩端阻力与同场地高强预应力管桩相比有明显下降所致,水泥粉煤灰碎石桩的施工对已施工的高强预应力管桩桩端上、下一定范围内灵敏度相对较高的粉土及桩端粉砂产生了扰动。因此,对类似情况,需充分考虑后施工桩对已施工桩或桩体承载力的影响。无地区经验时,需通过试验确定方案的适用性。

12.2.5 根据近年来复合地基理论研究的成果,复合地基的垫层厚度与桩直径、间距、桩间土承载力发挥系数和复合地基变形控制等有关。褥垫层过厚会形成较深的负摩阻区,影响复合地基桩体承载力的发挥;褥垫层过薄则复合地基桩体水平受力过大,容易损坏,同时影响复合地基桩间土承载力的发挥。对刚性的长短桩复合地基、刚性桩与其他材料桩组合的复合地基，一般选择砂石垫层，垫层厚度取对复合地基承载力贡献大的桩直径的1/2；对刚性桩与其他材料桩组合的复合地基，垫层厚度取刚性桩直径的1/2；对湿陷性的黄土地基，垫层材料一般采用灰土，垫层厚度为300 mm。

12.2.6 多桩型复合地基工作机理复杂，因此，其承载力需通过现场复合地基载荷试验确定。设计时，根据地区经验取用；无地区经验时，需通过试验确定。

对具有黏结强度的两种桩组合形成的多桩型复合地基承载力估算公式说明如下：

单桩承载力发挥系数λ_1、λ_2和桩间土承载力发挥系数β，表示当复合地基加载至承载能力极限状态时，两种桩型及桩间土相对于各自极限承载力的发挥程度。其主要影响因素有基础刚度、两种桩型与桩间土之间的模量比、两种桩型的面积置换率、桩长、垫层厚度及场地土的分层、工程特性等。

当复合地基上的基础刚度较大时，一般情况下，β小于λ_2，λ_2小于λ_1。此时，长桩如采用刚性桩，其承载力一般能够完全发挥，λ_1可近似取1.0，λ_2可取0.7~0.95，β可取0.5~0.9；垫层较厚有利于发挥桩间土地基承载力和短桩承载力，故垫层厚度较大时，β和λ_2取较大值；当刚性桩面积置换率较小时，有利于发挥桩间土地基承载力和短桩承载力，β和λ_2取较大值。

对于柔性地基，一般情况下，β大于λ_2，λ_2大于λ_1。垫层刚度对桩的竖向承载力发挥系数影响较大。若垫层能有效防止刚性桩过多刺入垫层，则λ_1取较高值，β取0.9~1.0。

12.2.7 面积置换率的计算，当基础面积较大时，实际的布置桩距对理论计算得到的置换率的影响很小，因此当基础面积较大或条形基础较长时，可以单元面积置换率替代。

12.2.8 多桩型复合地基变形计算在理论上将复合地基的变形分为复合土层变形与下卧土层变形，分别计算后相加得到。理论研究与实测表明,大多数复合地基的变形计算的精度取决于下卧土层的变形计算精度,在沉降计算经验系数确定后,复合土层底面附加应力的计算取值是关键。该附加应力随复合地基沉降计算的方法不同而存在较大的差异。对多桩型复合地基,复合土层变形及下卧土层顶面附加应力的计算将更加复杂。

工程实践中,本条涉及的多桩复合地基承载力一般由多桩复合地基静载荷试验确定,但由其中的一种桩处理形成的复合地基承载力的试验,对已施工完成的多桩型复合地基而言,具有一定的难度,有经验时采用单桩载荷试验结果结合桩间土的承载力计算确定。

12.3 施 工

12.3.2 多桩型复合地基的施工,需结合桩型的特点,针对性选择机械设备和施工工艺,以保证每种桩型的成桩效果。尤其后施工桩的设备选型,需降低对已完成桩的影响。

12.4 质量检验

12.4.2 多桩型复合地基的质量检验,根据选择的桩型,按前述章节对应的施工时间间隔进行。

12.4.3 多桩型复合地基的载荷板尺寸原则上与计算单元的几何尺寸相等。载荷试验检验数量,参考前述章节要求综合确定,一般不少于总桩数的2‰,且不少于3处。桩体施工质量检验,根据具体桩型,按前述章节对应检验项目和数量分别进行质量检验。

多桩型复合地基各桩型的质量检验数量按现行行业标准《铁路路基工程施工质量验收标准》TB 10414 和《高速铁路路基工程施工质量验收标准》TB 10751 执行。

13 桩网(桩筏)结构

13.1 一般规定

13.1.2 桩网结构在桩顶设置扩大的桩帽,能避免桩顶的刺入破坏,有利于荷载向桩集中,以便更充分发挥桩的承载作用,同时也能改善桩顶部加筋垫层受力。桩筏结构,在实际工程实践中也有桩基与筏板直接刚性连接的,其中筏板也有方格状的格构形式,其与建筑工程中常用的桩-承台(筏板)基础类同,结构受力相对复杂,铁路路基地基处理很少采用该种型式。故本条针对铁路采用的桩网结构、桩筏结构型式给出桩网结构、桩筏结构的定义,强调桩网结构在桩顶设置桩帽,桩筏结构在桩基与筏板之间设置垫层。

桩网结构桩间加筋垫层受其上覆荷载产生向下变形,直至受到加筋体的约束及桩间土抵抗而趋于平衡、稳定,当上部填土较厚时最终形成土拱效应,土拱部分填土重量由桩间土和加筋体共同承担,除土拱外的填土重量和路基上部荷载则全部作用至桩基上。土拱的形式及桩网结构路基工作原理如说明图13.1.2所示。

桩顶设置桩帽能避免桩顶的刺入破坏,有利于荷载向桩集中,以便充分发挥桩的承担作用,同时改善桩顶部加筋垫层受力。由桩网结构工作原理可知,桩净间距越小,形成的填土柔性拱高度越小。在桩顶设置扩大的桩帽或桩头,能保持桩净间距不变而增大桩间距。

13.1.4 一般认为,当桩土荷载分担比大于0.9,即桩间土承担荷载比例小于10%时,桩网结构基本表现为桩承路堤结构。当桩网

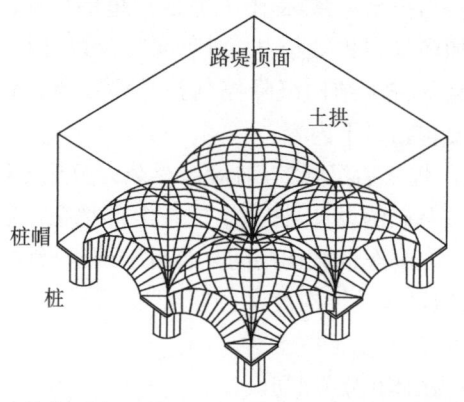

D—桩净间距;d—桩径;h—柔性拱高度;H—路堤填高

说明图 13.1.2　土拱的形式及桩网结构路基工作原理

(桩筏)结构采用混凝土灌注桩时,采用本章规定,进行设计计算。

对于桩网结构,路基桩帽面积与单桩加固地基面积的比例大于25%,桩承荷载达到90%以上。现场试验表明,采用预应力管桩桩网结构处理的地基,也有相同的测试结果;对于桩筏结构,预应力管桩桩筏结构处理的地基,桩承荷载达到90%以上。

13.2　设　计

13.2.1　中国铁道科学研究院对桩网结构路基柔性拱问题进行了系统的理论和试验研究,开展了"高速铁路桩网结构低矮路堤动力失效机理研究""高速铁路软土路基桩网结构体系沉降分析及对策研究""高速列车行驶下深厚软土场地桩网结构体系耦合作用机理研究""桩网结构荷载传递与变形特性研究""流塑状软土复合地基失效机理及处理方法"等一系列专项研究,对桩网结构受力变形规律、失效判定准则、设计计算方法进行了深入研究,在总结国内外研究成果的基础上,提出了我国高速铁路无砟轨道桩网结构设计计算方法,构建了高速铁路路基桩网(筏)结构沉降控制理论方法与技术体系,提出了桩顶与垫层相互作用的高速铁路桩网结构加筋垫层失效模式、判定准则及设计计算方法,形成了高速铁路路基桩承结构沉降控制技术体系与设计方法。桩网结构设计主要包括以下内容:

1) 按路堤工后沉降控制标准、承载力及整体稳定性分析要求确定复合桩基础的设计;桩网结构按全部承担加筋垫层及上部路堤、轨道结构、列车荷载作用的复合桩基础进行设计。

2) 桩帽尺寸及结构设计。

3) 路堤边坡稳定性验算。

4) 桩网结构垫层加筋设计。

钢筋混凝土灌注桩网结构,其工作原理与桩网复合地基不同。由于桩网结构刚性桩和桩间土的刚度差异较大,在填土柔性荷载作用下,桩与桩之间的加筋垫层将产生向下的变形,直至受到加筋体的约束以及桩间土的抵抗而趋于平衡、稳定,四根桩之间、加筋垫层上部的填土也因加筋垫层的下凹而产生变形,当上部填土较厚时最终形成土拱。此时,桩网结构地基上部除土拱部分外的填土重量以及路基面上的荷载外全部作用在刚性桩基上,土拱部分的填土重量则由桩间土和加筋体共同承担,其中部分通过加筋体传递至刚性桩上。

对于填土高度大于土拱高度的路堤,只有四根桩之间土拱部分土体重力通过加筋垫层分散均化后部分作用在桩间土上,工程实际应用中完全可以忽略填土荷载对桩间土的影响,而认为桩网结构路基的刚性桩基承担全部路堤及荷载。

钢筋混凝土灌注桩网或桩筏结构桩(群)可以按全部承担加筋垫层或钢筋混凝土板及上部路堤、轨道建筑及列车荷载作用的复合桩基础进行设计。这从控制桩网结构地基的沉降变形角度出发,也是偏于安全的。

13.2.3 钢筋混凝土灌注桩网(桩筏)结构可能出现以下几种破坏形式:①由于单桩承载力不满足要求而出现下沉;②桩网(桩

筏)结构地基发生整体下沉超出设计控制值;③桩网结构因加筋垫层缺陷,不能抵抗路堤荷载侧向滑移作用,或不能形成稳定的土拱,而丧失结构功能。

针对钢筋混凝土灌注桩网(桩筏)结构可能出现的几种破坏形式,设计时需考虑适用于该类破坏的有效控制方法,主要表现为:①桩网(桩筏)结构的桩要具有承受荷载的承载能力,即进行单桩承载力检算;②在满足单桩承载力的情况下出现破坏模式,则主要是桩基础下卧层在荷载作用下出现超出设计预期的沉降所致,因此,对于以控制沉降为主要目的桩网(桩筏)结构,要检算地基沉降;③对于桩网结构,需避免出现结构失稳破坏,依据桩网结构整体稳定性做好桩顶加筋垫层的设计十分重要;④特殊地形以及地基较差或地基为单一无硬壳层的流塑状淤泥或淤泥质土地层时,还需进行桩网结构整体稳定性的检算。

为充分发挥桩网复合地基刚性桩桩体强度,建议采用较大的布桩间距。但加大桩间距时,需增加桩长、桩帽尺寸和配筋率,加筋体也要求具有更高的性能,同时需加大填土高度以满足土拱高度要求,这可能导致总体造价升高。因此,建议综合考虑路堤填高、荷载大小和沉降分析等因素,综合确定复合桩基、桩帽和加筋垫层的设计。

13.2.5 桩承担的荷载为

$$F_s = \sigma_{zs} \cdot A_s \qquad (说明 13.2.5-1)$$

桩顶承担的总荷载还需考虑加筋体传递的荷载。一般情况下,从安全角度出发,桩所承担的荷载为

$$F_s = (\gamma \cdot h + p) \cdot A_E \qquad (说明 13.2.5-2)$$

桩的刚度采用下式计算:

$$k_{s,T} = \frac{F_s}{S_T \cdot A_s} \qquad (说明 13.2.5-3)$$

式中 F_s——桩承担的荷载；

S_T——桩的静载试验中在相应荷载条件下的沉降量(m)；

A_s——桩顶面积(m^2)；

A_E——单桩承担荷载的等效面积(m^2)；

σ_{zs}——桩顶平均应力(kN/m^2)；

γ——为土体容重(kN/m^3)；

p——为不包括自重应力的竖向荷载(kN/m^2)；

h——填土高度(m)。

13.2.6 桩网或桩筏结构桩端刺入变形：桩网或桩筏结构加固区沉降包括桩身压缩量 S_{sp1} 及桩端刺入变形 S_{sp2}，即 $S_{p1}=S_{sp1}+S_{sp2}$。其中桩端刺入变形 S_{sp2}，目前尚无相应计算的公式，但可以根据单桩载荷试验 P-S 曲线或地区经验取值。从单桩载荷试验 P-S 曲线可得到对应单桩容许承载力的桩顶沉降值，该值可以认为是加固区沉降，可以推导得出桩端刺入变形 $S_{sp2}=S_{p1}-S_{sp1}$。

13.2.8 桩网(桩筏)结构中采用的土工格栅、高强土工布和(或)其他土工合成材料的性能指标，需该满足条文规定的强度检算要求，其他检算要求和性能指标可以参考原中国铁路总公司企业标准《铁路工程土工合成材料 第2部分：土工格栅》Q/CR 549.2、中国铁道学会标准《铁路路基土工合成材料应用技术规程》T/CRS C 0601 等相关规程中的有关规定。

13.2.14 桩筏结构的桩顶设置褥垫层如果太薄，不能起到调节作用；如果太厚，则桩顶可能导致较大的刺入变形，同时也不经济。根据以往的工程经验，垫层厚度建议取 200 mm～300 mm。

13.2.15 桩筏结构钢筋混凝土筏板按弹性地基板设计配筋时，弹性地基板所受地基反力可以根据研究项目"沪宁城际铁路施工安全与沉降监测技术"(2009G008)和"客运专线复合加固深层软土技术研究"(2008G005—1)提出的地基反力分布模型(说明图13.2.15)进行考虑，即筏板所受附加应力在两桩中间最小，桩侧最大。

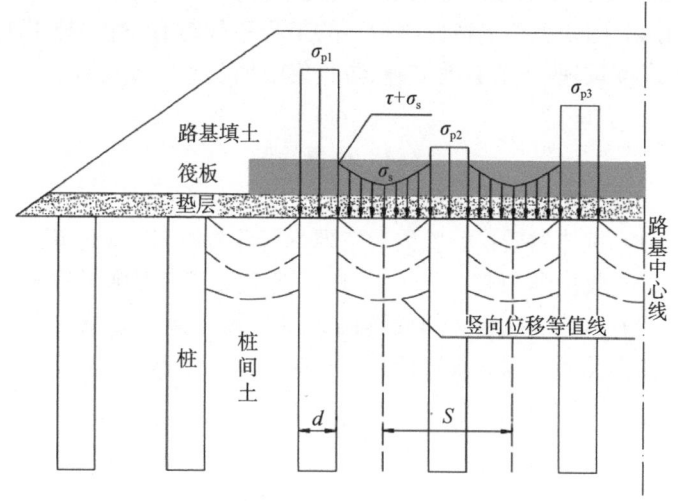

说明图 13.2.15　桩筏结构地基反力分布模型

注：1　图中，σ_{p1}、σ_{p2}、σ_{p3} 为筏板下桩顶应力。
　　2　σ_s 为筏板下两桩间形心处平均桩间土应力。
　　3　τ 为桩侧摩阻力，d 为桩径，S 为桩间距。

13.3　施　　工

13.3.1　现浇桩帽施工时，要注意桩帽和桩的对中，桩头与桩帽的连接，必要时可在桩顶设构造钢筋与桩帽连接。预制桩帽一定要有可靠的对中措施，安装时桩帽和桩对中并密贴。桩帽之间土压实困难，需采用砂土、石屑等回填。

13.3.2　当加筋层以上铺设碎石垫层时，采用振动碾压很容易损伤加筋层。垫层需选用强度高、变形小的填料，铺设平整后可不做压实处理。

13.3.3　聚合物土工材料在紫外线强烈曝晒下，都会有一定的强度损失，即发生老化现象。故在材料的运输、储存和铺设过程中，需尽量避免阳光曝晒。加筋层的接头可采用锁扣连接、拼接或缝接,加筋层接头的强度不低于材料抗拉强度设计值的70%。

13.3.4 因施工不当造成桩歪斜的工程事故时有发生,施工中对此需高度重视,采取有效措施,防止集中加载造成桩歪斜。

13.4 质量检验

13.4.1 桩体的质量检验数量按现行行业标准《铁路路基工程施工质量验收标准》TB 10414 和《高速铁路路基工程施工质量验收标准》TB 10751 执行。加筋体的其他检测与检验参照现行行业标准的有关规定和要求进行。

14 桩板结构

14.1 一般规定

14.1.1 桩板结构适用于挖方以及低填方路段,也适用于既有软弱路基的提速加固处理。由于桩周土体对桩基的侧向抗力,桩板结构纵横向刚度大,能有效解决短路基过渡段与桥隧刚度不匹配的问题;桩基竖向穿透松软土层,桩板结构能严格控制市域铁路路基工后沉降;能与上部无砟轨道结构较好匹配、合理衔接,适应高速行车;路基土体能对承载板提供竖向支撑,桩板结构承载能力增强。

14.1.2 桩板结构是地基处理的一种新型方法,国内外已建铁路和城市轨道交通工程建设中均有采用。该结构主要由钢筋混凝土灌注桩基、桩周土体和钢筋混凝土承载板组成,在条件受限或在浅埋段与地面段或高架段交界区域,承载板可也做成U型槽的形式。其主要的工作机理是,通过承载板将上部荷载传到桩体,桩体把荷载扩散到桩间土、下卧硬层或桩底岩石层,从而达到稳定和控制路基沉降变形的目的。

14.2 设 计

14.2.1 市域铁路运营要求较高,能用于检查维修的时间有限。因此,从总体上讲,市域铁路路基桩板结构的形式要力求简洁实用,外形和规格力求标准化,消除构造上的薄弱环节,便于施工和质量控制。

目前国内各大设计院采用的结构形式不尽相同,各有特点,可结合路基填挖高度和地形地质情况等择优选择。挖方地段及既有路基加固地段一般采用非埋式,低矮路基地段采用非埋式及浅埋式,低填方地段采用深埋式。

对于一跨桩板结构,为了防止桩板结构的承载板在动荷载作用、离心力和横向摇摆力作用下发生移动而影响轨道结构受力及平顺度,不建议采用简支结构,建议至少保证承载板与一副托梁刚性或半刚性连接。

14.2.2 对于深埋式的U型槽桩板结构形式,多用于对既有铁路和重要建筑的保护及场地受限制时。对于非埋式的U型槽桩板形式,多用于地面段与浅埋段交界区域,桩板结构的U型槽以挡土、挡水为主,下部桩基以控制沉降为主。当采用U型槽型式时,两侧(或单侧)的悬臂的计算还需满足稳定性和变形要求。

14.2.3

1 在桩板结构实际使用过程中,各种荷载并非同时作用于结构上,它们发生的概率也各不相同,因此需根据结构的特性,考虑各种荷载同时作用的多种可能性来进行适当的组合,就其可能的最不利组合情况对桩板结构进行分析与计算。

对于非埋式桩板结构和浅埋式桩板结构,曲线地段需考虑列车竖向静活载产生的离心力和横向摇摆力作用。

离心力的取值和组合建议按照现行行业标准《铁路桥涵设计规范》TB 10002要求计算。市域铁路离心力作用高度需按水平向外作用于轨顶以上1.8 m处计算。

列车横向摇摆力作为一个集中荷载取最不利位置,以水平方向垂直线路中心线作用于钢轨顶面。市域铁路横向摇摆力取60 kN,多线市域铁路可以仅计算任一线上的横向摇摆力。

制动力或牵引力需按列车竖向静活载的10%计算,但当与离心力或列车竖向动力作用同时计算时,制动力或牵引力需按列车竖向静活载的7%计算。双线采用一线的制动力或牵引力,三线采用两线的制动力或牵引力。采用特种荷载时,不计算制动力或牵引力。市域铁路的制动力或牵引力均作用在轨顶以上2.0m处。

市域铁路桩板结构设计采用的列车荷载标准值依据行业标准《市域(郊)铁路设计规范》TB 10624—2020的规定,采用ZS荷载。参照行业标准《铁路桥涵设计规范》TB 10002—2017第4.3.2条,同时承受多线荷载的非埋式和浅埋式桩板结构,其列车竖向静活载计算需符合下列规定:采用ZS活载计算时,双线桩板结构按两条线路在最不利位置承受100%的ZS活载计算。多于两线的桩板结构按以下两种情况最不利者考虑:按两条线路在最不利位置承受100%的ZS活载,其余线路不承受列车活载;所有线路在最不利位置承受75%的ZS活载。

根据现行行业标准《铁路无缝线路设计规范》TB 10015和《铁路桥涵设计规范》TB 10002将长钢轨纵向作用(伸缩力、挠曲力)由活载调整至特殊力。

2 动力系数是结构和构件最大的动力响应与最大静力响应之比,其数值大小是"列车-轨道-桩板结构"三者的动力特性和动力相互作用状态的综合反应。对于浅埋式桩板结构,列车竖向动力作用通过基床表层传递,经过衰减后传递给承载板,其动力系数按乘以0.8予以折减。

3 混凝土收缩,主要是由于水泥浆凝结而产生,也包括了环境干燥所产生的干缩。研究混凝土的收缩问题时,往往与混凝土徐变现象分不开。混凝土收缩使构件本身产生应力,而这种应力的长期存在又使混凝土发生徐变,此种徐变限制或抵消了一部分收缩应力。混凝土的收缩系数一般为$2\times10^{-4}\sim4\times10^{-4}$,但这些数值是针对实验室内试件而言,而实际上随着构件体积增大,表面模量相对减小,会影响到表面水分散发。另外,还要考虑实际构件施工过程中已完成部分收缩的情况,因此采用的收缩系数标准为0.0002~0.00015,而混凝土线膨胀系数为0.00001,相当于降低温度20℃和15℃。对于分段灌注的钢筋混凝土结构,因收缩已在合拢前部分完成,故对混凝土收缩的影响可予酌减,相当于降低温度10℃。混凝土收缩的计算方法和要求,也可以参照现行行业标准《铁路桥涵设计规范》TB 10002执行。

14.2.4

3 考虑荷载对横向变形的影响,目的是为列车提供平直的轨道,如果水平位移过大,就会产生显著的轨道水平方向的不平顺,进而影响车辆运行的安全性和乘坐的舒适性。桩周土体对桩基的水平约束作用大小由土的性质、桩长、桩的截面形状和尺寸、桩的材料等决定,可以按地基系数法中的M法计算。

7 在温度荷载作用下,承载板将发生一定的变形。参考现行行业标准《铁路桥涵设计规范》TB 10002中连续梁的竖向挠度要求,对于多跨一联的非埋式或浅埋超静定结构,在计算其竖向扰度时需考虑温度荷载的作用,具体可以按下面两种荷载组合的最不利工况进行计算:

(1) 列车竖向静活载作用产生的挠度值与0.5倍温度引起的挠度值之和。

(2) 0.63倍列车竖向静活载作用产生的挠度值与全部温度引起的挠度值之和。

8 控制板端转角和悬挑长度的目的是满足轨道结构和扣件系统的受力要求。如果转角过大或悬挑过长,将可能导致轨道结构或扣件系统受力无法满足要求。对于无砟轨道,当板端转角不满足要求时,需对板端轨道结构和扣件系统受力进行检算。

14.2.5

2 通常,摩擦桩的沉降大于柱桩的沉降。在同一跨(联)桩基中,同时采用摩擦桩和柱桩,容易引起桩基的不均匀沉降,导致结构破坏。当采用不同直径、材质和长度相差较大的桩基时,不仅设计计算复杂,而且施工中容易出现差错,因此除因地形、地质条件特殊外,一般不建议采用长度相差过大的桩。

3 由于轨道列车荷载为带状分布,为降低非埋式及浅埋式桩板结构的横向弯曲内力,使结构受力均匀,桩板结构横向桩间距建议为线间距。

4 非埋式桩板结构在列车荷载作用下或桩基产生不均匀沉降时,相邻联承载板板端在伸缩缝处会形成凸型或凹型折角,该折角不利于轨道板跨缝设置,易导致轨道板在列车重复荷载作用下开裂。如遇地质条件变化较大的情况,相邻两排桩基应进行差异沉降检算,考虑差异沉降对结构内力的影响。

14.2.6 桩板结构的理论计算和数值分析均表明,在承载板与托梁以及托梁与桩基刚性连接处均会出现应力集中现象,这对结构受力和使用寿命不利,设计中需采取必要的构造措施尽量避免应力集中的产生,具体可以采用桩顶伸入承载板(托梁)内 100 mm,设置钢筋网、抗剪弯筋和加密箍筋等技术措施。

参照现行行业标准《铁路工程混凝土配筋设计规范》TB 10064,对桩板结构的配筋提出了相应的构造要求。

非埋式桩板结构边跨处承载板与托梁的搭接连接,是桩板结构中的薄弱部位,可以在接触面上采用聚四氟乙烯板消除温度应力、列车动荷载冲击作用引起相对位移的不利影响,也可以采用聚酯长丝土工布夹复合土工膜等材料。

14.2.7 本条参照现行行业标准《铁路工程混凝土配筋设计规范》TB 10064,对桩板结构的配筋提出了相应的构造要求。

14.3 施 工

14.3.6 托梁与承载板采用刚性连接时,为保证施工缝的刚性连接质量,需对托梁顶面做凿毛处理,剔除浮动石子,并清洗干净保持湿润,铺上一层 20 mm~25 mm 厚的 1:1 水泥砂浆,然后浇筑混凝土,细致振实,使新旧混凝土紧密结合。

14.4 质量检验

14.4.1~14.4.3 桩板结构钢筋混凝土钻孔灌注桩及各构件的质量检验方法和数量按现行行业标准《铁路路基工程施工质量验收标准》TB 10414、《高速铁路路基工程施工质量验收标准》TB 10751 和《铁路混凝土工程施工质量验收标准》TB 10424 执行,桩板结构钢筋混凝土钻孔灌注桩的质量检验与本规范第 10.4 节相同。

15 注 浆

15.1 一般规定

15.1.1 注浆亦称灌浆,它是将一定材料配制成浆液,利用压送设备将浆液注入地层岩土孔隙、裂隙、洞穴内使其扩散、胶凝或固化,从而改善地层岩土物理力学性能,以达到加固地层或防渗堵漏的目的。除采空区加固处理外,还能用于既有路基、涵洞等下沉开裂等病害加固治理。按注浆加固机理,分为充填注浆、劈裂注浆、渗透注浆和挤密注浆等几类。

注浆法适用的土层比较广泛,但在不同土层中其作用机理和处理效果均有不同。在地下水流速较大的条件下,注入的浆液会随着地下水流动发生迁移、稀释等现象,其作用范围和处理效果均有较大的不确定性,要慎重应用。对有机质含量较高的土,采用注浆法进行加固时应慎重。("一般填土层"是指杂填土、素填土和冲填土地基。)

15.1.2 Rober Bowen(1981)认为水泥注浆多用作提高土体的强度和变形模量,而化学注浆多用作防渗堵漏,压密注浆常用作基础托换和控制地层沉降。目前,水泥-水玻璃双液浆也常常用于防渗堵漏,压密注浆也用于提高土体的强度和变形模量。按浆液在土中的流动方式,将注浆法分成以下三类:

1) 渗透注浆

是指在压力作用下使浆液充填土的孔隙,排挤出孔隙中存在的自由水和气体,而基本上不改变原状土的结构和体积,所用灌浆压力相对较小。在渗透注浆中,浆材必须与土体孔隙大小相适应。一般认为,对渗透系数小于 10^{-5} cm/s 数量级的地基土,即使选用真溶液也难以达到渗透形式。而上海地区软黏土的渗透系数一般数量级为 10^{-7} cm/s，故渗透注浆在上海较难实现。

2）压密注浆

指用很稠的浆液灌入事先在地基土内钻进的孔中并挤向土体，在注浆处形成浆泡，浆液的扩散对周围土体产生压缩，浆体完全取代了注浆范围的土体，在注浆邻近区存在一定的塑性变形区，离浆泡较远的区域土体发生弹性变形，因而土的密度明显增加。评价浆液稠度的指标通常是浆液的坍落度，目前对压密注浆坍落度的规定尚未取得一致认识，美国土木工程师协会注浆委员会认为压密注浆是浆液坍落度小于 25 mm 的注浆；James Warner 认为根据 ASTMC-143 标准混凝土坍落度试验，浆液的坍落度绝对不允许超过 50 mm；W. H. Baker 在土石坝坝基压密注浆中所使用的浆液坍落度为 25 mm～150 mm。

3）劈裂注浆

劈裂注浆是指在压力作用下，浆液克服地层的初始应力和抗拉强度，引起土体结构的破坏和扰动，使其沿垂直于小主应力的平面上发生劈裂，使地层中原有的裂隙或孔隙张开，形成新的裂隙或孔隙，浆液的可灌性和扩散距离增大，因而所用的灌浆压力相对较高。劈裂注浆在注浆孔附近形成网状浆脉，通过浆脉挤压土体和浆脉的骨架作用加固土体。劈裂注浆是目前应用最广泛的一种注浆方法。

虽然注浆法有以上分类，但在实际注浆中浆液往往是以多种形式灌入地基中，单一的流动方式是难以产生的，只是以某一种形式为主而已。例如，在劈裂注浆施工时，浆液在压力未达到劈裂压力时首先以渗透形式充填土体中的空隙，然后局部堆积对土体形成压密，当压力达到劈裂压力时在土体中形成劈裂裂缝，在向裂缝注入时也伴随着渗透和压密，但其主要流动方式是劈裂形式。说明图 15.1.2-1 和图说明 15.1.2-2 表达了注浆浆液的流动方式。

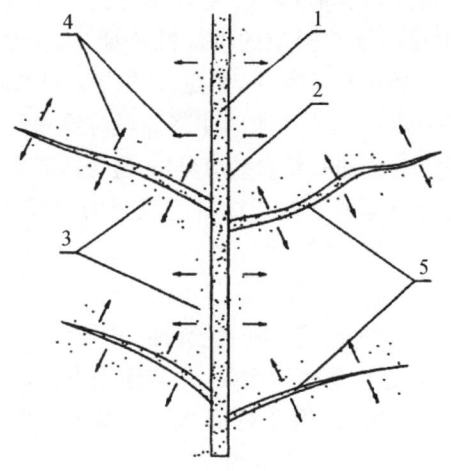

1—浆液;2—注浆孔;3—渗透渗入的浆液(通过劈裂面和注浆孔边缘);
4—浆液挤压作用;5—劈裂面

说明图 15.1.2-1　劈裂注浆

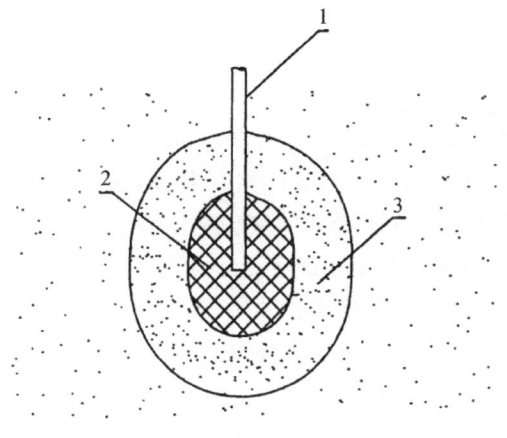

1—注浆管;2—球状浆泡;3—压密带

说明图 15.1.2-2　压密注浆

因注浆加固同时具有防渗、充填、固化、挤密等多方面的作用,注浆效果取决于被注介质的可注性特征,也受水文地质条件的影响和制约。故工程实践中,制定注浆方案时,需根据工程地质、水文地质条件及工程要求明确注浆处理对象和注浆目的,方案需有针对性,同时注意进行综合效应分析,避免造成不利影响。

15.1.3 本条所列各项土性指标对注浆至为重要。土体的可注入程度、浆液在土层中的流动方式和土体相互作用的机理,以及注浆区的处理效果主要取决于这些土性指标。

15.1.4 由于注浆法带有较强的经验性,其处理地基的效果不仅与设计参数、地基土性质密切相关,还与施工方法、施工设备甚至与施工人员有紧密关系,因此对重要工程需进行现场注浆试验,以求得合适的设计参数,并检验施工方法和设备。

由于地质条件的复杂性,针对注浆加固目的,在注浆加固设计前进行室内浆液配比试验和现场注浆试验是十分必要的。浆液配比的选择也应结合现场注浆试验,试验阶段可选择不同浆液配比。现场注浆试验包括注浆方案的可行性试验、注浆孔布置方式试验和注浆工艺试验三方面。可行性试验是当地基条件复杂且难以借助类似工程经验决定采用注浆方案的可行性时进行的试验。一般为保证注浆效果,尚需通过试验寻求以较少的注浆量,实现最佳注浆方法和最优注浆参数,即在可行性试验基础上进行注浆孔布置方式试验和注浆工艺试验。只有在经验丰富的地区,才可以参考类似工程确定设计参数。

15.1.5 因注浆过程中浆液扩散易对周边环境产生影响,注浆施工中需密切注意注浆加固区以外周边环境情况,及时调整注浆工艺,避免造成不利影响。

15.2 设 计

15.2.1 注浆工艺对注浆效果的影响很大,设计时需予确定。注浆有效范围是指浆液在地基内能达到的范围,或是能满足处理目的的范围。初凝时间是指浆液混合到丧失流动性这一段时间,初凝时间应与注浆目的和方式相适应。注浆压力是浆液在注浆孔口的压力。浆液流量是指单位时间内注入土层的浆液体积,单位一般为"L/min"。

15.2.3 选定适宜的注浆材料和配比,不仅对注浆效果至关重要,同时还直接决定了采用注浆法的经济性,所以需要综合考虑各种因素加以选择。

注浆中所用的材料由主剂(原材料)、溶剂(水或其他溶剂)及外加剂混合而成。根据材料成分和配比,分为单液浆和双液浆两类;根据浆液性质,分为悬浊液型和溶液型两类。

因水泥浆材结石强度高、造价低廉、材料来源丰富、浆液配制方便、操作简单,故地基加固处理时注浆材料一般为纯水泥浆。工程实践中,根据注浆处理对象和遇到的特殊情况,在水泥浆液中掺入砂、黏性土、粉煤灰、水玻璃或其他掺合料。在有浆液漏失严重且无其他有效堵截措施的情况下,建议选用水泥-水玻璃类双液注浆材料进行堵截处理。

注浆段落及注浆范围较小、注浆工程量不大的短路基,注浆试验成本较高,且注浆试验结果较为离散,建议结合全线或相邻工程经验确定施工工艺及参数。

15.2.6 浆液初凝时间与温度有密切关系,在调整浆液初凝时间时需考虑气温、地下水温度和浆液温度等因素。在砂土地基注浆时,为控制注浆范围,建议采用初凝时间较短的浆液。在黏性土地基注浆时,浆液的初凝时间可以较长,一般取 1 h～10 h。

15.2.7 注浆压力参照现行上海市工程建设规范《地基处理技术规范》DG/TJ 08—40 确定。

15.2.8 注浆是否可以终止并不完全取决于注浆量。例如:用注浆进行建(构)筑物纠偏时,建(构)筑物的变形量是注浆是否完成的标志;在进行充填注浆时,往往以注浆压力作为注浆完成的控制指标;在施工区域或周边有需控制变形量的建(构)筑物、管线等时,建(构)筑物和管线的变形量则成为控制注浆的关键因素。根据经验,上海地区一般黏性土地基的加固工程中,劈裂注浆的浆液注入率为15%～20%,砂性土地基中浆液注入率达40%。

15.2.9 跳孔间隔注浆是指隔孔交替注浆,如说明图15.2.9所示。

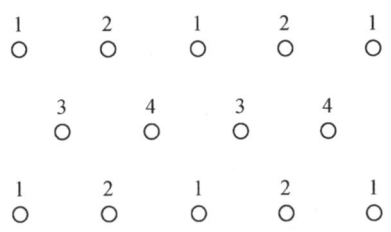

注:"1""2""3""4"代表注浆的顺序号

说明图15.2.9 跳孔间隔注浆示意图

在进行劈裂注浆时,对互层地层,建议首先对渗透性较好或孔隙率较大的地层进行注浆;对均质地层,首先完成最上层封顶注浆。对有地下动水流的情况,自水头高的一端开始注浆可减小后续注浆的浆液迁移效应,浆液在地下动水流下的迁移效应通过室内试验得到定量结果,以用于指导施工。

在上海地区,压密注浆的效果主要取决于土的及时排水并固结,因此压密注浆的施工顺序需根据周边排水条件按照有利于排水的原则进行安排,并通过注浆试验进行确定。

其他注浆施工采用先外围后内部的注浆施工方式;注浆范围以外有边界约束条件时采用自边界约束远侧开始顺次往近侧注浆的方式,可以有效控制注浆有效范围,减少浆液流失。边界约束条件是指注浆边界存在能阻挡浆液流动的障碍物等。

在施工场地附近存在对变形控制有较严格要求的建(构)筑物、管线等时,采用由建(构)筑物或管线的近端向远端推进的施工顺序,可以将注浆施工产生的挤压力部分引向远离建(构)筑物或管线的方向,减小建(构)筑物或管线的变形量。注浆施工不可避免地会对周边产生挤压,因此在注浆施工时,需加强对建(构)筑物、管线等的监测工作。

为防止邻孔串浆和减少浆液的无效漏失,注浆顺序需按跳孔间隔注浆方式进行,并建议采用先外后内的注浆施工方法;为防止注浆过程中孔壁坍塌堵塞注浆通道,避免压力突升引发爆管等,建议采用自下而上循环式注浆。当地层松散易垮孔时,采用自上而下分段复钻注浆;当地下水流速较大时,需考虑浆液在水流中的迁移效应,建议从水头高的一端开始注浆。

15.3 施 工

15.3.3 压力和流量是注浆施工的两个不可缺少的施工参数,任何注浆方式均需有压力和流量的记录。自动压力流量记录仪能实时准确记录注浆过程中的压力和流量,有利于数据汇总和分析,是现代化注浆工艺的一个显著标志。

在注浆过程中,根据注浆流量、压力和注入量等数据能分析地层的空隙,确定注浆的结束条件,预测注浆的效果。利用附近的注浆钻孔进行观测验证,并跟踪进行质量综合检测,以进一步修正注浆参数和施工工艺。在施工中动态修正注浆施工参数,调整施工工艺。

15.3.4~15.3.6 塑料阀管注浆法、花管注浆法和注浆管注浆法都属于劈裂注浆工艺。塑料阀管注浆法即为软土地基分层注浆工法(简称 SRF 工法);花管注浆法是通过在侧壁设置多层注浆孔的注浆管(花管)进行注浆的方法;注浆管注浆法是指直接通过注浆管下部的管口进行注浆的方法。

塑料阀管注浆法采用的塑料单向阀管是用钙塑聚丙烯制造的,内壁光滑,接头有螺扣,端部有斜口,在阀管首尾相接时保证接头部位光滑,使注浆芯管在管内上下移动方便无阻,其外壁有加强筋以提高抗折能力。塑料阀管分为有孔和无孔两种,在加固范围内设置的是有孔塑料单向阀管,在其外部紧套着橡胶套覆盖住注浆孔,橡胶套的爆破压力达 4.5 MPa,它可保证有孔阀管不被堵塞,到达注浆深度时通过浆液压力使其胀开,在阀管外壁和橡胶套之间形成空隙,这样就能保证浆液的单方向运动。塑料单向阀管作为 SRF 工法中的一个重要部件,其作用是:

1) 保证浆液按规定的要求分层形成劈裂。
2) 保证浆液只从阀管中喷出,而防止逆流入阀管中,为二次甚至多次注浆创造条件。
3) 在注浆加固的同时,塑料单向阀管也对土体起到一定稳定作用。

塑料阀管注浆法采用的双向密封注浆芯管一般有以下两种:

1) 自行密封式双向密封芯管

该型号为 PRC 型,主要用于以水泥、粉煤灰、膨润土为主的 CB 浆,该种浆液较稠,呈悬浊液状,故在注浆过程中稍有压力,其聚氨酯密封环就有效地起到密封作用。

2) 膨胀密封式双向密封芯管

该型号为 RBH 型,主要用于化学浆液。化学浆液黏度低,呈溶液状,如果采用 PRC 型注浆芯管,其密封环与塑料阀管内壁间隙较大,注浆时浆液会有较多渗漏,无法维持压力,效果不甚理想。而 RBH 型注浆芯管是由膨胀胶管、固定接头、注浆芯管和注水管组成,在水压作用下,膨胀胶管与塑料阀管管壁紧密接触,起到良好的密封作用。

软土地区进行劈裂注浆加固,其效果很大程度依赖于注浆的分层效果,塑料阀管注浆法采用封闭泥浆、单向塑料阀管、双向密封注浆芯管等措施保证了注浆的良好分层效果。塑料阀管注浆法能进行较大深度的地基处理,在必要时还能进行单孔多次注浆。

花管注浆法和注浆管注浆法所采用的工艺较为简单,但与塑料阀管相比,存在以下缺点:

1）浆液容易从注浆管周边侧上冒，甚至冒至地面，分层效果较差，加固区域比较难控制。
2）单孔多次注浆比较难实现。
3）注浆深度较浅。

而注浆管注浆法采用底部管口单点出浆，浆液容易在压力作用下与下部已形成的浆脉相通，更不利于达到良好分层效果，特别是在采用流动性较好、初凝时间长的浆液（例如单液水泥浆等）时更为明显。因此，一般而言，花管注浆法的效果不及塑料阀管注浆法，而优于注浆管注浆法。

15.3.7 目前上海地区比较成功地采用低坍落度砂浆进行压密注浆的工艺是由上海隧道工程股份有限公司和上海申通集团有限公司联合开发的可控制压实注浆工法（简称 CCG 注浆工法）。该工法通过对设备、材料和工艺的研究，实现了采用坍落度小于 50 mm 的水泥砂浆进行压密注浆，通过工程应用，取得较好的效果。本条是 CCG 注浆工法的基本施工步骤。

15.3.13 上拔注浆管时使用拔管机既可节省劳动力，又可确保注浆管提升的精度，避免人为的跳层注浆。

15.3.17 在满足强度要求的前提下，在水泥浆中掺入一定量的粉煤灰，既可节约工程成本，又可降低水泥浆液的析水率，增加其触变性能，有利于浆液扩散，降低其凝固体的收缩率，同时增加粉煤灰的应用途径，减少环境污染。

15.3.19 在浆液中掺入适量外加剂对改善浆液性能有很大的作用，但目前专门针对注浆的外加剂较少，因此对外加剂的品种、型号和掺量需做相关试验来确定。

15.3.20 浆液在泵送前经过筛网过滤可避免粗颗粒对注浆泵的堵塞现象。

15.3.23 因土洞、裂隙、坑道等注浆充填通道具有不规则性、各向异性等特征，其注浆通道的开度、充填程度不一，在注浆过程中往往会发生动态变化，钻孔注浆应实行"探灌结合"、信息化施工的原则。

15.4 质量检验

15.4.1~15.4.5 注浆施工时灌浆量高不等于注浆效果好,因此在设计和施工中,除明确规定某些质量指标外,还应规定所要达到的注浆效果及检查方法。

对地基注浆加固效果的检查和评估还需进一步地研究。注浆加固带有不均匀性,比较适合采用能从宏观上反映的检测手段,如采用地球物理检测方法等,但目前这些方法均存在难以定量和直接反映的特点。标准贯入、静力触探和轻便触探的检测方法虽然也存在仅能反映调查孔一点加固效果的缺点,但因其简单实用而得到较多地应用。

注浆施工和效果评定的经验性较强,在效果评定时要注重前后数据的对比,同时还要注意相似工程的类比,这样才能客观地综合评定注浆效果。由此可见,注浆工程的大量数据收集和分析是十分必要的。

通过对劈裂注浆工程的静力触探效果检验归纳总结如说明表15.4.1所示,可得出:

1) 被加固的土体越软,加固后效果越明显。
2) 浆液凝固强度越高,加固区强度越高。
3) 在一定数值范围内,浆液充填率越大,加固区强度越高。

说明表 15.4.1 劈裂注浆加固前后静力触探值对比情况

地名	土质	加固前 P_s 值(MPa)	加固后 P_s 值(MPa)	提高倍数	备注
上海漕宝路	淤泥质粉质黏土	0.427	≥1	≥1.3	采用十字板调查,通过公式换算而得
上海万体馆	粉细砂夹薄层黏土	5	8	0.6	浆液充填率20%,调查时邻近在降水

续表15.4.1

地名	土质	加固前P_s值(MPa)	加固后P_s值(MPa)	提高倍数	备注
上海漕宝路	粉细砂夹薄层黏土	0.35	≥1	≥1.85	浆液充填率≤20%
上海杨高路	淤泥质黏土、黏土	0.94~1.19	1.5	≥0.26	浆液充填率<20%
上海河南中路	粉质黏土、淤泥质粉质黏土、淤泥质黏土	0.5~0.52	≥1.2	≥1.3	浆液充填率<20%，水泥-水玻璃双液注浆
上海中山公园	淤泥质黏土、黏土	0.49~0.62	1.5	≥1.42	浆液充填率23%，两次注浆
上海人民公园	淤泥质黏土	0.35	1.5	3.29	浆液充填率18%，水泥-水玻璃双液注浆
宁波北仑	淤泥质黏土	0.274	0.64	1.3	浆液充填率20%

16 变形观测与评估

16.1 一般规定

16.1.1 地基在荷载作用下,沉降将随时间变化,其变化规律可以通过土体固结原理进行数值分析来估算。但是由于固结理论的假定条件和确定计算指标的试验技术上的问题,使得地基沉降的实测数据在某种意义上较理论计算更为重要。根据现场施工沉降观测数据,采用曲线回归法来推算最终沉降量,判断路基的工后沉降量是否在设计范围之内。当推算的地基沉降与设计有出入时,可以根据实测数据采取相应的措施完善设计,使地基处理达到预定的目标,并为铺轨前对路基进行评估提供依据。

16.1.3 我国铁路路基变形观测与评估积累了一定的经验,现行行业标准《铁路路基设计规范》TB 10001 在总结国内外经验基础上,规定了"路基填筑完成或施加预压荷载后沉降观测时间不宜少于 6 个月。观测数据不足以评估或工后沉降评估不能符合要求时,应延长观测期,必要时可采取加速或控制沉降的措施"。

16.2 变形观测

16.2.3 观测频次按施工阶段划分为三个基本观测阶段,包括开始填筑至填筑完成(开始堆载至堆载预压完成)、填筑(堆载预压)完成至轨道板(道床)铺设完成、轨道板(道床)铺设后至验收。在第二阶段中有些路基会有架桥机(运梁车)通过,由于架桥机(运梁车)+梁体的荷载较大,对路基的沉降会产生明显影响,故对架梁过程中路基观测频次进行了调整。表16.2.3"观测频次"

列中的"次"可以理解为"遍"。

16.3 沉降评估

16.3.3 曲线回归法是变形预测最常用的方法,根据国外高速铁路路基上无砟轨道的建设经验,当曲线回归的相关系数不低于0.92时所确定的沉降变形趋势是可靠的;当间隔一定时间的两次预测的偏差小于5mm时,说明预测是稳定的,但要达到准确的预测还要求最终建立沉降预测的时间需满足下列条件:

$$\frac{S(t)}{S(t=\infty)} \geqslant 75\% \qquad (说明 16.3.3)$$

式中 $S(t)$——预测时实际发生的沉降量(mm);
$S(t=\infty)$——预测总沉降值(mm)。

17 环境保护与控制

17.1 一般规定

17.1.3 本条文中的"营业线"包含运营国家铁路和城市轨道交通两种类型，施工时按营业线的产权归属，分别执行中国铁路上海局集团有限公司或上海申铁投资有限公司相应的营业线施工管理规定。

  1 国家铁路营业线地基处理工程指由中国铁路上海局集团有限公司及委托其管理的铁路范围内营业线（邻近）地基处理工程。营业线施工是指影响营业线设备稳定、使用和行车安全的施工作业；邻近营业线施工是指在营业线两侧一定范围内、营业线设备安全限界外影响或可能影响铁路营业线设备稳定、使用和行车安全的施工作业。施工前，需积极联系中国铁路上海局集团有限公司相关单位和收集相关最新的有效文件[《中国铁路上海局集团有限公司铁路营业线施工管理实施细则》《中国铁路上海局集团有限公司营业线施工工务安全监督管理办法》《上海铁路局工务安全管理办法》《中国铁路上海局集团有限公司电气化铁路安全实施细则》《中国铁路上海局集团有限公司行车设备检查（施工）登记簿使用管理办法》等]，施工过程中严格遵守文件要求，确保施工期间营业线的运营安全。

  2 城市轨道交通营业线地基处理工程指由上海申通地铁集团有限公司管理的轨道交通保护区范围内地基处理工程。安全保护区是指地下车站与隧道外边线外侧 50 m 内，地面车站和高架车站以及线路轨道外边线外侧 30 m 内，出入口、通风亭、变电站等建（构）筑物外边线外侧 10 m 内。施工前，需积极联系上海申通地铁集团有限公司相关单位和收集相关最新的有效文件(《上海市轨道交通管理条例》《轨道交通安全保护区作业审批办事指南》《轨道交通安全保护区作业方案的技术审查服务指南》《监护项目申报流程》等),编制作业方案送轨道交通企业进行技术审查,经过上海市交通行政管理部门同意,并采取相应的安全防护措施、办理监护手续和落实监护措施。施工过程中严格按照作业方案和相关文件要求执行,确保施工期间轨道交通结构和运营安全。

本条说明参考的《中国铁路上海局集团有限公司铁路营业线施工管理实施细则》(上铁施工〔2021〕301号)和《上海市轨道交通管理条例》(2021年修正版)为本规范编制时最新文件,后期相关文件修订后均按照最新文件执行。

17.2 环境保护

17.2.2 施工机械设备选型需符合环保规定,首选低噪声、低振动、低排放的节能环保型机械设备。在使用中需定期保养、维护,减少油料的"跑、冒、滴、漏"对环境的影响。

17.2.3 根据现行上海市工程建设规范《建设工程扬尘污染防治规范》DGJ 08—121的规定,道路、施工产生的建筑垃圾应当集中堆放,并及时完成清运;对暂不外运的土方,应采用堆放、压实的方法,并用密目网等进行覆盖;堆放时间较长的土方宜采用绿化处理。

17.2.6 本条参考《上海市文物保护条例》制定。该条例第十八条规定:"文物保护单位的保护范围内不得进行其他建设工程或者爆破、钻探、挖掘等作业。但是,因特殊情况需要在文物保护单位的保护范围内进行其他建设工程或者爆破、钻探、挖掘等作业的,必须保证文物保护单位的安全,并按照国家有关规定报批。在文物保护单位的建设控制地带内进行建设工程,不得破坏文物保护单位的历史风貌。建设工程的形式、高度、体量、色调等应当与文物保护单位及其周边环境相协调。建设工程设计方案应当根据文物保护单位的级别,按照国家有关规定报批。"

17.3 周边环境影响控制

影响重要建(构)筑物和管线的施工要求可同时参照《电力设施保护条例》《上海市燃气管道设施保护办法》《中华人民共和国石油天然气管道保护法》《上海市原水引水管渠保护办法》《上海市民用机场航空油料管线保护办法》和《上海市民用机场地区管理条例》的相关要求。

17.3.1 施工方案编制和审批要求应符合权属单位和管理单位的要求,专项施工方案的编制可参照住房城乡建设部《危险性较大的分部分项工程安全管理规定》和《危险性较大的分部分项工程安全管理规定》。

17.3.2 有挤土效应的管桩和高压旋喷桩施工前,需与既有城市轨道交通、铁路设备管理单位充分对接,严格按照上海申通地铁集团有限公司和中国铁路上海局集团有限公司相关文件要求执行。

17.4 特殊环境施工

17.4.2 雨季施工开工前进行场地准备工作时,需特别注意排除地面水,低洼地带宜沿用地界两边开挖的纵向排水沟并引向出水口。在纵向排水沟之间一般开挖横向排水沟互相贯通疏干地表,并避免地面积水。机具停放地、库房、生活区域,都必须选在地势较高不易被水淹的地点,并有可靠的排水、防洪设施,预防洪水造成危害。

附录 C 复合地基载荷试验要点

C.0.12

3 行业标准《铁路工程地基处理技术规程》TB 10106—2023 规定水泥土桩或旋喷桩复合地基载荷试验容许承载力可取 s/b 或 s/d 等于 0.006 所对应的压力，有经验的地区也可按当地经验确定相对变形值。根据上海市工程建设规范《地基基础设计标准》DGJ 08—11—2018，水泥土桩、高压旋喷桩载荷试验极限承载力取 s/b 等于 0.05 所对应的压力。上海市软土地基较深厚，水塘、暗浜地段一般无硬壳层，搅拌桩通常为悬浮桩。在沪苏湖铁路建设中，搅拌桩复合地基采用 s/d 等于 0.006 确定容许承载力时，大部分桩基检测难以达到设计要求，后采用 s/b 等于 0.05 确定极限承载力，满足设计要求。

附录 D 室内水泥土抗压强度试验

D.0.1 在水泥土搅拌法的应用发展过程中,人们针对水泥加固土室内抗压强度试验做了大量的工作,得到了一些初步的认识。但由于土质条件复杂,试验方法各异,人为因素较多,造成资料数据离散,给相互间的交流带来了一定的困难。

水泥加固土的室内试验研究主要是通过制备水泥加固土试件,进行物理力学性质试验,研究水泥加固土的效果以及影响水泥加固土工程性质的因素。此类研究可以为工程上寻求更加经济、合理的配方和合理的施工参数提供理论上的依据。日本曾于 20 世纪 70 年代末和 80 年代初对其国内多种不同成因的软黏土进行了水泥土的物理力学性质试验,系统地研究了水泥土的工程性能,同时还做了大量的室内水泥加固土强度与现场水泥土强度对比试验工作,探索二者之间的相互关系,为设计提供很好的依据。我国冶金部建筑研究总院曾经用了几年时间,对水泥加固土工程性质进行了较为全面的试验研究,先后选用 6 个地区不同成因的软土土样,进行了千余组水泥加固土试件的室内试验,并提出了相应的试验方法。

目前,水泥土搅拌法在我国沿海一带越来越受到青睐。水泥加固土的室内试验也越来越受到重视,特别是水泥加固土室内抗压强度试验。因此,水泥加固土室内试验在工程设计中起着很关键的作用,在一定程度上决定了处理方案的经济性、合理性以及工程的成败。

从目前各单位的水泥加固土室内试验来看,其试验方法存在着很大的差异。如试验用的土样,有原状土、风干土、烘干土等;试样搅拌方法有人工搅拌和机械搅拌等;试件尺寸有 70.7 mm×

70.7 mm×70.7 mm 或 50 mm×50 mm×50 mm 的立方体和不同尺寸的圆柱体等；养护条件有自然养护、标准养护、土中养护、水中养护、自然水中养护和标准水中养护等。因此，其试验数据离散性大，不便于统计分析和广泛交流。另外，在试验设备上与国外相比，也存在着较大的差别。需对水泥加固土室内试验统一化和标准化，制定出试验操作规程。

D.0.2 土料：室内试验所用的土料应是工程现场所加固的土。目前，试验用的土样有原状土、风干土和烘干土三种类型，其试验结果存在着较大的差异。原状土是指土样从现场钻孔或挖掘采取后，立即用厚聚氯乙烯塑料袋封装，4 h 之内即开始配制试件。从表面上看，利用原状土做室内试验，似乎与实际情况较吻合，但存在着一些问题：①原状土在取样过程中有应力释放和人为扰动的影响，特别为灵敏度大的土，土体结构易破坏，与真正的原状土也有较大差异。②现场采取的原状土若为淤泥质黏土，其黏性很大，在土中掺入水泥浆后不易搅拌均匀，人为因素影响很大，试验结果离散性较大，在工程应用中会失去其代表性。③在水泥土搅拌法的设计公式中，f_{cu} 是与桩身水泥土配方相同的室内水泥土试块在标准养护条件下 90 d 龄期的抗压强度。既然是室内试验，认为就是离散小的数值，即认为水泥土是搅拌充分且均匀的，而不需完全与现场水泥土条件相同。

风干土是指土样从现场采取后，运回试验室进行风干、碾碎和通过 5 mm 筛子的粉状土料；烘干土是指土样运回试验室进行烘干碾碎和过筛的粉状土料。这两种土由于是加工成粉末状的，它可以先和干水泥粉充分混合，然后加入所需的水，这样才能保证室内水泥土试块均匀，提供的设计参数可靠、合理。不过，土样经烘干后，土中所含的有机质成分和黏土矿物成分会破坏，改变土的内力结构和土的性质，其试验结果不能代表实际情况，提供的设计参数将不可靠。因此，需取风干土，并碾碎和通过 5 mm 筛子制成粉末状。

D.0.3 试样尺寸：在现行行业标准《建筑地基处理技术规范》JGJ 79 中规定抗压强度试验采用 70.7 mm×70.7 mm×70.7 mm 或 50 mm×50 mm×50 mm 的立方体试样。一般情况下，室内水泥加固土试验采用 70.7 mm×70.7 mm×70.7 mm 的立方体试样。实践证明，不同尺寸的试样，其试验结果是有所差异的（在其他条件相同的情况下），相互间存在着一定的关系。应该统一化，才能进行横向比较和分析。当然，除了立方体试样外，还有 $\Phi=50$ mm、$H=100$ mm，$\Phi=40$ mm、$H=80$ mm 等圆柱体试样，其试验结果同样有差异。而日本抗压强度试验则统一采用 $\Phi=50$ mm、$H=100$ mm 的试样。

D.0.4 振捣方法：一般采用振动台成型或人工捣实成型。采用振动台成型时，先在试模内装入一半水泥土拌合物，在振动台上振动 1 min，紧接着装入其余拌合物，装料要稍有富余，再振动 1 min。振动时，需防止试模在振动台上自由跳动。

采用人工捣实成型时，捣棒采用硬质材料制成，直径不大于 10 mm，一端为弹头形。水泥土拌合物分两层均等装入试模，每层插捣时按螺旋方向从边缘向中心均匀进行，同时将试模进行左右前后摇动，直至面上没有气泡出现，并用抹刀抹平。插捣时捣棒须保持垂直，不得倾斜；插捣上层时，捣棒需穿入下层深度约 10 mm。

D.0.6 试件成型后，根据水泥土强度决定拆模时间，一般 3 d 后编号拆模。为了保证其湿度，最好放入水中，即进行标准水中养护。若养护室的湿度能绝对保证在 90% 以上，也可不放入水中。为了了解养护条件，拆模时需称试块重量，求其重度，到一定龄期时，在进行抗压试验前再测其重度，二者进行对比，从中可以看出养护时其湿度是否已能得到保证。

附录 E 地基沉降计算

E.0.2 由于等效实体法与当层法的计算参数难以确定,计算结果受人为影响较大,因此本规范未推荐这两种方法。相比其他方法,Boussinesq 法受人为影响较小,因此规范中推荐采用这种方法。考虑到目前应力扩散法在实际工程中也有应用,因此规范中也给出了这种方法。此外,规范中也参照日本的相关规范提供了 $L/3$ 法,供设计者参考应用。

在"复合地基工后沉降计算方法及相关技术标准研究"中针对一算例对 Boussinesq 法-$L/3$ 法以及数值分析法(采用 ansys 分析)进行了比较(说明图 E.0.2)。地基加固采用搅拌桩,加固区复合模量采用复合模量法确定(说明表 E.0.2-1)。不同地基计算结果则如说明表 E.0.2-2 所示。

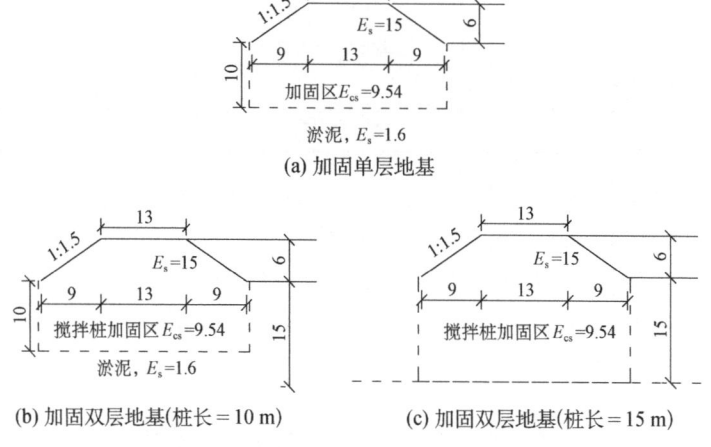

说明图 E.0.2 复合地基沉降计简分析简图

说明表 E.0.2-1 计算参数

断面	压缩模量(MPa)			
	路基	地基		
		第一层土		第二层土
		加固区	非加固区	
加固单层地基	30	9.54	1.6	1.6
加固双层地基(桩长 10 m)	30	9.54	1.6	5.2
加固双层地基(桩长 15 m)	30	9.54	—	5.2

说明表 E.0.2-2 不同地基计算结果

计算工况	计算方法	地基总沉降量(m)
加固单层地基	Boussinesq 法	1.076
	$L/3$ 法	1.099
	数值分析法	0.987
加固双层地基 (桩长 10 m)	Boussinesq 法	0.593
	$L/3$ 法	0.637
	数值分析法	0.53
加固双层地基 (桩长 15 m)	Boussinesq 法	0.357
	$L/3$ 法	0.477
	数值分析法	0.386

从上表可以看出,三种方法的计算结果较为接近,其中数值分析法的计算结果最小,本规范主要推荐的 Boussinesq 法的计算结果居中,$L/3$ 法的计算结果最大。